הגדה של פסח

וְהִגַּדְתָּ

הרבנית ימימה מזרחי

וְהִגַּדְתָּ

הגדה של פסח

בעריכת יקרת פרידמן

ספרי מגיד

Rabbanit Yemima Mizrachi
Edited by Yikrat Friedman
And You Shall Tell - Passover Haggada

הרבנית ימימה מזרחי, בעריכת יקרת פרידמן
והגדת - הגדה של פסח

בהוצאת פרשה ואשה - מגיד

עורך אחראי: ראובן ציגלר
עורכת ראשית: אוריה מבורך
עורכת משנה: אפרת גרוס
עריכה לשונית: שרה המר
מערכת: נגה הולמן, עלמא שגב, רעות גזבר, אביטל יחיא, אוראל אוחיון
עיצוב כריכה ועמודי פנים: **דוסה** / WWW.DOSA.CO.IL
איורים: הלל שרעבי

הוצאת פרשה ואשה
טל. 077-8066747
אימייל: info@parasha.org
אתר: www.parasha.org
הרבנית ימימה מזרחי - פרשה ואשה
harabbanit_yemima

הוצאת מגיד
ת"ד 4044 ירושלים 9104001
טל. 02-6330530 פקס: 02-6330534
www.korenpub.co.il

ריכזנו באתר פרשה ואישה תכנים רבים של הרבנית ימימה מזרחי - במתנה.
מוזמנים באהבה! כאן: www.parasha.org

טל"ח השקענו מאמצים רבים בהכנת ההגדה. אם בכל זאת נפלה טעות כלשהי, נשמח אם תשלחו לנו מייל ונתקן.
מסת"ב ISBN 978-965-7767-78-8
Printed in PRC

מוקדש באהבה

לכל הנשים שפוסחות

בין הלימוד העמוק

לבין הניקיונות

ויש בהן החירות

להתגאות בשניהם.

ימימה

מצות עשה
של תורה
לספר
בנסים
ונפלאות
שנעשו
לאבותינו
במצרים
בליל
חמשה עשר
בניסן
שנאמר
זכור
את היום הזה
אשר
יצאתם
ממצרים
כמו שנאמר
זכור
את יום השבת
ומנין
שבליל חמשה עשר
תלמוד לומר
והגדת לבנך
ביום ההוא וגו׳

רמב״ם, הלכות חמץ ומצה, פרק ז

תוכן העניינים

ב"ה

מבוא

שבעה ימים הלבבות פתוחים

קשה להאמין בכוחו של האפיקומן. כשהבן החכם שואל "**מָה הָעֵדֹת וְהַחֻקִּים וְהַמִּשְׁפָּטִים?**",[1] אבא מוצא לנכון לענות לו "**אֵין מַפְטִירִין אַחַר הַפֶּסַח אֲפִיקוֹמָן**".[2]

מהו האפיקומן הזה? את מה אנחנו מחפשים?

מוזר לחשוב שאת סיום ההגדה אנחנו מרגישים דווקא בתחילתה. סוף סוף הגענו לליל הסדר, סיימנו את הניקיונות ואת ההכנות האינסופיות ומה שאנחנו מרגישים עכשיו הוא **חֲסַל סִדּוּר פֶּסַח**.[3]

ומגיע הלילה הזה ואומר, לא. אתם טועים. **בַּעֲבוּר זֶה, בַּעֲבוּר זֶה!**[4] כל זה היה מעבר! היעד הגדול הוא עכשיו. אתם נוסעים לכיוון אור שבעת הימים. אתם עכשיו מוצאים את האפיקומן.

אפיקומן הוא תמצית האמונה. הוא ההבנה שהחג הזה הוא חג ההתחדשות במובן של פסילת רעיון ההתיישנות מכול וכול. אין התיישנות, לא על דמעה, לא על אנחה ואפילו לא על אנקה חייתית שמישהו מוציא מפיו.

"**וַיִּשְׁמַע אֱלֹקִים אֶת נַאֲקָתָם**".[5] האנקה נשמעת. וגם אם הגאולה לא מגיעה מייד, זה נרשם. זה שם, צָפוּן, ויום אחד זה יתגלה.

המאמין הגדול באפיקומן היה רבי קלונימוס קלמן שפירא מפיאסצנה. הוא כתב תורות מופלאות ובכשבעים אחוז מהן ידבר על מצרים, עבדות מצרים ויציאת מצרים. הוא בשואה הנוראה והוא יעשה מעשה לחלוטין לא הגיוני: הוא יטמין את כתביו המופלאים בתוך כדי חלב, מתחת לאפר, ויאמין שיום בהיר אחד בשנת תשפ"ב יוציאו בשמו הגדה, הגדת פיאסצנה (בעריכת צאצא שלו, אמוץ שפירא). הוא חי על האמונה שלא ייתכן שכאב אינו תופס מקום, לא ייתכן שדמעה אינה מצלקת את חלל העולם. ואנחנו מוצאים את האפיקומן שלו וקוראים יחד איתו על משמעות התקופה שעברנו, עד לכאן:

משל למי שעולה להר גבוה. האם רק בשעה שנמצא כבר על ראש ההר נאמר שעלה? גם כל פסיעה ופסיעה שפוסע, עלייה היא. ואף כשעומד עוד באמצע ההר, כבר עלה להר, למעלה מכל העם הנמצאים בארץ. [...] וכל העשִׂיוֹת, עליות הן. והכנות עד שבא למצווה. [...]

היוצא מדברינו שאיש הישראל שמכין דבר למצווה, צריך לדעת שלא את העשייה לבד מכין, אלא גם את עצמו. וחלק ממנו מתגלה. וכשיעשה את המצווה עצמה, כל אותו החלק יתגלה.[6]

אנחנו בעלייה לרגל עכשיו, יאמר הרבי מפיאסצנה. וכל עייפות וכל תזוזה והילדים שצרורים בשמלותינו בימים שקדמו לערב הגדול הזה הם חלק מהעלייה הזאת לרגל. ואל תיקחו לנו את העלייה המייגעת הזאת.

"מה יש באותו טירוף של ניקיון המשתלט עלינו בפתח ימי האביב המוריקים ומכונן בתודעתנו את חג החירות? מדוע רק בחג הזה נאמר כי על האדם להרבות בדקדוקים ואל יסמוך על אנשי ביתו?"[7] ישאל הרב אלחנן ניר. וכך ישיב מורו הרב שג"ר:

הקיבעונות והנוירוזות המלווים את הקיום ההלכתי הם שותפים מלאים לקיום זה,
ואין להזדרז להפיג אותם באמצעות 'טיפול פסיכולוגי' כזה או אחר.
הרצון להתנקות מאלמנטים אלו (מהניקיון) בקיום הדתי דומה לטיפול פסיכיאטרי
המעלים את הסימפטום של המטופל. טיפול זה אמנם מקל את הסבל, אך לשם כך על המטופל
לשלם ב'מזומנים' של האישיות עצמה – האישיות האנושית וההלכתית מתקהה.[8]

בואו ננסה לבאר את הלשון האפיקומנית הזאת, המוכמנת, המוחבאת, הצפונה. השמחה של החג היא הכאב הזה הקטן בגב, הידיים שהתייבשו קצת. זה חלק מהעלייה לרגל ואל תיקחו לנו אותה!

בסדר, הבנו. אז לאן הגענו בעצם?

הגענו לפסגה. והיא מאירה באור נדיר, באור שבעת הימים.

בליל הסדר תיכנס השכינה. היא נכנסת לכל בית בליל הסדר במורא גדול; **וּבְמֹרָא גָּדֹל – זוֹ גִּלּוּי שְׁכִינָה.**[9]

עכשיו תעצרו. עכשיו רק תנשמו את אור שבעת הימים הגדול הזה. וזלדה תאמר:

כָּל כָּךְ אוֹר מִסְּבִיבִי
וְכָל כָּךְ הַכְּאֵב –
עוֹד רֶגַע וְתֵצֵא נִשְׁמָתִי.[10]

האם נדע לנוח?

זה כמעט מנוגד לטבענו, אומר הרב אלחנן ניר. **האדם המודרני מזהה את החיים עם אינטנסיביות של עשייה. החיים לדידו הם רצף הזדמנויות וסכנה להחמיץ אותן (FOMO). החלל הפנוי, מרווחי הזמן, מעוררים בו חרדה. הוא לא חש את חירותו נושבת דרכם, אלא שומע בהם את פעמוני המוות. מה שאצל אדם פרימיטיבי נתפס כחלק מריתמוס החיים, הבנוי מאקטיביות ופאסיביות (עשייה ועצירה), התמלאות והתרוקנות, הפך אצל האדם המודרני לבזוי ולנחות. לבושה. בכל רגע הוא משוכנע שהוא מחמיץ משהו, משהו חשוב ומכריע המתרחש בדיוק הרגע. וכך עצם האפשרות למנוחה נשללת ממנו.**[11]

וכך הוא נכנס, ליל הסדר ואיתו החג בן שבעת הימים (איזה לחץ!). והוא מצווה שלוש המלכות: "...שִׁבְעָה יָמִים הַוְּרָדִים פּוֹרְחִים... וְשִׁבְעָה יָמִים שֻׁלְחָנוֹת עֲרוּכִים, וְשִׁבְעָה יָמִים הַלְּבָבוֹת פְּתוּחִים..."[12]

אימאל'ה אימאל'ה. איזה פחד, הפחד להיפגש. האם ניפגש?

◆◆◆

מוכנה להיפגש?

חג הפסח יהיה חג מרובה מפגשים: עם המסורת, עם המשפחה, עם עצמי...

מהמפגש הצפוף הזה יכולים היו בני ישראל לברוח במשך מאתיים ועשר שנים. והם השתעבדו לחירות הנוחה הזו. הם עסוקים, הם משועבדים, הם היו רוצים כל כך להקדיש זמן, כך חשבו, לצאת ולפגוש מישהו חדש, לשהות יותר בבית ולהיפגש עם מישהו "ישן" אבל מה לעשות, אין זמן.

בילינו את השנה ב**אֲסוֹבְבָה בָעִיר בַּשְּׁוָקִים וּבָרְחֹבוֹת**, מדמים שאנחנו מבקשים **אֵת שֶׁאָהֲבָה** נפשנו,[13] אבל אולי התאהבנו בשיטוט עצמו.

כשהינו בבית, ואפשר היה להיפגש עוד יותר, עם הילד הזה שבורח מפנייך ואת בורחת מפניו לא פחות, עם האיש הזה שלך כשכל כך נוח לא להיפגש שהרי **פָּשַׁטְתִּי אֶת כֻּתָּנְתִּי, אֵיכָכָה אֶלְבָּשֶׁנָּה**[14] אחרי יום עמוס כזה? ושוב תלכו לישון, אוהבים מאוד מאוד, מבלי להיפגש.

ואז הוא מגיע, הזמן הזה. מצווה עלינו **זֶבַח מִשְׁפָּחָה**,[15] דורש מאיתנו את האומץ לצאת שוב, אבל הפעם כדי להיפגש. **קוּמִי צְאִי, אֲחוֹתִי כַלָּה.**[16]

השתעבדנו לחירות.

הניקיון שלפני החג יהיה תחילת המפגש. ופתאום, **וּבְדַעַת חֲדָרִים יִמָּלְאוּ.**[17] פתאום נדע את עצמנו ואת החפצים שלנו, נדע את חדרי ליבם של ילדינו ונציץ לפינות אפלות שלא רצינו לגשת אליהן. נדע קרבת אלוקים נדירה של **מֶלֶךְ אָסוּר בָּרְהָטִים.**[18] ברהיטי הבית הזה הוא נמצא, המלך שיבקש אותנו להיפגש עימו, "לשחרר" אותו מניקוי הרהיטים המכאני ולפגוש אותו בחדרי הלב, **הֱבִיאַנִי הַמֶּלֶךְ חֲדָרָיו.**[19]

סעודת ערב החג תהיה המפגש הצפוף עם בני המשפחה שלנו. האכילה תקרב בינינו. **האוכל הטעים והמשביע אינו דווקא תפריט מגוון וריבוי מאכלים, יכתוב הרב שג"ר, כי הברכה תהיה מוצא פי ה' הנמצא במצה, העין הטובה השוררת בין בני הבית... ברכת השנה כולה תהיה תלויה באהבה, באמון ובחסד שבין הסועדים. אכילה אגואיסטית איננה מְלֵאוּת! היא תמיד שרויה בשמירה עצמית ועל כן, היא לא תביא לשמחה.**

מכאן תפקיד ליל הסדר כחידוש המשפחתיות היהודית. ברית זו היא בראש ובראשונה שייכות משפחתית. האנרגיות החיוביות שהן תוצאת הסעודה, מאחדות בין הסועדים. הארת הפנים הבאה בעקבות האכילה, היא ראיית הפנים שיש היום, במקום בית המקדש.[20]

אני מתרגשת כל כך מהדיבור הזה! אין בית מקדש אבל הבית שלך – מקודש! אין זבחים ופסחים, אבל יש זבח משפחה! בשלו את האוכל הכי טעים, ערכו את השולחן הכי יפה ותראו איך מתפוגג כל הפחד מהמפגש המשפחתי והופך לשמחה אדירה!

ואז, בפסגת ליל הסדר, ישאל אותך הקב"ה את הקושיה הקשה מכולן: מוכנה להיפגש? אבל עכשיו, עם אהוב ליבך. שוב לנסות והפעם מפגש של חסד, בלי שיפוט, בלי אשמה, בלי לחפש את החמץ. רק למצוא אותו, את החצי הזה המוחבא, את האפיקומן.

רגע אמירת שיר השירים הוא הרגע שבו את עונה: כן. מוכנה לעוד פגישה.

שיר השירים מכריז כי העולם הזה אינו רק טורפים ונטרפים, מנצחים ומנוצחים הרצים זה מול זה במעגל כוח אין סופי, אלא גם מרחב שיש בו שניים המסוגלים להכיר זה את זה, שניים שיודעים שהסיכוי של כל אחד מהם מצוי דווקא אצל זולתו וכל עוד לא בא במגע עם האחר, הרי שבמובן עמוק, הוא עצמו טרם נוצר...

כך הופכים ימי ניסן לנס של מגע ופנים. אדם עוזב את כל חומותיו שעליהן הפקיד שומרים כל החורף... לכן, פסח הוא גם ראש השנה, אך הוא נקי מהשיפוטיות של תשרי, ומציע תחתיה אינטימיות וחסד. שיר השירים הוא ה"ונתנה תוקף" של הימים הללו.[21]

וכשקול דודך לא דופק, **אַתְּ פִּתְחִי לוֹ.**[22] עמדי בפתח הזה, הפתח שפסח עליו הקב"ה פעמים רבות כל כך, הפתח שעליו שפכת את חמתך פעמים רבות כל כך וחכי לו שוב, לאליהו שלך. הערב, גם נפשו הומה לקראת מפגש.[23]

מפגש עם הכיסא הריק

ואין מישהו שאין לו כיסא ריק בחג הזה. חור בלב. אצלי זה יהיה אבא. אצל אחרים – קרוב משפחה שלא נמצא עכשיו איתם. אצל גרושות זה יכול להיות הילדים שנמצאים עכשיו אצל הצד השני. ואצל הרווקות זה הכיסא עצמו, שפתאום פחות יציב תחת רגלינו.

מספר יהודה גזבר:

והיא מפסיקה להגיד 'כן' כשמציעים לה בן זוג ('רועי, 29, ממשפחה טובה') ומפסיקה להתייחס לכל הסיפור הזה של הרווקות ואומרת די, עכשיו אני לא מחפשת בן זוג, אלא במסע לחיפוש עצמי. והיא הולכת לחוגים ולהרצאות ויוצאת לטיולים ארוכים בהודו ובדרום אמריקה וחיה את החיים האלה כמו שהיא רוצה לחיות אותם, אבל כשהיא מנסה להוריד את הסיר הגדול שהיא שמה מעל הארון, היא מוצאת את עצמה מתנודדת מעל כיסא רעועה וממלמלת, איפה את ה, לעזאזל, מתי תגיע כבר. אני לא יכולה יותר לחכות.

וזה מראה לה שהיא מעולם לא הפסיקה. לא שכחה.[24]

ליל הסדר תובע משפחה מסודרת ומה תעשה מי שלא "הסתדרה"?

למה את עדיין רווקה? רק ה' יודע. ואני יודעת דבר אחד: ה' רוצה את ה"והיא שעמדה", את ה"אחד מי יודע", את התפילות שלך.

הזוהר מגלה שבליל הסדר הקב"ה יורד ורואה את הכלים השבורים שלו, את כל אלה שבליל הסדר שרויים בחוסר-סדר.[25] ברגע של "שפוך חמתך" נכנס הקב"ה הביתה ואומר לך: די. **וָאֶעֱבֹר עָלַיִךְ וָאֶרְאֵךְ מִתְבּוֹסֶסֶת** – בדמעותייך, **וְגַם רָאִיתִי אֶת הַלַּחַץ**[26] אשר שנותייך לוחצות אותך, אשר פחדייך לוחצים אותך, אשר הורייך נלחצים איתך. **וְהִנֵּה עִתֵּךְ עֵת דֹּדִים.**[27] **הָשַׁתָּא הָכָא.** השנה את עדיין פה תקועה. **לְשָׁנָה הַבָּאָה**, אני מבטיח לך, בביתך שלך. עם אישך, שלך. עם תינוקך, שלך. בת חורין.

הרחמים שמעוררת הבדידות דווקא בלילה המשפחתי הזה, ליל הסדר! רק תבקשי. אין ליל סדר שהקב"ה לא עובר וגואל, וגואל, וגואל בודדים ובודדות. אני מברכת אותנו בחירות, שמחה, יופי, עשירות, מלכות, גאולה. לאו דווקא בסדר הזה.

ימימה מזרחי
ירושלים

בדיקת חמץ וביעור חמץ

מפגש עם מקומות שהעדפנו לשכוח

אור לארבעה עשר בודקין את החמץ לאור הנר

מסכת פסחים, פרק א׳, משנה א׳

זֵכֶר לִיצִיאַת מִצְרָיִם.

המילים האלה מלוות אותנו לאורך כל השנה אבל ימי הפסח מחזירים אותנו ביתר שאת לימים ההם, בזמן הזה. כך, מדין התורה אסור שיהיה ברשות האדם חמץ בפסח, כפי שנאמר: **מַצּוֹת יֵאָכֵל אֵת שִׁבְעַת הַיָּמִים, וְלֹא יֵרָאֶה לְךָ חָמֵץ וְלֹא יֵרָאֶה לְךָ שְׂאֹר בְּכָל גְּבֻלֶךָ.**[28]

ואחרי שניקינו וחיפשנו פירורים בחורים ובסדקים, מגיע זמנה של בדיקת חמץ. בגן הילדים למדנו שזה טקס שבו מחפשים עשרה פירורי חמץ עטופים. למעשה, הרגעים האלה הם קודש קודשים. את לא מתארת לעצמך את גודל התיקונים שה׳ עושה לך בנשמה בזמן בדיקת חמץ, אומר רבי ירוחם מִמיר. הזמן הזה לאור הנר מסוגל לתקן את העוונות הכי נוראיים. **אי־אפשר לתאר גודלו של יהודי בשעה שהוא עומד ובודק את החמץ בביתו.**

לקראת בדיקת חמץ הבית עובר ספונג'ה ענקית, ספונג'ה קדושה. הרבה מים. לפני בדיקת חמץ מנתקים טלפונים ופלאפונים. תתרכזו – זה זמן שאפשר לתקן בו הכול.

הבדיקה הזאת זורה אור על כל מיני מקומות שאת מדחיקה.

למה שתקת

מה אנחנו עושים? מתחדשים. והמושג עצמו, "התחדשות", התחדש בשנים האחרונות והפך להיות סופר־מרגש, התחדשות במובן היפך ההתיישנות.

התרדשות היא אמירה חד־משמעית שעולם המשפט היום לא מכיר בה, עדיין. בעולם המשפט יש התיישנות על תיקים: "למה שתקת? למה לא חשפת? עכשיו יש התיישנות על המקרה שלך ולמה לא ניגשת בזמן עם הנר לפינות אפלות?"

והתשובה: מפני שבזמן אמת, והרבה לאחר מכן, נסגרו מיתרי הגרון.

אבל הקב"ה מכיר באלה שלא יכולים לצעוק ולא יכולים לבטא ולא יכולים להתלונן. בני ישראל במצרים, במשך מאתיים ועשר שנה לא נאנחו ולא נאנקו והם לא ניגשו עם נר לפינות האלה בכלל.

וההתחדשות, זוכרת. פתאום הם נאנקים. **וַיִּשְׁמַע אֱלֹקִים אֶת נַאֲקָתָם**, "אהההה...". **וַיַּרְא, וַיֵּדַע אֱלֹקִים.**[29]

אין דמעה, אין אנחה שיש עליה התיישנות. הדמעות שלך תלויות ועומדות בחלל העולם ובסוף ליל הסדר אנחנו אומרים בשיר השירים: **פִּתְחִי לִי אֲחֹתִי רַעְיָתִי, שֶׁרֹּאשִׁי נִמְלָא טָל,** טל דמעותייך שעלו.[30] הראש שלי כבר חפוף מהדמעות שלך. תפתחי לי, אני בא לתת לך כזאת ישועה ענקית!

והבדיקה הזאת אומרת לך: **כל זמן שהנר דולק, אפשר עוד לתקן.**[31] אל תפחדי, אל תפחדי.

הנה, כל המקומות מתבארים.

ומתבהרים.

ולמחרת, בזמן שריפת החמץ, גם מתבערים.

הרבי מאיז'ביצא כותב שמי שעושה את הבדיקה בריכוז, בדייקנות ובדקדקנות, ללא דיבורים כלל מלבד בענייני המצווה, יזכה בסופה לברכה גדולה: **יוכל כל האדם לדעת שורש חסרונו.** ממש כך. את תקבלי התבהרות: "זה מה שאני רוצה ללמוד / את זה אני צריכה לעשות / כך עליי לומר לאימא שלי / את הקשר הזה אני חייבת לחתוך". את תקבלי גילוי עצום על עצמך. **נֵר ה' נִשְׁמַת אָדָם חֹפֵשׂ כָּל חַדְרֵי בָטֶן**[32] – הוא מבטיח שהנר הזה יחשוף לך דברים חבויים, יגלה לך אינטואיציות שלא חשדת בקיומן (הרב פינקוס זצ"ל העיד על עצמו שכל ההשגות הרוחניות שלו, ועובדת היותו רב, הגיעו מבדיקת חמץ מדוקדקת בחורים ובסדקים[33]).

עוברים בכל הבית ומחפשים כל רמז לחמץ שנשאר גם אחרי הניקיונות. את עשרה פירורי החמץ העטופים מחביאים בבית כדי שאם לא יימצא חמץ, לא תהיה ברכה לבטלה. למחרת זורקים אותם לאש עם שאר החמץ שנותר.

לפי ההלכה, אפשר לערוך בדיקת חמץ גם עם פנס. אפילו עם טלפון סלולרי (שזה בדיוק היפך ביעור החמץ... כמו שתדליקי בגט ותחפשי חמץ בעזרתו). אבל הרב מוצפי כותב: רק עם נר שעווה. למה דווקא שעווה? שַׁעֲוָה – אותיות עוֹשֵׂה; **לְעֹשֵׂה נִפְלָאוֹת גְּדֹלוֹת לְבַדּוֹ כִּי לְעוֹלָם חַסְדּוֹ.**[34] בבדיקת חמץ את מכוונת: "עשה איתי ניסים. וכל החמצים וכל ההחמצות בגוף ובנפש, תבער לי אותם".

וגם: שַׁעֲוָה – לשון שַׁוְעָה. כל תפילה וכל שוועה שאומרים בזמן בדיקת חמץ – מתקבלת. כל עוד הנר דולק, אפשר.

אז כשאת בודקת בחדר השינה, תתפללי על זוגיות, על שלום בית, על אהבה.

כשאת בודקת בחדרי הילדים, בקשי אמונה, שמחה, חברים טובים, הצלחה.

כשאת בודקת בכיסים, בקשי על פרנסה.

זה זמן אדיר לתפילה. כל זמן הבדיקה, תתפללי לניקוי חמצים ובפרט ניקוי נגעי הנפש: **וזכנו לבער את נגעי בתי הנפש**, כך מתפללים עכשיו חסידים ומקובלים.

המקובלים נוהגים לשים מלח בתוך הצלחת שאת שומרת בה את נר השעווה ואת עשרת הפירורים שמצאת. הרב מוצפי כותב: **מנהג טוב וקדום לשים מלח בתוך הקערה כי 'החיצונים'** (כוחות לא טובים) **מתקנאים בבדיקה הזאת.** הם יודעים שהבדיקה מנקה לך את האוויר ואת החיים, אז הם מגיעים להזיק. מה שמסלק אותם הוא מלח (אפשר לעשות גם מבלי להבין עד הסוף).

זכור לטוב אבי ז"ל, שבמשך כארבעים דקות היה מתכופף בכל פינות הבית, פותח הארונות, בודק האצטבאות, מטפס על המדפים, פותח כל מגירה ושואל: "פה בדקתם? פה ניקיתם?" ובודק בחורים ובסדקים ומאחורי הדלתות ועל המשקופים ואנכי מלווהו, עם צלחת אשר בה סכין, מלח, חתיכת חמץ וגפרורים.

הרב בן ציון מוצפי, "פסח בציון", עמ' עח.

מחפשים בחורים ובסדקים, וחשוב לי להסביר שאת החורים ואת הסדקים עצמם אנחנו מחפשים, שדרכם את יכולה להיוולד, להשתחרר מהחריר הזה. לתקן. את מחפשת חירות. זה לילה של חיפוש והוא ההקדמה לחג של חיפוש; מחפשים אחר הפירורים, בהמשך נחפש את האפיקומן ובסוף נשיר את שיר החיפוש הגדול, **הִבְקַשְׁתִּי אֵת שֶׁאָהֲבָה נַפְשִׁי**; שיר השירים.

למה זה כזה זמן חיפוש? כי החיפוש נותן כל כך הרבה אמונה. גם אפיקומן וגם הפירורים שאת מחפשת, את יודעת בוודאות שהם שם. מגיע שיר השירים ואומר לך: גם בן הזוג שלך – שם. גם הילד שהתרחק ממך – שם. אין **בִּקַּשְׁתִּיו וְלֹא מְצָאתִיו**,[35] אין, אין. יגעת ולא מצאת? אל תאמין! אין חיפוש שאין בסופו מציאה.

החצי השני של האפיקומן, כמו גם שלך, נמצא שם, שם. ולא זו בלבד, הוא הכי רוצה בעולם שתמצאי אותו. הרבה יותר ממה שאת רוצה למצוא, הוא רוצה להיות **כאבדה המתבקשת**, כך קוראים לזה בחז"ל.

איך האהבה רוצה שימצאו אותה.

איך הפירורים צועקים מפינות הבית: "אנחנו פה! אנחנו פה!"

כך גם החצי השני שלך

וכך גם ריבּונו של עולם.

וְהִגַּדְרְתָּ

הזהירות בפירור חמץ חשובה ונעלה עד מאד
ובכך מובטח הוא שלא יבוא לידו שום חטא ועוון כל השנה
ואין יצר הרע יכול לו כלל
ולא יתקרב אליו שום חלק מכוחות הטומאה
ואפילו במשהו.
ולא יהיה ניזוק כל השנה
ויהיה שמור ומוגן,
והרי הוא תחת שלטון הקדושה
וכמובא בזוהר:
ימי הפסח הם שורש ויסוד לכל ימי השנה
ויהיה כל השנה שקט ושאנן.

"פסח בציון" עמ' קנג, פרק "ביעור חמץ".

את כל החמץ שהחבאת ומצאת, את שורפת למחרת הבדיקה בשעות הבוקר. יחד איתם את שורפת את כל ההחמצות של חייך.

קבלי עכשיו את הסגולה המדהימה מהחיד"א, שבכל שנה אני שומעת בזכותה על כל כך הרבה ישועות. בבדיקת החמץ מחביאים עשרה פירורים. והחיד"א אומר, לרשום על פתקים עשר החמצות שהחמצת בחיים: "אני מרגישה שעברתי את... הגיל שלי / החמצתי את העבודה שלי / מציאת הכיוון שלי בחיים / החינוך של הילד הזה". בתוך כל שקית עם פירור את שמה פתק.

בשפה של פסח, פירור פירושו עיכוב. **רְצוֹנֵנוּ לַעֲשׂוֹת רְצוֹנְךָ, וּמִי מְעַכֵּב? שְׂאוֹר שֶׁבָּעִסָּה.**[36] את רושמת עיכובים שאת רוצה להיפטר מהם (תוצאות הבדיקה הרפואית / הילד לא נשוי / הילדה לא שמחה / חשבון הבנק לא שמח). שימי לב, את רושמת דברים שמעיקים ומציקים לך ולא שמות של אנשים.

למחרת את משליכה לאש ששורפת את החמץ את הפירורים עם הפתקים.[37]

"ימימה, איזו עבודה זרה זאת?"

צודקת. זו קונסטלציה שלא קיימת ביהדות, להתפלל על משהו שכבר היה "הלוואי שלא קרה" – והרי זה כבר קרה! קוראים לזה "תפילה לשעבר". כשרואים אמבולנס עובר, למשל, אסור להתפלל "רק שזו לא תהיה סבתא שלי". כי אם זו כן? וכי הנהג ישלוף עכשיו את סבתך ויחליף אותה בעובר אורח תמים? אי־אפשר להשיב את העבר רטרואקטיבית. כן צריך ומותר להתפלל תפילה לעתיד: "אם זו סבתא שלי, שתיסע ללדת עכשיו" (בעבר זו הייתה בדיחה כצחיקה. כיום זה מציאותי).

תפילה לשעבר היא דבר לא יהודי בעליל, אולם פעם אחת בשנה אנו מקבלים את האפשרות להתפלל לשעבר. מול האש של שריפת החמץ את עומדת ומבקשת: "ה', תעשה שמה שיש שהיה, כאילו לא היה".

ואת אומרת את נוסח ביטול חמץ.

בִּעוּר
חָמֵץ

אור לארבעה־עשר בניסן (ואם חל בשבת – אור לשלושה־עשר) בודקין את החמץ לאור הנר.

לפני הבדיקה מברכים:

הִנְנִי מוּכָן וּמְזֻמָּן לְקַיֵּם מִצְוַת עֲשֵׂה וְלֹא תַעֲשֶׂה שֶׁל בְּדִיקַת חָמֵץ
לְשֵׁם יִחוּד קֻדְשָׁא בְּרִיךְ הוּא וּשְׁכִינְתֵּהּ עַל יְדֵי הַהוּא טָמִיר וְנֶעְלָם בְּשֵׁם כָּל יִשְׂרָאֵל.
וִיהִי נֹעַם אֲדֹנָי אֱלֹהֵינוּ עָלֵינוּ, וּמַעֲשֵׂה יָדֵינוּ כּוֹנְנָה עָלֵינוּ, וּמַעֲשֵׂה יָדֵינוּ כּוֹנְנֵהוּ: תהלים צ

בָּרוּךְ אַתָּה יהוה אֱלֹהֵינוּ מֶלֶךְ הָעוֹלָם
אֲשֶׁר קִדְּשָׁנוּ בְּמִצְוֹתָיו וְצִוָּנוּ עַל בִּעוּר חָמֵץ.

אחר הבדיקה אומר:

כָּל חֲמִירָא וַחֲמִיעָא דְּאִכָּא בִרְשׁוּתִי
דְּלָא חֲמִתֵּהּ וּדְלָא בִעַרְתֵּהּ
לִבְטִיל וְלֶהֱוֵי הֶפְקֵר כְּעַפְרָא דְאַרְעָא.

ערב פסח שחרית, בשעה החמישית של היום, שורפים את החמץ.

לפני שריפת החמץ אומר:

הִנְנִי מוּכָן וּמְזֻמָּן לְקַיֵּם מִצְוַת עֲשֵׂה וְלֹא תַעֲשֶׂה שֶׁל שְׂרֵפַת חָמֵץ
לְשֵׁם יִחוּד קֻדְשָׁא בְּרִיךְ הוּא וּשְׁכִינְתֵּהּ עַל יְדֵי הַהוּא טָמִיר וְנֶעְלָם בְּשֵׁם כָּל יִשְׂרָאֵל.
תהלים צ **וִיהִי נֹעַם אֲדֹנָי אֱלֹהֵינוּ עָלֵינוּ, וּמַעֲשֵׂה יָדֵינוּ כּוֹנְנָה עָלֵינוּ, וּמַעֲשֵׂה יָדֵינוּ כּוֹנְנֵהוּ:**

אחרי שריפת החמץ מבטלו בלבו ואומר:

כָּל חֲמִירָא וַחֲמִיעָא דְּאִכָּא בִרְשׁוּתִי
דַּחֲמִתֵּהּ וּדְלָא חֲמִתֵּהּ
דְּבִעַרְתֵּהּ וּדְלָא בִעַרְתֵּהּ

לְבַטִּיל
וְלֶהֱוֵי הֶפְקֵר

כְּעַפְרָא דְאַרְעָא.

אחר הביטול יאמר בקשה זו:

יְהִי רָצוֹן מִלְּפָנֶיךָ יהוה אֱלֹהֵינוּ וֵאלֹהֵי אֲבוֹתֵינוּ, שֶׁתְּרַחֵם עָלֵינוּ.
וְתִשְׁמְרֵנוּ וְתַצִּילֵנוּ מֵאִסּוּר חָמֵץ אֲפִלּוּ מִכָּל שֶׁהוּא,
שָׁנָה זוּ וְכָל שָׁנָה וְשָׁנָה, כָּל יְמֵי חַיֵּינוּ.
וּכְשֵׁם שֶׁבִּעַרְנוּ הֶחָמֵץ מִבָּתֵּינוּ הַיּוֹם הַזֶּה.
כֵּן תְּזַכֵּנוּ וּתְסַיְּעֵנוּ וְתַעַזְרֵנוּ לְבַעֵר הַיֵּצֶר הָרָע מִקִּרְבֵּנוּ.

אָנָּא יהוה, הַפְרֵד נָא מֵעָלֵינוּ צַד הָרַע שֶׁבַּיֵּצֶר הָרָע.
וּתְזַכְּכֵנוּ וּתְלַבְּבֵנוּ בְּכֹחַ הַיֵּצֶר הַטּוֹב. וּתְזַכֵּנוּ לְזַכֵּךְ נַפְשֵׁנוּ
וּלְהָאִיר בָּהּ וּלְהוֹסִיף בָּהּ כֹּחַ וְהֶאָרָה גְּדוֹלָה.
וּלְהִתְקַשֵּׁר לְמַעְלָה בִּקְדֻשָּׁה עֶלְיוֹנָה.
וְתָמִיד תִּשְׁרֶה וְתָחוּל עָלֵינוּ קְדֻשָּׁה הָעֶלְיוֹנָה.

קַדְּשֵׁנוּ בְּמִצְוֹתֶיךָ. תֵּן חֶלְקֵנוּ בְּתוֹרָתֶךָ.
שַׂבְּעֵנוּ מִטּוּבֶךָ. שַׂמַּח נַפְשֵׁנוּ בִּישׁוּעָתֶךָ.
וְטַהֵר לִבֵּנוּ לְעָבְדְּךָ בֶּאֱמֶת. וְתַעַזְרֵנוּ עַל דְּבַר כְּבוֹד שְׁמֶךָ.
וּתְמַלֵּא מִשְׁאֲלוֹת לִבֵּנוּ לְטוֹבָה לַעֲבוֹדָתֶךָ,
אָמֵן כֵּן יְהִי רָצוֹן.

יִהְיוּ לְרָצוֹן אִמְרֵי פִי וְהֶגְיוֹן לִבִּי לְפָנֶיךָ, יהוה צוּרִי וְגֹאֲלִי.

הָעֲבֹדָה הַזֹּאת לָכֶם

כל זמן שהנר דולק,
שהשריפה אוכלת, בקשי:
שיתבהר - מה צריך לתקן.
שיתבאר - איך לתקן.
שיתבער - מה שלא ניתן
עוד לתקן.

האש של שריפת חמץ עושה פעולה גדולה. היא מבערת מקרבך את החמץ הכי נורא שנקרא "החמצתי". תביני, בעברית אין "החמצתי". זו נקודת התייחסות שנמצאת בשפות זרות, למשל past perfect. באנגלית: ...If I had had had had

אבל בעברית אין past perfect. ובעצם, No past is perfect. רק העתיד יכול להיות פרפקט. עברית היא שפת עֵבֶר, ואצלנו היהודים העבר הוא... מַעֲבָר. מעבר למקום חדש. למשל, ההגדה עצמה מתחילה בגנאי: **בְּעֵבֶר הַנָּהָר יָשְׁבוּ אֲבוֹתֵיכֶם**. מה עשו אבותינו מעבר לנהר? לא נעים לומר: עבדו עבודה זרה.

ואז הגיע אברהם העברי. **וְהֶעָבָר** - **עָבַר**.

אז בואו נשרוף את ההחמצות. עשר החמצות את כותבת בפתקים ושורפת, למפרע. זו הפעם היחידה בשנה שאת אומרת: "ה', אם יש משהו רע, תעשה שהוא כאילו לא היה. אם יש לי פירור בבית שלא ראיתי, תעשה כאילו הוא מבוטל **כְּעַפְרָא דְאַרְעָא**".

אין כוח ניקוי רטרואקטיבי יותר מהאש הזאת. את יכולה להישאר בבית ולומר בפה את נוסח "כָּל חֲמִירָא וַחֲמִיעָא", אבל אני ממליצה חד־משמעית: צאי מהבית, לכי לאש, הסתכלי בחמץ שנשרף, ושם תבקשי. איך אומר הפיוט - **וְלָמָּה אֲכִילַת חָמֵץ לְשֵׁשׁ שָׁעוֹת, זֵכֶר לְחִפָּזוֹן שְׁכִינָה לְהַעֲבִיר גְּזֵרוֹת רָעוֹת.**[38] מה שכבר נגזר, לא נגזר!

מי שאין לה זמן או כוח לכתוב פתקים, תעמוד מול האש ותדבר על משהו נורא שהיא רוצה שיימחק לה מהזיכרון. הרעיון הוא, שפעם בשנה את עומדת מול האש הזאת של שריפת החמץ, אש שמְּכַלָּה למפרע, ואומרת: "ה', גם אם יש לי חמץ בבית שלא ראיתי, תעשה כאילו הוא לא שם. **כָּל חֲמִירָא וַחֲמִיעָא דְּאִיכָּא בִּרְשׁוּתִי** (כל חמץ ושאור שיש אצלי) **דַּחֲזִיתֵיהּ וּדְלָא**

חֲזִיתֵיהּ (שראיתי ולא ראיתי), **דְּבִיעַרְתֵּיהּ וּדְלָא בִיעַרְתֵּיהּ** (שביערתי ושלא ביערתי) – **לִבְטִיל וְלֶהֱוֵי הֶפְקֵר כְּעַפְרָא דְאַרְעָא**, יתבטל ויהא הפקר כעפר הארץ. זהו. הלאה".

זה נוסח ליודעי ח"ן, כותב הרב מוצפי, כי רגע גדול כזה חייב להיות מוצפן בשפה מסובכת.

אחרי שריפת חמץ את מטלפנת לכל המשפחה. כולל קרובים שאת פחות אוהבת, למה – כי הלילה, ב"שפוך חמתך" נפתחת הדלת וה' מגיע מלוּוֶה בשכינה, כך כותב הזוהר, ועם המון מתנות לתת לכל משפחה ומשפחה: "קחי שמחה, קחי בריאות, קחי פרנסה". אבל! אם המשפחה נמצאת במחלוקת, ה' אומר: המתנות שלי עדינות מאוד. הן כלי בדולח ופורצלן. אני יכול להעניק אותן רק למשפחה שיש בה שלום, אחרת הן יישברו.

עֵרוּב תַּבְשִׁילִין

בחוץ לארץ, אם חל ערב פסח ביום רביעי, עושים עירוב תבשילין.
נוטלים מצה ותבשיל ומברכים (רמב״ם, יום טוב פ״ו ה״ח; טור ושו״ע, או״ח תקכז):

בָּרוּךְ אַתָּה יהוה אֱלֹהֵינוּ מֶלֶךְ הָעוֹלָם
אֲשֶׁר קִדְּשָׁנוּ בְּמִצְוֹתָיו וְצִוָּנוּ עַל מִצְוַת עֵרוּב.

ואומר: בְּדֵין עֵרוּבָא יְהֵא שְׁרֵא לַנָא לְמֵיפֵא וּלְבַשָּׁלָא
וּלְאַטְמָנָא וּלְאַדְלָקָא שְׁרָגָא
וּלְמֶעְבַּד כָּל צָרְכָּנָא
מִיּוֹמָא טָבָא לְשַׁבְּתָא
לָנוּ וּלְכָל יִשְׂרָאֵל הַדָּרִים בָּעִיר הַזֹּאת.

כוסו של אליהו הנביא - הגביע הוא שלנו

אחרי שריפת החמץ נסדר את השולחן לליל הסדר. **תַּעֲרֹךְ לְפָנַי שֻׁלְחָן נֶגֶד צֹרְרָי**[39] – לסדר מוקדם את השולחן זו סגולה נגד כעסים ומריבות. אנחנו עורכות את שולחן ליל הסדר בחרדת קודש. נתחיל מהאמצע: כוס של אליהו במרכז. השַׂר שלום מבעלז אומר: **בגביע גָּלוּ, בגביע ייגאלו.** הגלות הראשונה התגלגלה בגלל גביע, כי יוסף החביא גביע באמתחת של בנימין וכל האחים התחילו לחשוד זה בזה: "זה אצלך. זה אצלך".[40]

ויוסף הראה להם: "סתם השדתם בבנימין. וגם כשחשדתם בי זה היה סתם. האינכם מבינים שכל מלחמות האחים הן תמיד סתם?"

ואומר ה"ישמח ישראל" מאלכסנדר: כל החשדות שיש לנו זה כלפי זה, הם סתם! רוקנו שקים! רוקנו את הלב המלא הזה שיש לכם על ההיא ועל ההוא. חבל – פסח הוא **זֶבַח מִשְׁפָּחָה**. אל תהיו **בנים שגָּלו מעל שולחן אביהם**.[41] איך יבוא אליהו כשאנחנו רבים, כשאנחנו במחלוקות, חוקרים חשדות ועדים ועדי מדינה ועדים שכנגד? לא שתינו מספיק מכוס התרעלה?

מי שרוצה שלום בית, מי שרוצה שלום במשפחה, מי שיש לה בלגן במשפחה, שימי את הגביע במרכז השולחן ותכווני: "ה', תעשה לנו זבח משפחה. בבקשה, שיהיה שלום בינינו!"

ואליהו יגיד: "הנה, אני בא. שמתם לי כוס! אני מגיע". **הִנֵּה, אָנֹכִי שֹׁלֵחַ לָכֶם אֵת אֵלִיָּה הַנָּבִיא.** זו סגולה במיוחד לשלום בין אבא ובין בנים: **וְהֵשִׁיב לֵב אָבוֹת עַל בָּנִים וְלֵב בָּנִים עַל אֲבוֹתָם.**[42]

מה יש בכוס הזאת?

בית המקדש היה היפה שבבניינים, והאיש שבפניו נשקף היופי של בית המקדש היה רבי יוחנן. והגמרא ממליצה: מי שרוצה לדעת איך נראה היה יופיו של רבי יוחנן (קרי: יופיו של בית המקדש), ייקח גביע מכסף. ישים בו גרעיני רימון, יקיף אותו בשושנים אדומות ויניח אותו בין האור לבין הצל ואולי, אולי יזכה ויטעם טיפה **ממעין שופריה דרבי יוחנן**.[43]

מה התיאור הזה?

הגביע הוא, כאמור, סמל הגאולה.

גרעיני הרימון שבתוכו – אלה עמי-ארצות (הפשוטים) שבעם ישראל. **כְּפֶלַח הָרִמּוֹן רַקָּתֵךְ** – **אפילו ריקים שבך מלאים מצוות כרימון**.[44] אנחנו רואים את זה בלי סוף בערבי פסחים, כשאנשים שלא נראים קרובים בכלום לקדושה עומדים בחנויות של טמבור ובחנויות של אוכל כשר, משקיעים בחג הזה ממון וחשק ורצון.

השושנים האדומות – אלה אנחנו, השושנה שבין החוחים. מוקפים אויבים ששונאים את כולנו. תזכרו את זה כשאתם מתבדלים ומתפלגים. אצל האויבים, המגזר והאג׳נדה שלנו לא משנים.

להניח את הגביע בין האור לבין הצל – זה התיאור הפלסטי של ליל הסדר; **קָרֵב יוֹם, קָרֵב יוֹם אֲשֶׁר הוּא לֹא יוֹם וְלֹא לַיְלָה.**[45]

אז די. בואו נפזר את מסך הערפל. בואו נעמוד באור ולא בצל. עד מתי נמשיך לברוח אל משחקים של כוח?[46] איך יבוא אליהו?

נצלו את היום כדי להרים טלפון, להשלים, להתפייס. יש לי תלמידה ששנים לא הייתה בהריון. והיא עשתה שלום עם חמותה אח־י חמש שנים של נתק. ״אני לא יכולה להיכנס ככה לחג״, היא אמרה והרימה טלפון ואמרה לחמותה שהיא אוהבת אותה. והביאה לעולם תינוק מתוק.

אנחנו מטהרות את האוויר מחשד.

וְהִגַּדְתָּ

וכך יכתוב הרב אלחנן ניר:

בלילה הזה אנו מתמלאים אמון באדם, במשפחה, בקהילה ובעם לדורותיו.
בניגוד לחששות הפנימיים הגדולים שאיתם אנחנו נכנסים לימי תשרי,
לתקופת היראה של הימים הנוראים כשאנחנו מכים על ליבנו ואומרים 'אָשַׁמְנוּ, בָּגַדְנוּ',
בימי ניסן אנו נכנסים לימי האהבה. המעבר מהיראה אל אהבה דורש שכחה עצמית,
פשיטת הצורה הישנה ולבישת צורה חדשה. כשאדם מוכן ללכת שבוע ימים ללא יצר הרע,
ללא שנאת בני אדם, ללא חשד, ללא קנאה, העולם נענה לו בבחינת 'כַּמַּיִם הַפָּנִים לַפָּנִים'.
משהו בשדר הזה הולך ומרעיד את העולמות כולם ומסלק את מִשְׁלַחַת מַלְאֲכֵי רָעִים,
עד שגם המשחית עצמו פוסח על הפתח ואינו נוגף. לֵיל שִׁמּוּרִים הוּא, וזו לא אמירה סתמית.
בתקופת הגאונים החל המנהג שאין לנעול את דלת הבית בלילה הזה. אבא שלי היה אומר לנו
שלא קוראים קריאת שמע על המיטה בלילה הזה כי לא צריך שמירה, כי אין מזיקים בלילה הזה.[47]

קערת ליל הסדר - מפגש מקדים עם החג

קערת ליל הסדר – שתהיה הכי יפה בעולם, הרב מוצפי כותב. בנות, זו לא הלכה ולא חובה, אבל אנחנו בעולם של חירות, בעולם של חשק ושל אהבה ופתיחת הלב והלילה הזה ממש מוריד עשירות לעולם.

אם השיגה ידו,
ישתדל להכין קערה מפוארת לשולחן ליל הסדר,
כי היא מפתח פרנסה לכל השנה כולה,
כיוון שבפסח נידונים על התבואה.
ומי שיש בידו, טוב שתהיה לו קערה מכסף.
וסידור קערת ליל הסדר יהיה בעוד יום
(כלומר בצהריים, לקראת ליל הסדר).

הרב מוצפי, שם, עמ' רכא

קערה - לשון רקיע. שבעה רקיעים פתוחים מעל קערת ליל הסדר, כותב הבן איש חי. סדרי את הקערה והתפללי מכל הלב. אלה רגעים מיוחדים, מלאי כוונות.

במרכז הקע־ה את מניחה את המרור וחושבת על כל הצער של החיים שלך. ומכוונת: יהי רצון שתקיף לי את כל זה בישועות ובמתיקות.

מימין למרור - זרוע; תגאל אותי בזרוע נטויה (הזרוע בקערה היא זכר לקורבן פסח. לא מבשלים אותה אלא צולים אותה. כמו כן, לא אוכלים אותה בליל הסדר וגם לא למחרת).

מצד שמאל - ביצה, זכר לקורבן חגיגה: תעשה לי חגיגות בבית הזה. תמלא אותו שמחות. מהפכה של שמחה כל השנה.

חרוסת מתוקה - תטבול לי את כל הצער במתיקות (ונלמד בהמשך שהחרוסת ממתקת קנאת אחיות. תכווני גם על זה).

מי מלח - מתי תראה את כל הדמעות שלי?

וגם: קערה - אותיות עקרה. מי שמרגישה שכלום לא מתקדם, לא בזוגיות, לא בילודה, לא בילדים, תבקש ברגעי סידור הקערה להיעקר כבר מהעקרות הזאת. תהפוך לי את הקערה על פיה!

שלוש המצות שבקערה - כנגד חוכמה, בינה ודעת, כותב הרב מוצפי.

הָעֲבוֹדָה הַזֹּאת לָכֶם

סידור הקערה הוא כמו
סידור הכוכבים ברקיע, כרצונך.[48]

הרקיעים פתוחים עכשיו,
ובעדות המזרח תהפוך
הקערה עצמה לרקיע
מעל לראשו של כל סועד.
תתרווחו ותסעדו.

קערת הסדר

זרוע ביצה

מרור

חרוסת כרפס

חזרת

לערוך שולחן לחג

אני רוצה לדבר על יופי.

נהגו ישראל קדושים
לפאר ולקשט את שולחן ליל הסדר בכלים יקרים ונאים,
זהב וכסף ונחושת.
וכן את המושבים בבגדי משי ורקמה מפוארים ויקרים ביותר
ואפילו אם יכולים להשיג בהשאלה, טוב שיעשו כן.
והכל לכבוד הלילה הגדול הזה,
שהוא דוגמת עולם הבא בגן עדן
ולכבוד ה׳ יתברך ושכינת עוזנו.
ואיתם מלאכי עליון הבאים אל בתינו לשמוח עמנו בחג חירותנו
ולשמוע דברי שבח והלל לכבודו יתברך.

וכשם שיפאר וישבח,
כך גם ינהגו עמו בעולם הבא בגן עדן
והוא מסוגל לעושר, ושתתקבל תפילתו.

(ככל יכולתך, סדרי שולחן ממש כמו שאת מדמיינת את גן עדן!).

וטוב להוסיף כל שנה עוד כלי מפואר (כלי חדש)
ובזה יזכור ויכיר חסדי ה' יתברך שעשה עמנו גם בשנה זו.
כמו כן יש לעטר ולקשט השולחן
במיני בשמים, פרחים ושושנים
ובפרט הנותנים ריח טוב.

וזה הרב מוצפי! לא הרבנית ימימה. הרב מוצפי כולו פשטות של מקובלים, והוא מדבר על היופי והגשמיות בכזו השתפכות. כי זה קודש קודשים. הוא מספר על אביו שהיה עומד בתורים לקניות. "אבא, למה? אתה מבוגר. אתה מכובד. למה אתה יוצא לקניות ועומד בתור?"

"לא ידעתי נפשי", אומר אבא שלו, הרב סלמן מוצפי הגדול. "אני פשוט עומד בתור, רואה אדם שנראה לגמרי חול, קונה קופסת טמבור ומברשת, כי פסח. ה', איזה עם קדוש".

בעבר האימהות שלנו היו מנקות "באמת". כולל פירוק ידיות של סירים והגעלה של כל הבית. בעבר, ביטול חמץ היה מאוד דשוב – כי בחלק מהמקומות, אנשים חיו על חול ולא על רצפות ובטוח נשארו פירורים. אבל כיום ביטול החמץ פחות בוער בעצמותינו. עבודת הפסח שלנו מתבטאת, בחלקה הגדול, ביופי. את עסוקה ביופי, במצעים, בהחלפת התאורה.

תדעו לכם, אומר הרב הוטנר, שכשתתחילו להתעסק ביופי הרבה יותר מאשר בחמץ, סימן שהמשיח מגיע.

אין בינינו אדת שלא עבדה השבוע על ייפוי חלקת האלוקים הקטנה שלה. אנחנו כבר לא במלחמה בין החמץ לבין הכשר. אנחנו במלחמה שבין הלא-מטופח להכי-יפה. לכן אומרים לאישה בשיר השירים: **יָפָה אַתְּ רַעְיָתִי כְּתִרְצָה.** סליחה, אין לי איזושהי מחמאה רוחנית? וזו מחמאה רוחנית. אל תגידו לי "איזה יופי ניקית", זו מחמאה לעוזרת. תגיד לי "יפה. יפה את, רעייתי". זו המחמאה הכי קדושה, המחמאה שקוראים לה קודש הקודשים.

נגמרו הימים שיהודים היו צריכים לחגוג את ליל הסדר בסתר, בנמיכות רוח. נגמר. גּנדרו את הדת, הָכינו פירושים מדהימים, הֱיו יצואנים של יופי.

ושמלות. **וְשָׁאֲלָה אִשָּׁה מִשְּׁכֶנְתָּהּ וּמִגָּרַת בֵּיתָהּ כְּלֵי כֶסֶף וּכְלֵי זָהָב, וּשְׂמָלֹת!**[49] קני שמלה חדשה, זו חירות!

אמר לי מו״ר אבי ז״ל
כי הלילה הזה הוא בבחינת גן עדן
ובכל ליל פסח מתעורר ריח מן הריח שבגן עדן
כי הלילה הזה מסוגל,
מאז הגשת יעקב אבינו לאביו לקבל הברכות,
וַיָּרַח אֶת רֵיחַ בְּגָדָיו.[50]
ובכל ליל סדר מתעורר שוב הריח הזה
ומריח בו כל אחד ואחד כפי מדרגתו.

הרב בן ציון מוצפי, ״פסח בציון״

מנהג: צלחות עגולות (מי שכבר יש לה סט של משושה / משולש / מלבן – לא נורא. הכול בסדר). מדוע ההמלצה היא על עגול דווקא? הרב מוצפי מסביר:

הצלחות שיסדר על שולחנו, טוב שתהיינה עגולות. דעת זקנים מבעלי התוספות אומרים לנו, שמעשה זה של אברהם שאירח את המלאכים, בפסח היה. והוא נתן להם, למלאכים, מצות עגולות והטעם הוא, מפני שגלגל חוזר בעולם. ועושים כלי הסעודה עגולים, שיזכרו שגלגל חוזר הוא בעולם.[51]

זה ערב כל כך יפה ובעל הבית יכול להתמלא גאווה, **כֹּחִי וְעֹצֶם יָדִי עָשָׂה לִי אֶת הַחַיִל הַזֶּה**. הצלחת העגולה מרגיעה את הגאווה.

גם הרבי מפיאסצנה כותב על הקערה:

והוא צריך לזכור שגלגל חוזר בעולם
וזה שהוא מהנה עניים על שולחנו,
זה רק כי ה' חנן אותו בשפע גדול מאד.
וכשבא אל ליל הסדר, צריך לדעת שהוא בגן עדן עכשיו
ויצייר לו גן עדן והסעודה שאוכל הוא מעין עולם הבא
ומלאכי מעלה עומדים צפופים ליד שולחנו להקשיב לרינתו
ואבינו מלכנו עומד ושמח ומתענג לקבל את שירנו ותהילתנו.

הרב קלונימוס קלמיש שפירא מפיאסצנה, "חובת התלמידים"

לפי השל"ה הקדוש, אחרי סידור השולחן טוב להתרחץ, **כאילו יצא מן השבי ומתרחץ לראשונה מזה הרבה זמן במים חמים.**[52] כן, טקלחת! אלה תנועות קטנות של חירות, שמסַגְלות אותך לקראת הלילה הגדול שבפתח.

המלצה חמה: נוחי בצהריים. את חייבת לשמור כוח ללילה המופלא הזה. את חייבת כוח בשביל דיבורים טובים, דיבורים נכונים של אמונה שאת תאמרי לילדייך, כי כל מילה של אמונה שאימא אומרת לילדים שלה בליל הסדר נצרבת להם בנשמה. ואם אין לך ילדים, את חייבת כוח בשביל לומר לעצמך דיבורים טובים של אמונה על כל הטוב שיתגשם עלייך בזכות ליל הסדר הזה, בעזרת ה'.

תפילת רבי שמשון מאוסטרופולי

אנחנו עדיין לפני החג. יש סגולה מופלאה, "תפילת רבי שמשון מאוסטרופולי".

רבי שמשון מאוסטרופולי היה רב ומקובל, גאון בנגלה ובנסתר. הוא חי בקהילת פולנאה. בגזרות ת"ח-ת"ט הוא נהרג על קידוש ה' והשאיר פירושים קבליים רבים. מקובל כי מי שאומר לפני ליל הסדר את התפילה שחיבר, יינצל מכל הפורענויות.

את האיגרת דלהלן כתב רבי שמשון מאוסטרופולי בכדי לבאר את דברי האריז"ל בספר 'פלאות רבות', אודות שמות המלאכים בהם לקה פרעה, והשמות הקדושים השייכים לעניין זה. אחר העתקת דברי האריז"ל, מבאר רבי שמשון באריכות את כוונת הדברים. בסוף האיגרת מובאים דברים אודות גודל הסגולה של הלומד בה: 'כל המעיין בסוד נפלא ונורא הזה על מכונו, אפילו פעם אחת בשנה, וביותר בערבי פסחים, מובטח לו שהוא ניצול כל אותה השנה מכל מכשול ומיתה משונה ושום אונס. ואל ימשלו בו אויביו, וכל שונאיו יפלו תחתיו, ובכל אשר יפנה יצליח וישכל, אמן סלה'.[53]

הנוסח המלא מחכה לך בסוף ההגדה בעמוד 314. טקסט קשה להבנה, פשוט תגידי את המילים.

כוונות בהדלקת הנרות

הדלקת נרות. רגע – וואו. ובדמעות תגידי ברכה שאף פעם אינה מובנת מאליה: **בָּרוּךְ... שֶׁהֶחֱיָנוּ וְקִיְּמָנוּ וְהִגִּיעָנוּ לַזְּמַן הַזֶּה.**

שֶׁהֶחֱיָנוּ – כי לא מעט כיסאות ריקים יש השנה ולא, הם לא מיועדים לאליהו הנביא. אז **שֶׁהֶחֱיָנוּ**, כי לא לכולם חיים. ואינך יכולה לומר את הברכה הזו אם לא החיית מישהו, ולו במעט. אחרת זה "שהחייני". את צריכה להחיות נדכאים וכמה שיותר, כי הצער הענק סביב שולחן הסדר כשמשהו מאוד־מאוד לא בסדר, הוא נורא. אז ממש, לומר **שֶׁהֶחֱיָנוּ** בדמעות. וכי מילתא זוטרתא היא, זה דבר קטן, **שֶׁהֶחֱיָנוּ**?

וְקִיְּמָנוּ – קיום הוא גם בעצם החיות וגם בכסף, בגשמיות. יש אוכל, יש בגדים – זה דבר פשוט? לא לכולם היה קיום מספק השנה. "את מאמינה שאני חולמת על שניצל בצלחת לילדים שלי?" אמרה לי תלמידה שירדה מנכסיה. "אבל אני לא אעמוד בתורים לקמחא דפסחא, כי אף אחד לא יאמין ש'אשתו של' הגיעה למצב הזה".

וְהִגִּיעָנוּ – יש לך עוד אבא ואימא זקנים, שאפשר לגעת בהם? זה בכלל לא פשוט. לא בכל אחד אפשר לגעת. אם עוד יש לך סבא וסבתא לגעת בהם ולנשק אותם, זה וואו.

שֶׁהֶחֱיָנוּ! וְקִיְּמָנוּ! וְהִגִּיעָנוּ! ושיישאר! כשליל הסדר חל בשבת, בהדלקת הנרות נתפלל **וְהָאֵר נֵרֵנוּ שֶׁלֹּא יִכְבֶּה לְעוֹלָם וָעֶד.**[54] שיישאר לנו הטוב הזה. כמה חשוב לבקש על זה.

ועכשיו, מוכיף הרב מוצפי, **ישפוך נפשו בתפילתו עבור עם ישראל.**

איזו עוצמה יש לנר של יום טוב. אורות גבוהים כל כך.

חיים, קיום, ומגע. מקום בראשי תיבות. זו הברכה שנותנת לנו, אחרי טלטלות הימים שעברנו, תחושת ביתיות. תחושה שהגענו למקום. ברוך המקום, ברוך הוא.

הַדְלָקַת נֵרוֹת

(בשבת יש להוסיף את המילים בסוגריים):

בָּרוּךְ אַתָּה יהוה אֱלֹהֵינוּ מֶלֶךְ הָעוֹלָם
אֲשֶׁר קִדְּשָׁנוּ בְּמִצְוֹתָיו
וְצִוָּנוּ לְהַדְלִיק נֵר שֶׁל (שַׁבָּת וְשֶׁל) יוֹם טוֹב.

בָּרוּךְ אַתָּה יהוה אֱלֹהֵינוּ מֶלֶךְ הָעוֹלָם
שֶׁהֶחֱיָנוּ וְקִיְּמָנוּ, וְהִגִּיעָנוּ לַזְּמַן הַזֶּה.

תפילה לאישה אחרי שהדליקה נרות:

יְהִי רָצוֹן מִלְּפָנֶיךָ יהוה אֱלֹהַי וֵאלֹהֵי אֲבוֹתַי, שֶׁתְּחוֹנֵן אוֹתִי (אישה נשואה מוסיפה: וְאֶת אִישִׁי / אם הוריה חיים: וְאֶת אָבִי / וְאֶת אִמִּי / אם יש לה ילדים: וְאֶת בָּנַי וְאֶת בְּנוֹתַי) וְאֶת כָּל קְרוֹבַי, וְתִתֶּן לָנוּ וּלְכָל יִשְׂרָאֵל חַיִּים טוֹבִים וַאֲרֻכִּים, וְתִזְכְּרֵנוּ בְּזִכְרוֹן טוֹבָה וּבְרָכָה, וְתִפְקְדֵנוּ בִּפְקֻדַּת יְשׁוּעָה וְרַחֲמִים, וּתְבָרְכֵנוּ בְּרָכוֹת גְּדוֹלוֹת, וְתַשְׁלִים בָּתֵּינוּ וְתַשְׁכֵּן שְׁכִינָתְךָ בֵּינֵינוּ. וְזַכֵּנִי לְגַדֵּל בָּנִים וּבְנֵי בָנִים חֲכָמִים וּנְבוֹנִים, אוֹהֲבֵי יהוה יִרְאֵי אֱלֹהִים, אַנְשֵׁי אֱמֶת זֶרַע קֹדֶשׁ, בַּיהוה דְּבֵקִים וּמְאִירִים אֶת הָעוֹלָם בְּתוֹרָה וּבְמַעֲשִׂים טוֹבִים וּבְכָל מְלֶאכֶת עֲבוֹדַת הַבּוֹרֵא. אָנָּא שְׁמַע אֶת תְּחִנָּתִי בָּעֵת הַזֹּאת בִּזְכוּת שָׂרָה וְרִבְקָה וְרָחֵל וְלֵאָה אִמּוֹתֵינוּ, וְהָאֵר נֵרֵנוּ שֶׁלֹּא יִכְבֶּה לְעוֹלָם וָעֶד, וְהָאֵר פָּנֶיךָ וְנִוָּשֵׁעָה.

אָמֵן.

הלל של לילה

הגענו לתפילת ערבית שלפני ליל הסדר ויש בה טוויסט יוצא דופן: אומרים בה הַלל שלם. והלא תפילת הלל נאמרת רק ביום? נכון, אבל ליל הסדר הוא לילה שהוא יום, **לַיְלָה כַּיּוֹם יָאִיר.**[55]

זה הערב היחיד שאומרים בו הלל – ועוד פעמיים: לפני ליל הסדר, ובמהלכו.

לפי הרב עובדיה יוסף, אישה חייבת לומר הלל לפני ליל הסדר, בין אם את בבית הכנסת ובין אם לאו.

הַלל גמור – בגימטריה: ש־ד־י, שם ה׳ כאשר הוא מְשַׁדֵּד מערכות, כלומר עושה ניסים ענקיים. הדקו חגורות. ניסים באים, לילה מופלא מגיע.

◆◆◆

היום הזה, כל כולו אהבה.

וכשהחג חל בשבת? וואו. כשהחג יוצא בשבת, כמה פעמים את אומרת בתפילה ״אהבה״? בלי סוף: ״באהבה״, ״באהבה״, ״באהבה״. כך הרב סולוביצ׳יק כותב:

כשחל ליל הסדר בשבת מוסיפים ״באהבה״ בנוסח הקידוש... ויורדת אהבה ענקית לעולם. תכונת האהבה של השבת מבוטאת בקורבנות שמביאים בפסח שחל בשבת. כי בכל הימים הטובים הקורבנות כוללים גם קורבן חטאת.

מביאים ביום טוב חטאת, כִּי חָטָאתִי.[56] גם בפסח רגיל שלא יוצא בשבת מביאים קורבן חטאת. אבל במוסף של שבת שחל בו ליל הסדר אין מביאים חטאת. וה׳ מראה אהבתו לעמו כשחל פסח בשבת, כשהוא מסיר מלפניו כל זכר לחטא, ואומר, ״עַל כָּל פְּשָׁעִים תְּכַסֶּה אַהֲבָה״.[57]

אין לך חטאים, ילדה, כשליל הסדר חל בשבת. לא החטאת בחטא, בהחמצה, בחמץ. את נקייה ואינך יכולה להבין עד כמה.

״וְשָׁאֲלָה אִשָּׁה״: אז איפה את בליל הסדר?

הרב אלימלך בידרמן כותב:

כל יהודי כשנכנס לליל הסדר, שידע שהוא מתחיל עכשיו מחדש.
וכל העבר שלו, כאילו לא היה. ויבקש מריבונו של עולם שימחל לו על כל העבר.
ובליל הסדר אפשר לגאול דברים נפלאים עם כל בקשה וכל שאלה,
לפני מעריב. בתפילת ערבית. בהלל של מעריב.
לאחר מכן בהליכה אל הסדר. בעת הסדר, בעת הסעודה, בהלל לאחר הסדר.

כל הזמן תתהלכי עם שאלות: ״ריבונו של עולם, מה יהיה? מה יקרה?
אז מה זה אמור להיות? אז איזו בשורה אתה מכין לי?״

בלילה הזה, **בכל בקשה אפשר לפעול דברים נפלאים,**
כי בלילה זה פתוחים כל השערים למעלה.
רצון ה׳ יתברך שניגש לליל הסדר בהרגשה
שאנו הולכים כעת לשמוע בשורה חדשה ונפלאה.

ולכן, ה־שאלה הגדולה של השנה הזאת – **כשישאל אחד את חברו:**
״אצל מי אתה הולך לערוך את הסדר בעזרת השם? עם מי אתה הולך לשבת בליל הסדר?״

ואפילו אם התשובה היא "במקום פלוני או מקום פלוני עם אדם פלוני או אדם פלוני", הפנימיות האמיתית היא, שכששואלים את השאלה הזו, נשמעת בחלל העולם התשובה "כולנו הולכים לערוך את הסדר עם אבא שבשמים". כי בליל הסדר אנו נמצאים כולנו אצל אבא בסדר. כולנו נכנסים בקודש הקודשים ועורכים את הסדר אצל אבינו יתברך.

ובלילה הזה, אשר כיום יאיר, ה' יתברך נותן לכל אחד כוח להיות "הבן שואל". וכששואל, הוא בבחינת כוהן גדול המשרת בבגדי לבן, שהיה לו את כוח התפילה בדרגה גדולה מאוד.

וואו וואו וואו!

זו הרי ה־שאלה: "עם מי את בסדר השנה?" והתשובה בכל מקרה צריכה להיות "עם אבא שלי. אני הולכת להיות עם אבא שלי בסדר".

ולשאול את הקב"ה, כמו בשיר השירים, **אֵיכָה תִרְעֶה?**[58] איפה אתה רועה (אוכל) הערב, איפה אתה בליל הסדר? בוא אליי, יש אצלנו הרבה מקום. הנה, **קַמְתִּי אֲנִי לִפְתֹּחַ לְדוֹדִי!**[59]

אל תפסיקו לשאול שאלות. שאלות הן גאולה. כל עבודות הפסח, כל הניקיון, זו שאלה ענקית שאנחנו שואלים. וליל הסדר הוא שאלה וקושייה, את לא מפסיקה לשאול. **וְכָאן הַבֵּן שׁוֹאֵל: "מַה נִּשְׁתַּנָּה?"**[60] תשאלי, כי כך מרעננים אמונות נושנות ומאווררים דעות קדומות. תשאלי, ואת תתחדשי בכול.

רצון ה' יתברך שניגש לליל הסדר
בהרגשה שאנו הולכים לשמוע דברי אלוקים חיים
מקודשא בריך הוא בעצמו. ובכל דיבור ודיבור בליל הסדר
מושפעת בנו התקרבות עצומה וכמו שאומרים בתחילת הסדר,
"אַתְקִינוּ סְעוּדָתָא דְקוּדְשָׁא בְּרִיךְ הוּא וּשְׁכִינְתֵּיהּ".

ובלילה זה, אשר כיום יאיר,
ה' נותן לכל אחד כוח להיות "הַבֵּן שׁוֹאֵל".
וכל יהודי הוא בבחינת כוהן גדול המשרת בבגדי לבן
ויש לו כוח תפילה בדרגה גבוהה מאוד.

הרב אלימלך בידרמן

קַדֵּשׁ • וּרְחַץ • כַּרְפַּס • יַחַץ

מַגִּיד • רַחְצָה • מוֹצִיא מַצָּה

מָרוֹר • כּוֹרֵךְ • שֻׁלְחָן עוֹרֵךְ

צָפוּן • בָּרֵךְ • הַלֵּל • נִרְצָה

הָעֲבוֹדָה הַזֹּאת לָכֶם

קדש ורחץ... בקשי על הילדים קשי הקשב, מאותגרי הזיכרון.
שיוכלו לחרוז לעצמם את כל מה שמבלבל,
להפוך את המשימות לשיר, עד שיסתדר להם הכול.
עד שירגישו, סוף־סוף, נִרצים.

קדש ורחץ

מפגש עם הסדר

סימנים סודיים של אהבה

קַדֵּשׁ וּרְחַץ כַּרְפַּס יַחַץ... 15 מילים שמהוות את "סדר העבודה" של ליל הסדר. הידעת? רש"י, רבי שלמה יצחקי, חיבר את סדר הסימנים הזה. והמובחר ביותר לומר אותו שלוש פעמים ברציפות. לומר את סדר הסימנים **הוא מגודל התיקונים הנוראים**, אומר הרב אלכסנדר זיסקינד, כי זו פשוט תפילה גדולה. במילים האלה **נרמזו סודות גדולות ונפלאות מאד.**[61]

15 מילים, בגימטריה י־ה, השם שיוצאים בעזרתו ממצרים; **מִן הַמֵּצַר קָרָאתִי יָּהּ, עָנָנִי בַמֶּרְחָב יָהּ.**[62]

זה ה־15, ט"ו בניסן.

ישנם 15 "דיינו" בפיוט המרכזי כל כך בהגדה.

בבית המקדש היו 15 מעלות (מדרגות) ובספר התהילים ישנם 15 מזמורי "שיר למעלות". הלוויים היו עומדים על מדרגות בית המקדש ושרים את פרקי התהילים הללו וכמותם, אנחנו רוצים לילה שילך ויתעלה, ילך ויגבה, וייסחף לתוך השירה. אנחנו רוצים לעלות עוד מדרגה ועוד אחת ועוד אחת ולהגיע עד לכיסא הכבוד.

הרב אלימלך בידרמן כותב שבליל הסדר אנחנו כמו אדם שאיבד אבדה. שואלים אותו: יש לך סימנים? והסימנים האלה

יובילו אותי לאבדה שלו – ומיהי? השכינה הקדושה.

אז היא הייתה קדושה (קַדֵּשׁ). והיא הייתה רחוצה (וּרְחַץ). ואז הכול התערער: היא עברה צער (כַּרְפַּס – שתי מילים: מֶכֶר פסים. אזכור למכירת יוסף, בעל כתונת הפסים). חצו אותה (יַחַץ) והיא לא הפסיקה להגיד דברי תפילה ותחנונים (מַגִּיד) ולנסות לרחוץ מעוונותיה ומאבק הדרכים (רָחְצָה) ואכלה לחם עוני (מוֹצִיא מַצָּה) ומרירות (מָרוֹר־כּוֹרֵךְ) וערכה שולחן לגאולה (שֻׁלְחָן עוֹרֵךְ) והיא רוצה כבר לברך על הצפון, על המשיח שיתגלה (צָפוּן־בָּרֵךְ) ולהלל אליך, ה׳ (הַלֵּל), ולהיות רצויה, רצויה! (נִרְצָה). אתה מכיר אחת כזאת, ריבונו של עולם? כי אנחנו מחפשים אחריה. הרי לך הסימנים.[63]

הסיפור ארוך, ואפשר להתפייס איתו

לדברים יש סדר, והוא לפעמים מתערער. למה זה קורה? אנשים רבים כל כך מתהלכים בעולם כסימני שאלה גדולים.

וליל הסדר, כשתעשי אותו לפי הסדר, ייתן לך הבנה. החל מקַדֵּשׁ וּרְחַץ הנה־זה־מתחיל עד שֻׁלְחָן עוֹרֵךְ מתי־כבר־אוכלים־אני־גוועת־לא אכלנו־כל־היום – את תקבלי איזשהו פיוס עם הבנת הרע שעברת בחיים. לפיוס הזה קוראים גאולה. את תצאי עם תשובה לקושייה הכי קשה שלך: למה? איך זה יכול להיות?

אני חייבת לקרוא לכן את המילים המפתיעות כל כך של הרב וולבה:

ליל הסדר הוא רפואה מקנאה,
ואין אדם יוצא מסבך הקנאה ואינו משלים עם עצמו,
עד שיבין וידע עניין "לכך נבחרתָ"[64]
כי סוד חייו, מעלותיו ומהותו,
הוא אך ורק השגחה פרטית.

ומליל הסדר וסיפור ההגדה
מקבלים אמונה בהשגחה פרטית.
היא שיצרה אותו,
היא שהטילה עליו תפקיד חייו.

אין שום מקום להתמודד ולהשוות עצמו עם אחרים.
"אֵין מַלְכוּת נוֹגַעַת בַּחֲבֶרְתָּהּ".[65]
הכול קיבלנו מהשגחה פרטית,
והוא יוצא מליל הסדר בלי מרירות ובלי תחרות.[66]

וואו. מבינה? אם תלכי הלילה לפי הסדר, את תצאי עם התשובה לשאלת השאלות: לָמָּה נבחרתי בעולם הזה. לכך נבחרתי! לכן עברתי מה שעברתי. כולל המרור. כולל השעבוד. זה הסדר שלי.

ההבנה הזאת כשלעצמה היא ניקיון לנפש.

במילים קַדֵּשׁ וּרְחַץ הרבי ממודז'יץ מוצא רמז חזק, גימטרייה: **עִם א-להים, עִם אנשים.**[67] זו הפינאלה של ניקיון הפסח, ניקוי היחסים בין האנשים לבין אלוקים וניקוי היחסים בין הבריות לבין עצמן. כך, ליל הסדר הוא שחרור ממרירות, שחרור מתחרות. תכווני על זה, כי בלי נקיות, איך תיכנסי לליל הסדר?

ההבנה שזה סיפור ארוך מאוד ושלדברים יש סדר, היא ליל הסדר! וזה מה שאני רוצה, את החיבוק המרוגש הזה בסוף, עם אלוקים, עם אנשים.

מתחתנים, מתרצים, מה קודם למה

הוא מעניין, הסדר של ההגדה. קודם **קַדֵּשׁ**, אחר כך **רְחַץ**. קודם קידושין, אחר כך רחצה. והלא התרגלנו לחשוב הפוך: אני לא בשלה להתחתן, אני צריכה קודם לעבוד על מידת הכעס שלי, על הקמצנות שלי, לעשות שלוש תפילות ביום ולהוריד שמונה־עשר קילו.

או: קודם אני ארחץ אותו מכל המומים שלו, אחר כך נוכל לדבר.

וההגדה תגיד לך: לא, נשמה. הלילה הזה, הסדר ההגיוני הפוך לגמרי: **קַדֵּשׁ וּרְחַץ**, קח אותנו עם כל המומים שלנו. אל תחכה שנהיה מושלמים. כמו אימא שהתינוק שלה מתקרב והיא מריחה את החיתול שלו למרחקים והיא – מרימה אותו, נותנת נשיקה ואחר כך מחליפה לו. זה פסח, **לשון דילוג וקפיצה.**[68] הסדר ה"הגיוני" כביכול לא שייך ללילה הזה.

כך, ליל הסדר מפגיש אותנו עם משנה של גאולה שהיא למעלה מן הסדר.

ובכלל, מתי נדרשים לסדר? כשהאורות גבוהים כל כך ואנחנו עלולים ללכת לאיבוד:

כך, ביום הכיפו־ים הכוהן פוגש את הקב"ה **עַל כִּסֵּא רָם וְנִשָּׂא**,[69] אז חייבים סדר העבודה.

כך בתפילה, כשאנחנו נפגשים עם השכינה, אנחנו צריכים סידור.

כך בתקיעות השופר, כשאנחנו נפגשים עם אברהם אבינו בעקדה, אנו נדרשים **לסֵדֶר שׁוֹפְרוֹתֵינוּ.**[70]

סדר מגיע היכן שהכול מסביב עף מרוב רוח.

ܫܒ̈ܠܐ

קידוש

מפגש עם כל הנשמות, הנוכחות ושאינן

נפתח בדבריו המרגשים של הרב סולוביצ׳יק על הקידוש:

בקידוש של ליל הסדר יבקש קידושין עם זו שאהבה נפשו, קידושין עם כנסת ישראל. הקידוש מזכיר לכל מי ששומע אותו שהוא נבחר אצל ריבונו של עולם; "אַתָּה בְחַרְתָּנוּ מִכָּל הָעַמִּים, אָהַבְתָּ אוֹתָנוּ וְרָצִיתָ בָּנוּ".[71] קידוש של ליל הסדר הי׳א האהבה בטהרתה.[72]

זה דבר גדול, להרגיש נבחרת; אַתָּה בְחַרְתָּנוּ. הידיעה שאת בְּחוּרה, מישהו בחר בך – אין על זה. ואומנם, הקידוש הוא בעצם קידושין (נישואין), רגע של תקשורת בין אוהבים. **כִּי בָנוּ בָחַרְתָּ וְאוֹתָנוּ קִדַּשְׁתָּ מִכָּל הָעַמִּים**. את מקודשת. אבא כאן והוא אוהב אותך כל כך.

המקובלים מוסיפים שבזמן קידוש ליל הסדר, כנסת ישראל מתייחדת **עִם דּוֹדָהּ בְּאַהֲבָה**. אתם תרגישו צפוף פתאום בשולחן, מפני שכל הנשמות של האבות והאימהות ששייכות לבית הזה מגיעות ונוכחות בזמן הקידוש.

החפץ חיים היה בוכה כאלה דמעות. האינכם יודעים? אמר לתלמידיו. בקידוש של ליל הסדר מופיעים כל הנפטרים של המשפחה: הסבא, הסבתא, האבא. האח שנפטר קודם זמנו, לא עלינו. כל הנפטרים מגיעים לקידוש.

אחד השיעורים העצובים של חיי היה מול 36 אלמנות שבני זוגן נשרפו בכרמל. בסוף השיעור סיפרה האלמנה הדרוזית שהיא חלמה שהאיש שלה מגיע.

בעקבותיה כולן התעוררו: גם אני! גם אני! כולן חלמו איך עוד פעם אחת הוא נכנס בדלת. אחת חלמה אותו במדי השב"ס, אחרת חלמה אותו בבגדי שבת. רק עוד פעם אחת שיכנס בדלת, הן אמרו. עוד פעם אחת – דיינו.

זה יקרה להן בליל הסדר. להן ולכולנו. כל מי שאת מתגעגעת אליו – שרק עוד פעם אחת שיבוא ויעשה לי קידוש, רק עוד פעם אחת שיבוא – הוא מגיע. כל הנשמות מתקבצות ומגיעות לשולחן החג שלך. שימי לב, יאמר החפץ חיים, איך בקידוש מרגישים צפיפות ולאחר מכן שוב נהיה מרווח. מה קרה? כל הנפטרים הגיעו ולאחר הקידוש, יצאו.

אחרי הקידוש תברכו זה את זה, כל אחד בברכה שהוא הכי צריך לה: השנה אתה מבריא. השנה את מתחתנת. השנה את שמחה. השנה אתה לומד כמו שתמיד חלמת. השנה אין לך חובות יותר. בלילה הזה **אוֹצְרוֹת טְלָלִים נִפְתָּחִים**,[73] מציאות חדשה נולדת, אנשים נולדים מחדש.

ישנה מעלה רבה בברכת איש לרעהו בלילה זה
אחרי הקידוש,
לפי ששערי שמים פתוחים,
העליונים אומרים בו שירה
והקב"ה דן את העולם על תבואה שבשדות
ואוצרות טללי ברכה נפתחים.
ובלילה זה בירך יצחק אבינו את יעקב בברכות.
ומורי אבי ז"ל, כשאור גדול על פניו,
היה מברך את כל המסובין, איש ואישה, גדול וקטן
ואפילו תינוק שבעריסה,
איש כברכתו בירך אותנו, לפי עניינו ותכונתו.

וברגע זה, השמיים רועשים. ומכריזים בתחנונים "הַקֹּל – קוֹל יַעֲקֹב!"
וכשהוא מברך, חלקו עִם הקול, קול יעקב.

לאחר הברכה הוא כיעקב שיצא מאת פני יצחק אביו,
מעוטר כחתן וככלה בקישוריה
וירד עליו ותחתיו טל מן השמים
ונידַשנו עצמותיו ונעשה גיבור-כוח, אביר יעקב.

הרב בן ציון מוצפי, "פסח בציון", פרק טו.

כל כך יפה. לא ועד עובדים עם ברכה אחידה לכולם ("ילדים, שתהיו לי בריאים, שנה טובה לכולנו, זיווגים ופרנסות"). לכל אחד ברכה אישית, לפי צרכיו ויכולותיו. יש לזה עוצמה.

למה שותים בהסיבה?

את כוסות היין שותים הלילה בהֲסִיבָּה.[74] בכלל, **הַלַּיְלָה הַזֶּה כֻּלָּנוּ מְסֻבִּין** – ומה זה אומר?

מסבים את הגוף לצד שמאל. לפי המקובלים, אם יש עלייך חלילה גזירה, בהסבה לשמאל את חומקת ממנה. **וַיַּסֵּב אֱלֹקִים אֶת הָעָם דֶּרֶךְ הַמִּדְבָּר,**[75] ה' מסובב את עם ישראל כדי שלא ייראו את הפלישתים מתכוננים להילחם בהם. ההסבה הזו עוקפת גזירות.

והשל"ה הקדוש מאיר, שהסיבוב הזה האריך את דרכם של בני ישראל. במקום ללכת ממצרים ישר לארץ ישראל, מרחק של אחד עשר יום, ה' מאריך את דרכם בסיבוב דרך המדבר. את הסוף כולם יודעים: הם היו במדבר ארבעים שנה.

והשאלה: לכה? בשביל מה ארבעים שנה אם אפשר באחד עשר יום?

ואולי ה' אומר: את אישה של דד ליין. להספיק־להתחתן־ללדת־למה־זה־לא־קורה־לי? אבל אילו הייתי מביא אתכם מייד, הייתם רואים מלחמה ונבהלים (**פֶּן יִנָּחֵם הָעָם בִּרְאֹתָם מִלְחָמָה**[76]) והייתם רוצים לחזור למצרים. את כל הגאולה שלכם הייתם מוכנים להשליך לפח.

אז אני עושה לך הסבה. כי הכי חשוב זה לא שזה־יקרה־ומהר־ועכשיו־והמון. הכי חשוב בעולם זה לא לפחוד. את לא מבינה שאבא שומר עלייך מכל כך הרבה פחד? נכון, את תסתובבי קצת יותר אבל תביני שאני עושה לך נחת, נחת, נחת, קצת נחת. יעילות היא לא ערך עליון, גם לא הספק, ואפילו לא לייקים.

שלוות נפש, שהות בחיים שיש לך ללא פחד, זה העיקר. **וְהַכְּלָל וְהָעִקָּר שֶׁלֹּא יִתְפַּחֵד כְּלָל.**[77] העיקר שלא תוציאי את עצמך מן הכלל הגדול שלא להתפחד כלל. שלא תכפרי בעיקר הזה.

אבא שומר עלייך מהפחד. שמורה, שמורה, **לֵיל שִׁמֻּרִים הוּא לַה'.**[78]

הסבה לסבא וסבתא

רש"ר הירש מתוק: מדוע נשענים לשמאל? להראות שהזקנים הם החשובים ביותר בליל הסדר. הם יושבים בראש השולחן ואנחנו מסובים לעברם, להראות שהם סיבתנו ואנחנו כאן בסיבתם וזו לבדה סיבה למסיבה ולהסיבה. דור נסמך על דור נסמך על דור.

אל תשכחו את הזקנים. מה נשתנה? הזקן והזקנה!

ויכתוב הרב חיים נבון[79]: **את התהליך הנפשי שאנחנו עוברים בליל הסדר לא מובילים סלבריטיז עם סיפור חיים קיצוני, מאלו שאנחנו אוהבים להזמין כמרצים וכאורחים, אלא הסבים שלנו. הזיכרונות הכי יפים שיש לי מליל הסדר הם דווקא מסביי וסבתותיי הזקנים ומלילות הסדר שהובילו, שלא התמקדו בי ושלא הכול בהם התאים לגילי. ילדינו בגן הילדים חווים די והותר הפעלות חינוכיות לגיל הרך. הרושם עוצר הנשימה של ליל הסדר נוצר דווקא מתוך הכרה שבלילה זה הם שותפים לפעילות אמיתית של מבוגרים. ילדים אוהבים את ליל הסדר דווקא משום שאינם כוכבי הערב, אלא שותפים שווים לו. וכיוון שתוחלת החיים של כולנו אינה אינסופית, יש רק מספר מוגבל של לילות סדר שהם יכולים לחוות לצד סביהם.**

הייתי נותן היום כל הון כדי לחגוג עוד ליל סדר אחד לצד סביי ואבי, זיכרונם לברכה, אך זה כבר לא יקרה בגלגול הזה. כל ליל סדר שזכיתי לחגוג איתם בילדותי נצור בזיכרוני כחוויה יקרה מפז.

האם את חשובה?

האם אישה צריכה לשבת מסובין? עם הזמן נפסק להלכה שנשים אינן חייבות להסב, בנימוק שהנשים מסתמכות על הדעה שאין חובה כלל להסב בזמן הזה.[80]

לפי הגמרא, רק אנשים חשובים צריכים לשבת מסובין. **אישה אצל בעלה, לא בעיא הסיבה. ואם אישה חשובה היא** (אינה כפופה לבעלה), **צריכה הסיבה.**[81]

פוסקים מאוחרים יותר אמרו: נכון, נשים לא חשובות לא צריכות להסב, אבל בדורנו יש נשים חשובות. הן יסבו.

הגיע הרב משה פיינשטיין ופסק את ההלכה האהובה עלי: **מצד שהכירו במשך הזמן שאין לאנשים במה להתגאות נגד נשותיהן, והנשים הכירו הצורך הגדול שיש לאנשים בהן. והמיעוט חשובות שהיו בכל הזמנים, היו נשים כאלו שהכירו צורך הבעל בהן, כמו שיש להן צורך בבעליהן, והכירו שגם בעליהן יודעין זה.**[82] נכון, הוא אומר (ולכאורה מחזיק בדעותיהם של קודמיו). רק אישה חשובה מסבה. אבל מיהי אישה "חשובה"? זו לא רק מי שנחשבת (אצל בעלה, אצל ילדיה), אלא אחת שמבינה את ערכה שלה, מעצם היותה בת של אלוקים.

"חשוּב" – מילה בבניין פָּעוּל (לבוש / רחוץ). הרב משה פיינשטיין אומר: כשם שאפשר לבטל את החמץ בלב, כך חשיבות היא עניין שמסור ללב. את מרגישה חשובה? תסבי, נשמה. כי את מבינה עד כמה את חשובה. ואם אין לך תחושת חשיבות מבפנים, כאילו אינך בת מלכים, אל תסבי.

החשיבות הינה תלוית תודעה עצמית. כמו המצה, שלא זקוקה לאיש שיתפיח אותה מבחוץ. ואת – מצה. מעצם המיצוי שלך את צריכה להרגיש חשובה, כזאת חשובה, כזאת מיוחדת.

כשאישה מכירה בחשיבות שלה, היא חשובה.

ארבע כוסות

מפגש עם אימהות

מריצות אותך מהבור

ארבע כוסות הן כנגד ארבע האימהות.

בליל הסדר יש שלושה אבות כנגד שלוש המצות. את המצה אכלנו בתחילת הסדר, וזהו. ואילו הכוסות מלוות אותנו לאורך כל ליל הסדר. ארבע אימהות, שרה, רבקה, רחל ולאה, מחזיקות את ידך במסע הארוך הזה לגאולה ואומרות לך: אל תתייאשי, בת. אל תתייאשי בשום אופן![83]

למה האימהות קשורות דווקא לכוסות? הרב משה שפירא כותב כל כך יפה: ד׳ (4) זו הדלות. האימהות שלנו היו כל כך דלות, והן כל כך ביקשו לִדְלוֹת מריבונו של עולם כוחות וישועות וילדים, ושיפקוד אותן ויהפוך את הקערה שלהן על פיה, שהן לא יהיו עקרות יותר.

הוא מסביר שכאשר שר המשקים חולם בבית הסוהר, ויוסף פותר את החלום, המילה כוס מופיעה שם ארבע פעמים: **וְכוֹס פַּרְעֹה בְּיָדִי. אֶל כּוֹס פַּרְעֹה. וָאֶתֵּן אֶת הַכּוֹס. וְנָתַתָּ כוֹס פַּרְעֹה בְּיָדוֹ.**[84]

זה היה אחד הרגעים הנוראים ביותר בקורותיו של יוסף. הוא כלוא בבית הסוהר, שכוח, פותר את החלום לשר המשקים, מקווה לצאת משם ושר המשקים אכן יוצא מהכלא אבל... **וְלֹא זָכַר שַׂר הַמַּשְׁקִים אֶת יוֹסֵף, וַיִּשְׁכָּחֵהוּ.**[85]

מי זוכרות אותו? ארבע האימהות. ארבעתן עומדות מול הקב"ה ובראשן אימא שלו, אימא רחל, ואומרות: **כּוֹס הַתַּרְעֵלָה** שתינו. די, ריבונו של עולם, מספיק. כמה הילד הזה יכול לסבול? כמה הילדה הזאת יכולה לסבול?

בדלות הזאת הן נשארות איתו, עד לנקודת המפנה; **וַיְרִיצֻהוּ מִן הַבּוֹר.**[86]

למקום הזה, כשהעולם שכח אותך ואת כלואה, מגיעות ארבע האימהות שלך. הן מריצות אותך מן הבור בכל כוס שאת שותה. הן מלוות אותך ונותנות לך יד ואומרות לך: קומי, אני לא מרשה לך להתייאש. את בת חורין![87]

את יודעת מה זה "בת"? ראויה לְ (כמו בר מצווה – ראוי למצוות). ואת **בת חורין**, כל כך ראויה לחירות. את יושבת בערב הזה ונמצאת **בעלמא דחירו**, עולם של חירות. את נמצאת ב"כאילו" נפלא אחד גדול, במקום שכולו טוב. כל מה שאת מדמיינת בליל הסדר בעזרת השם יתגשם עוד השנה.

הלילה הזה את **בת** חורין, ולו רק מתוקף היותך בת. כל כוס שאת שותה בליל הסדר, היא חלב אם.

כוס ראשונה
כנגד שרה אימנו

מוזגים כוס ראשון, נוטלו ביד ימינו ומקדש (בשבת מוסיפים את המילים בסוגריים):
הִנְנִי מוּכָן וּמְזֻמָּן לְקַיֵּם מִצְוַת כּוֹס רִאשׁוֹן מֵאַרְבַּע כּוֹסוֹת
לְשֵׁם יִחוּד קֻדְשָׁא בְּרִיךְ הוּא וּשְׁכִינְתֵּהּ עַל יְדֵי הַהוּא טָמִיר וְנֶעְלָם בְּשֵׁם כָּל יִשְׂרָאֵל.

קידוש לליל הסדר בנוסח אשכנז

בשבת אומרים:
בראשית א בלחש: וַיְהִי־עֶרֶב וַיְהִי־בֹקֶר
בראשית ב יוֹם הַשִּׁשִּׁי: וַיְכֻלּוּ הַשָּׁמַיִם וְהָאָרֶץ וְכָל־צְבָאָם: וַיְכַל אֱלֹהִים בַּיּוֹם הַשְּׁבִיעִי
מְלַאכְתּוֹ אֲשֶׁר עָשָׂה, וַיִּשְׁבֹּת בַּיּוֹם הַשְּׁבִיעִי מִכָּל־מְלַאכְתּוֹ אֲשֶׁר עָשָׂה:
וַיְבָרֶךְ אֱלֹהִים אֶת־יוֹם הַשְּׁבִיעִי, וַיְקַדֵּשׁ אֹתוֹ, כִּי בוֹ שָׁבַת מִכָּל־מְלַאכְתּוֹ,
אֲשֶׁר־בָּרָא אֱלֹהִים, לַעֲשׂוֹת.

סַבְרִי מָרָנָן

בָּרוּךְ אַתָּה יהוה אֱלֹהֵינוּ מֶלֶךְ הָעוֹלָם, בּוֹרֵא פְּרִי הַגָּפֶן.

בָּרוּךְ אַתָּה יהוה אֱלֹהֵינוּ מֶלֶךְ הָעוֹלָם, אֲשֶׁר בָּחַר
בָּנוּ מִכָּל עָם, וְרוֹמְמָנוּ מִכָּל לָשׁוֹן, וְקִדְּשָׁנוּ בְּמִצְוֹתָיו
וַתִּתֶּן לָנוּ יהוה אֱלֹהֵינוּ בְּאַהֲבָה (שַׁבָּתוֹת לִמְנוּחָה
וּ) מוֹעֲדִים לְשִׂמְחָה, חַגִּים וּזְמַנִּים לְשָׂשׂוֹן, אֶת
יוֹם (הַשַּׁבָּת הַזֶּה וְאֶת יוֹם) חַג הַמַּצּוֹת הַזֶּה
זְמַן חֵרוּתֵנוּ (בְּאַהֲבָה) מִקְרָא קֹדֶשׁ
זֵכֶר לִיצִיאַת מִצְרָיִם, כִּי בָנוּ
בָחַרְתָּ וְאוֹתָנוּ קִדַּשְׁתָּ
מִכָּל הָעַמִּים, (וְשַׁבָּת
וּמוֹעֲדֵי קָדְשְׁךָ
(בְּאַהֲבָה וּבְרָצוֹן)
בְּשִׂמְחָה וּבְשָׂשׂוֹן הִנְחַלְתָּנוּ.
בָּרוּךְ אַתָּה יהוה, מְקַדֵּשׁ (הַשַּׁבָּת וְ) יִשְׂרָאֵל וְהַזְּמַנִּים.

הָעֲבוֹדָה
הַזֹּאת לָכֶם

וְהַשִּׂיאֵנוּ ה' אֱלֹהֵינוּ.[88]
ה' נושא אותנו אל על.
בקידוש בקשי להיות,
ולו לערב אחד,
אשת רוח, נישאת ברוח.
קדשי את הרגע הזה.

אנחנו פוגשות ממש עכשיו
בשורשי נשמותינו
את כל מי שאיננו.
הוא כל כך עימנו פה היום.

במוצאי שבת מוסיפים:

בָּרוּךְ אַתָּה יהוה
אֱלֹהֵינוּ מֶלֶךְ הָעוֹלָם
בּוֹרֵא מְאוֹרֵי הָאֵשׁ.

בָּרוּךְ אַתָּה יהוה אֱלֹהֵינוּ מֶלֶךְ הָעוֹלָם
הַמַּבְדִּיל בֵּין קֹדֶשׁ לְחֹל
בֵּין אוֹר לְחֹשֶׁךְ
בֵּין יִשְׂרָאֵל לָעַמִּים
בֵּין יוֹם הַשְּׁבִיעִי לְשֵׁשֶׁת יְמֵי הַמַּעֲשֶׂה
בֵּין קְדֻשַּׁת שַׁבָּת לִקְדֻשַּׁת יוֹם טוֹב הִבְדַּלְתָּ
וְאֶת יוֹם הַשְּׁבִיעִי מִשֵּׁשֶׁת יְמֵי הַמַּעֲשֶׂה קִדַּשְׁתָּ
הִבְדַּלְתָּ וְקִדַּשְׁתָּ אֶת עַמְּךָ יִשְׂרָאֵל בִּקְדֻשָּׁתֶךָ.
בָּרוּךְ אַתָּה יהוה הַמַּבְדִּיל בֵּין קֹדֶשׁ לְקֹדֶשׁ.

בָּרוּךְ אַתָּה יהוה
אֱלֹהֵינוּ מֶלֶךְ הָעוֹלָם

שֶׁהֶחֱיָנוּ
וְקִיְּמָנוּ
וְהִגִּיעָנוּ

לַזְּמַן הַזֶּה.

שותים בהסבת שמאל.

קידוש לליל הסדר בנוסח עדות המזרח

בזמן הקידוש עומדים.

כשיום טוב חל בשבת, קודם שאומרים 'אֵלֶּה מוֹעֲדֵי', מוסיפים:

יוֹם הַשִּׁשִּׁי: בראשית א

וַיְכֻלּוּ הַשָּׁמַיִם וְהָאָרֶץ וְכָל־צְבָאָם: בראשית ב
וַיְכַל אֱלֹהִים בַּיּוֹם הַשְּׁבִיעִי מְלַאכְתּוֹ אֲשֶׁר עָשָׂה
וַיִּשְׁבֹּת בַּיּוֹם הַשְּׁבִיעִי מִכָּל־מְלַאכְתּוֹ אֲשֶׁר עָשָׂה:
וַיְבָרֶךְ אֱלֹהִים אֶת־יוֹם הַשְּׁבִיעִי, וַיְקַדֵּשׁ אֹתוֹ
כִּי בוֹ שָׁבַת מִכָּל־מְלַאכְתּוֹ, אֲשֶׁר־בָּרָא אֱלֹהִים, לַעֲשׂוֹת:

ביום טוב שחל בחול, מתחילים מכאן:

אֵלֶּה מוֹעֲדֵי יְהֹוָה מִקְרָאֵי קֹדֶשׁ אֲשֶׁר־תִּקְרְאוּ אֹתָם בְּמוֹעֲדָם: ויקרא כג
וַיְדַבֵּר מֹשֶׁה אֶת־מֹעֲדֵי יְהֹוָה אֶל־בְּנֵי יִשְׂרָאֵל:

המקדש להוציא אחרים ידי חובתם מוסיף:

סַבְרִי מָרָנָן (עונים: לְחַיִּים)

בָּרוּךְ אַתָּה יְהֹוָה, אֱלֹהֵינוּ מֶלֶךְ הָעוֹלָם, בּוֹרֵא פְּרִי הַגָּפֶן.

כשיום טוב חל בשבת, מוסיף את המילים המופיעות בסוגריים.

בָּרוּךְ אַתָּה יְהוָה, אֱלֹהֵינוּ מֶלֶךְ הָעוֹלָם
אֲשֶׁר בָּחַר בָּנוּ מִכָּל עָם
וְרוֹמְמָנוּ מִכָּל לָשׁוֹן, וְקִדְּשָׁנוּ בְּמִצְוֹתָיו
וַתִּתֶּן לָנוּ יְהוָה אֱלֹהֵינוּ בְּאַהֲבָה
(שַׁבָּתוֹת לִמְנוּחָה וּ) מוֹעֲדִים לְשִׂמְחָה
חַגִּים וּזְמַנִּים לְשָׂשׂוֹן, אֶת יוֹם (הַשַּׁבָּת הַזֶּה וְאֶת יוֹם)
חַג הַמַּצּוֹת הַזֶּה
אֶת יוֹם טוֹב מִקְרָא קֹדֶשׁ הַזֶּה, זְמַן חֵרוּתֵנוּ
בְּאַהֲבָה מִקְרָא קֹדֶשׁ, זֵכֶר לִיצִיאַת מִצְרָיִם.
כִּי בָנוּ בָחַרְתָּ וְאוֹתָנוּ קִדַּשְׁתָּ מִכָּל הָעַמִּים. (וְשַׁבָּתוֹת)
וּמוֹעֲדֵי קָדְשֶׁךָ (בְּאַהֲבָה וּבְרָצוֹן) בְּשִׂמְחָה וּבְשָׂשׂוֹן הִנְחַלְתָּנוּ.
בָּרוּךְ אַתָּה יְהוָה מְקַדֵּשׁ (הַשַּׁבָּת וְ) יִשְׂרָאֵל וְהַזְּמַנִּים.

כשיום טוב חל במוצאי שבת, מברך על הנר וחותם בברכת 'הַמַּבְדִּיל בֵּין קֹדֶשׁ לְקֹדֶשׁ':

בָּרוּךְ אַתָּה יְהֹוָה, אֱלֹהֵינוּ מֶלֶךְ הָעוֹלָם, בּוֹרֵא מְאוֹרֵי הָאֵשׁ.

בָּרוּךְ אַתָּה יְהֹוָה, אֱלֹהֵינוּ מֶלֶךְ הָעוֹלָם, הַמַּבְדִּיל בֵּין קֹדֶשׁ לְחֹל וּבֵין אוֹר לְחֹשֶׁךְ, בֵּין יִשְׂרָאֵל לָעַמִּים וּבֵין יוֹם הַשְּׁבִיעִי לְשֵׁשֶׁת יְמֵי הַמַּעֲשֶׂה. בֵּין קְדֻשַּׁת שַׁבָּת לִקְדֻשַּׁת יוֹם טוֹב הִבְדַּלְתָּ, וְאֶת יוֹם הַשְּׁבִיעִי מִשֵּׁשֶׁת יְמֵי הַמַּעֲשֶׂה הִקְדַּשְׁתָּ. הִבְדַּלְתָּ וְהִקְדַּשְׁתָּ אֶת עַמְּךָ יִשְׂרָאֵל בִּקְדֻשָּׁתֶךָ. בָּרוּךְ אַתָּה יְהֹוָה, הַמַּבְדִּיל בֵּין קֹדֶשׁ לְקֹדֶשׁ.

בָּרוּךְ אַתָּה יְהֹוָה, אֱלֹהֵינוּ מֶלֶךְ הָעוֹלָם
שֶׁהֶחֱיָנוּ וְקִיְּמָנוּ וְהִגִּיעָנוּ לַזְּמַן הַזֶּה.

וּרְחַץ

מביאים לבעל הבית מים, נוטל ידיו ואינו מברך.

כַּרְפַּס

נוטל מן הכרפס פחות מכזית, טובלו במי מלח או בחומץ ומברך (מכוון לפטור בברכה זו גם את המרור):

בָּרוּךְ אַתָּה יהוה
אֱלֹהֵינוּ מֶלֶךְ הָעוֹלָם
בּוֹרֵא פְּרִי הָאֲדָמָה.

אוכלים בלי הסבה.

כרפס

מפגש עם שנאה ועם אהבה

כרפס. ירק שטובלים במי מלח, זכר לדמעותיו של יוסף הצדיק כשאחיו מכרו אותו.

"כר" – שתי האותיות האחרונות במילה "מֶכֶר". "פס" – שתי האותיות הראשונות במילה "פסים". מכר פסים, אומר הבן איש חי. בגלל שנאת אחים ירדו לגלות מצרים. בגלל שנאת אחים, כמה דמעות מלוחות העם הזה עוד ישפוך. ה', הצל אותנו משנאה.

הכרפס הוא גם עדות למאמץ שנראה מיותר כל כך, על היופי. חז"ל מספרים שבנות ישראל במצרים, בהיותן הרות, היו אוכלות כרפס כדי שלילד שייוולד יהיו עיניים ירוקות... מה את עושה עכשיו, מה זה קשור, אנחנו בשואה, עומדים לזרוק אותו ליאור! עכשיו תשרדי!

והן – עסוקות בעתידו היפה של התינוק שסיכוי סביר שלא יחיה. נלחמות על היופי.

בואו ונחליף את המלחמה של רע מול טוב, יאמר הרב הוטנר, למלחמת הטהור במה שטהור פחות. בואו נבקש את היופי שיגבר על הכיעור. כך תיראה מלחמת אחרית הימים. הרי בהכנות הפסח עסקת הרבה יותר בייפוי הבית מאשר בסילוק חמץ! כך ייראו ימות משיח. דתיות עסוקה בגנדור הרבה יותר מאשר בגידור. גדלנו.

ליל הסדר מוציא לאור יותר מכול את בת ישראל שלי, זו שאני מאמינה בה. היא קוראת אותנו לסדר מיופה, סדר חדש.

יַחַץ

מחלק את המצה האמצעית לשני חלקים.
מצפין את החלק הגדול לאפיקומן,
ומחזיר את החלק הקטן לבין שתי המצות השלמות.

אפיקומן! כאן זה מתחיל

את המצה האמצעית חוצים לשני חלקים. את הגדול מביניהם מחביאים. הוא האפיקומן.

יַחַץ – חצוי. בשלושה תחומים עיקריים אדם מרגיש חסר, חצוי, קרוע: **קָשִׁין מְזוֹנוֹתָיו** (פרנסתו) **שֶׁל אָדָם כִּקְרִיעַת יַם סוּף, קָשִׁין לְזַוְּוגָן כִּקְרִיעַת יַם סוּף,**[89] **קָשִׁין נְקָבָיו** (בריאות) **שֶׁל אָדָם כִּקְרִיעַת יַם סוּף.**[90]

ביחץ נכוון: תן לי את הדבר שאני מרגישה בו כל כך חצויה, כל כך חסרה: זיווג, בריאות, פרנסה. תשלים לי את החצי השני שלי.

וה׳ עונה לך באפיקומן, שהוא כבר החביא לך את הישועה. כל מה שצריך זה שתמצאי אותה.

שמעתי בשם הרב מרדכי אליהו שלא להרשות לילדים לחפש את האפיקומן עד "שולחן עורך" (הסעודה עצמה), כדי שלא יפסידו את עיקר הסדר.

מה עושים, אם לא מוצאים את האפיקומן? גם זה עלול לקרות... והבשורה – אפשר להשתמש במצה אחרת ולאכול אותה כאפיקומן. זה לא סופני. קחו את הרעיון הזה לדרך: כל מה שצָפוּן, שחשבת שהוא שלך וטמון עבורך, והנה חמק עבר – אין דבר. **דוֹדִי חָמַק עָבָר**, וגם האפיקומן אבד, ו... יבוא אחר. בחור אחר נחמד, בית אחר נחמד. את עוד תקבלי את כל הברכה שה׳ הצפין לך.

עוד ניפגש בצָפוּן ונחלק את האפיקומן עם כל הכוונות והברכות.

מַגִּיד

מגיד

מפגש עם אומרי ההגדה בכל הדורות

איך תגידי? מסביב.

הגענו לסיפור ההגדה. ה"מגיד" הוא מפגש עם מילים מאוד מאוד עתיקות שאמרו לפנינו. בשואה, באינקוויזיציה. אנחנו קושרות את עצמנו בהיגד הזה לדורות קרובים ורחוקים, לנשמות עתיקות מאוד.

תגידי! ההגדה אומר לך. אבל אישה, בהכללה, לא מגידה. היא אומרת. מה ההבדל? כתוב: **כֹּה תֹאמַר לְבֵית יַעֲקֹב**, אלה הנשים, **וְתַגֵּיד לִבְנֵי יִשְׂרָאֵל** – אלה הגברים.[91] "הגדה" פירושה **דברים קשים כגידים**,[92] דיבור ישיר. **הַגִּידָה לִּי שֶׁאָהֲבָה נַפְשִׁי**,[93] כי אני עצמי לא יכולה להגיד. אני לא מדברת ישירות, דוּךְ. אני *אומרת*, כמו אִמרה (שוליים) של שמלה, ככה, מסביב.

יש גזרה על האישה, כותב הרב הוטנר. מחסום שנקרא **אֶל אִישֵׁךְ תְּשׁוּקָתֵךְ**.[94] תשוקה – לשון "שְׁתוּקה". את הדברים שהכי בנפשך, שהכי מפריעים לך בינך לבינו, לא תהיי מסוגלת לבטא. את השאלות הכי אישיות, "אתה אוהב אותי עדיין? אני יפה בעיניך? אכפת לך ממני? מתי תגיד לי מילים טובות? אני מקום ראשון אצלך? נניח שבחרת בי, היית בוחר בי שוב?" את תמותי מגאווה ולא תגידי. לכן נטלנו **תִּשְׁעָה קַבִּין של שיחה**,[95] כי אנחנו רוצות לומר דברים קשים כגידים ולא יכולות, אז זה מתפרץ בהמון מלל.

ואז, כשאת לא מסוגלת לדבר ישיר, את מספרת איזשהו סיפור. זו הגדה של פסח, הרב הוטנר אומר. לכן הדיבור בוקע דרך צדדים וצדדי צדדים, וזה ריבוי המילים בהגדה. כשבעצם שואלת כנסת ישראל את הקב"ה, האם עדיין אני חבוקה ודבוקה בך?[96] כל התיאורים והטקסים בהגדה באים לעזור לך לומר את אשר על ליבך: אַתָּה בְחַרְתָּנוּ מִכָּל הָעַמִּים – ה׳, אתה אוהב אותי? היית בוחר בי שוב? מַה נִּשְׁתַּנָּה הַלַּיְלָה הַזֶּה מִכָּל הַלֵּילוֹת? אני שונה בעיניך? והאם שמת לב איך וְהִיא שֶׁעָמְדָה, איך עמדתי בשנה הזאת. ולפעמים אני חַד גַּדְיָא, מרגישה שאכלו אותי. אבל אני רוצה לשיר לך, עוד לפני שהבאת את הישועה. בוא נגיד הַלֵּל.

פתיחת הפה של הפה־סח בליל הסדר הוא פתיחת הפה של כנסת ישראל, הרב וולבה כותב. לכן תקראי את הכול כמו טקסט של אהבה. זה לא סיפור מלפני 3300 שנה, דם־צפרדע־כינים־ערוב. תגידי לו: אתה פה? לא תפסח עלי השנה? אכפת לך ממני באמת? אני אהיה נשואה בליל הסדר הבא? הרי לפני המון שנים מישהי הייתה בצער, כנסת ישראל. ואתה גאלת אותה. חצית לה את ים סוף. ומה איתי?

מתי ה׳ עונה? במצה. עוד מעט נגיע לשם.

◆◆◆

מַגִּיד - תיקון כוח הפה. הרבי מאיז׳ביצא כתב שמי שמספר את ההגדה בקול, זוכה שייטהרו כל כוחות הפה שלו - דיבור ואכילה – לכל השנה.

כמה פשוט, ככה ממלא באמונה

מילה על הפשטות של ליל הסדר: קחו אותו בפשטות.

כל השנה אנחנו נדרשים לוורטים, לרעיונות מורכבים. הלב מסרב לקבל אמונה פשוטה, כי אנחנו דור מתוחכם. אבל בליל הסדר לסיפור הכי פשוט יש כניסה ישירה ללב.

הלילה הזה, הסיפורים הכי קטנים עושים את העבודה. הם מכניסים אמונה ובלי לחפור. לכן שואלים: **יָכוֹל מֵרֹאשׁ חֹדֶשׁ?** האם אפשר לספר לילדים את סיפור יציאת מצרים מראש חודש ניסן? והתשובה: אפשר לדבר עם הילדים

על יציאת מצרים בכל זמן שרוצים, כמובן, אבל **תַּלְמוּד לוֹמַר בַּיּוֹם הַהוּא.** לליל הסדר יש סגולה כזאת שהסיפור הכי פשוט ייכנס ללב וימלא אותו אמונה, **ובלילה זה ייכנסו דברי האב באזני הבן**, יאמר החת"ם סופר.

אילו סיפורים פשוטים? יש המון מדרשים מתוקים על עשר המכות, למשל. במכת דם המצרי היה צמא וראה את היהודי שותה כוס מים. הוא הכריח את היהודי לשתות איתו מאותה הכוס וראו זה פלא, היהודי שתה מים והמצרי שתה דם. בסיפורים כאלו הרעים משלמים את המחיר. הטובים רואים את האור ומקבלים פיצוי על כל הסבל שעברו. כמה פשוט. "ליל הסדר הוא סדר בקיאות ולא סדר עיון!" יאמר הרב פינקוס לחורשות הדף היומי.

לא חייבים להתפלפל. **אֲפִלּוּ כֻּלָּנוּ חֲכָמִים, מִצְוָה עָלֵינוּ לְסַפֵּר.** עזבו את החוכמעס. ספרו סיפור, עכשיו. סיפור בליל הסדר מאיר באור מיוחד, אור של ספיר, הרבי מסלונים כותב.

יכתוב הרב חיים נבון[97]: **עולם הפוך ראיתי: בבתי ספר רבים חושבים שיחנכו באמצעות אטרקציות ולא באמצעות כפרים. אני פוגש יותר ויותר מחנכים שמושפעים מהתעמולה האנטי אינטלקטואלית הרווחת, כאילו לימוד והשכלה הם מייבשים ומחניקים. וליל הסדר מגלה לנו שלא צריך לכוון נמוך כדי להצליח. דווקא בבית, בליל הסדר, כל המשפחה יושבת וקוראת ביחד ספר. כדי לעורר רגשות חזקים לא צריך הפקות דרמטיות, לא צריך סנפלינג וזיקוקים. מעשים קטנים יכולים להשאיר רושם גדול, אם הם נעשים בכוונה ובמסירות, בתוך חבורה אוהבת.**

זה הזמן למצוא את האור בתוך הבית, ולא מחוצה לו. בעולם כל כך תחרותי, ליל הסדר שלנו לא צריך להיות הכי עמוק, הכי חדשני או הכי אטרקטיבי. המאכלים לא צריכים להיות הכי גורמה, ודברי התורה לא צריכים להיות הכי מתוחכמים. מספיק שהלילה הזה יהיה הכי שלנו.

איך קוראים את ההגדה?

הרב סולוביצ׳יק:

ההגדה היא דיאלוג. אדם אחד שואל, האחר משיב לו, כי ה׳ מתגלה לפני האדם רק כאשר זה משחר אחריו. אדם שאיננו מבקש, אדם המצפה שאלוקים יתגלה אליו מבלי שיעשה ניסיון למוצאו, לעולם לא יפגוש באלוקים.

הרמב״ן אומר בפירושו לפסוק **״לְשִׁכְנוֹ תִדְרְשׁוּ וּבָאתָ שָׁמָּה״,**[98] **שתלכו מארץ מרחקים ותשאלו: ״אנה בית ה׳?״**[99] **השאלה הזו היא כשלעצמה בעלת כוח גואל ומקדש. ומי שלא ישאל בכל עת ״היכן היא הדרך המובילה למקדש?״** (או, בהשאלה מרבי נחמן, **״איפה אני בעולם?״**[100]**), לעולם לא ימצא את המקדש.**

בלילה הראשון של הפסח אנו מספרים על האדם, שביקש את האלוקים במשך זמן רב מאוד (אברהם) עד אשר נענה לו הא־ל לחיפוש מלא סקרנות זה.

בליל הסדר אנו מנסים לעורר את סקרנותם של הילדים, וכך לעשותם למבקשי אלוקים לכל חייהם. לילדים יש שאלות תמימות משלהם. לא ניתן לדעת מה עתיד ילד לשאול. ילדים חושבים בצורה שונה מאיתנו.[101]

נס מביא נס

סגולה גדולה לספר נס על שולחן הסדר.

כתוב בזוהר הקדוש וזה כל כך מהמם: מי שמספר סיפור יציאת מצרים בשמחה, עתיד לשמוח עם השכינה בעולם הבא, והיא הגדולה מכל השמחות. והקב״ה שמח בסיפור הזה שלו וקורא לכל פמליה של מעלה ואומר להם **בואו, שמעו בָּנַיי, השמחים ומספרים בגאולתי.**

ואז מתקבצים כולם, ומתמלא הקב״ה עלינו רחמים ואומר: **ראו איך ראויים שייעשו להם עוד ניסים. הרי כמה שנים עשיתי להם ניסים** (ביציאת מצרים, וזה היה מזמן) **ועוד מזכירים אותם, ואינם כפויי טובה!** ומה קורה – מידת הרחמים מתגברת ומביאה ניסים נוספים.

כשאת מספרת סיפורים פשוטים, ה׳ מזרים עליך עוד ועוד ניסים.

סיפורים שנותנים כוח לכל השנה

ואם בסיפור פשוט עסקינן, ספרי מדרש אחד על פסח, אחד על מצה ואחד על מרור. אלה שלוש מילים שחייבים לומר בליל הסדר.[102] נעבור עליהן כאן בקצרה ובהמשך נרחיב.

פֶּסַח – זו הגאולה. כך, למשל, יש עשרות מדרשים מתוקים על איך הצפרדעים קפצו לתוך הבצק. אשתו של פרעה אופה עוגיות ופתאום קופצת לה צפרדע. יש מדרשים מפורטים על הניסים שהתרחשו בקריעת ים סוף. הטוב מקבל ישועה והרע נענש.

מַצָּה – מאבק ברוע ("מצה ומריבה"). הביאי סיפור אחד על מאבק. ילד שלי, ברוע צריך להיאבק. לעשות איתו מצה ומריבה. אל תקבל את הרוע כמובן מאליו.

אז למשל, איך עושים את זה? קודם כול פונים לאדם גדול. עם ישראל כל הזמן צעק למשה רבנו.

דבר שני, מתפללים לה'. **וַיֵּאָנְחוּ בְנֵי יִשְׂרָאֵל מִן הָעֲבֹדָה וַיִּזְעָקוּ וַתַּעַל שַׁוְעָתָם.**[103] חייבים להשמיע קול.

הכי חשוב: מדברים על הטוב שיגיע! אחד המדרשים האהובים עליי מספר על בני ישראל שנחים מעבודתם בשבת **והיו בידם מגילות, שהיו משתעשעים בהן משבת לשבת.**[104] בני ישראל החזיקו במגילות של גאולה. הם היו מקריאים זה לזה מה יקרה כשהם יצאו ממצרים, "איך נגור בבתים מרווחים ונחגוג את החגים מתוך חירות ושפע, ואיך לילה אחד פרעה יבוא בפיג'מה ויגיד לנו 'וויי, **קוּמוּ צְּאוּ מִתּוֹךְ עַמִּי**'".[105]

מה הפואנטה? תיאבקי. אל תטבעי ברוע!

וּמָרוֹר – כאן מספרים על הצער הגדול שבני ישראל עברו. במדרשים הצער מבוטא בעיקר בקושי משפחתי; למה לקו מצרים בדם ביאור? שלא נתנו לנשי ישראל לטבול לבעליהן. הצער על הבנים המושלכים ביאור, והוריהם רואים אותם רחוקים כל כך. צערם של ראשי המשפחה, שנאלצו לעבוד בשדות הפרך, רחוקים ממשפחותיהם.

אם כן, סיפור פשוט אחד על פסח (הגאולה). אחד על המצה (המאבק) ואחד על המרור (הקושי הגדול). אלה סיפורים שנותנים כוח לכל השנה.

"חג פסח שמח וכשר לכל בית ישראל האהוב,
ששנה אחר שנה, בין אם בקפידה ובין אם בדילוגים,
בין אם מתוך התכוונות ובין אם כי ככה זה,
קוראים את ההגדה במידות שונות של
הבנה טקסטואלית, ולא תמיד את כולה,
ולא תמיד יודעים את המנגינה של "בצאת ישראל ממצרים",
ומתקשים עם "אילו־שיקע־צרינו־בתוכו־ולא־סיפק־
צרכינו־במדבר־ארבעים־שנה",
ולא מבינים מה זה "אין מפטירין אחר הפסח אפיקומן"
למרות שהסבירו להם כבר כמה פעמים,
אבל מבינים שזה הסיפור שלנו, ולכן זה בסדר
אם לא הכול מובן. ממתי אדם מבין את עצמו
ואת עמו עד הסוף? העיקר שנמשיך לנסות להבין
והעיקר שנמשיך לספר."[106]

עירית לינור

הָעֲבוֹדָה הַזֹּאת לָכֶם

הָא לַחְמָא עַנְיָא – זה לחם עוני.
בואו לאכול איתי!
אבל מה בדיוק לאכול
אם אנחנו בעוני?
עוני שמתחלקים בו עם מישהו,
הופך לעושר.
בקשי עכשיו על בנים
רחוקים משולחן אביהם.
על רופאות ואחיות במשמרת,
על הגרושים שלא במשמרת
בליל השימורים הזה,
על הרווקים שהָשַׁתָּא עדיין הָכָא.
בקשי עליהם שבשנה הבאה
לא יהיו עוד בְּנֵי חורִין בודדים,
אלא מוקפים במשפחה מסביב לשולחן,
חולקים את לחם העוני הזה,
שערכו לא יסולא בפז.

מגביה את הקערה, מראה המצה הפרוסה שבין שתי השלמות ואומר:

הִנְנִי מוּכָן וּמְזֻמָּן לְקַיֵּם מִצְוַת לְסַפֵּר בִּיצִיאַת מִצְרַיִם
לְשֵׁם יִחוּד קֻדְשָׁא בְּרִיךְ הוּא וּשְׁכִינְתֵּהּ עַל יְדֵי הַהוּא טָמִיר וְנֶעְלָם בְּשֵׁם כָּל יִשְׂרָאֵל.

הָא לַחְמָא עַנְיָא

דִּי אֲכַלוּ אֲבָהָתָנָא בְּאַרְעָא דְמִצְרָיִם
כָּל דִּכְפִין יֵיתֵי וְיֵכֻל, כָּל דִּצְרִיךְ יֵיתֵי וְיִפְסַח
הָשַּׁתָּא הָכָא לַשָּׁנָה הַבָּאָה בְּאַרְעָא דְיִשְׂרָאֵל
הָשַּׁתָּא עַבְדֵי לַשָּׁנָה הַבָּאָה בְּנֵי חוֹרִין.

הא לחמא עניא

מפגש עם מי שאין לו

אם ימעט הבית

קורבן הפסח נאכל בחבורה. החבורה צריכה לסיים את האכילה עד הבוקר ולא להותיר ממנו. כשיש פחות מדי אנשים ויותר מדי שֶׂה, צריך לשתף את האחרים.

והתורה כותבת בלשון משונה: **וְאִם יִמְעַט הַבַּיִת מִהְיֹת מִשֶּׂה.**[107] זה הרי ניסוח שגוי. והלא צריך להיות כתוב "אם ירבה השה ביחס לבית הקטן הזה"? ובעצם התורה תגיד, אתם חושבים שיש לכם הרבה ולכן הבית שלכם שמח. אבל הרבה ככל שיהיה, אם זה לא בשיתוף עם הדל והעני והדכפין והדצריך, הבית שלכם ממועט שמחה. ממועט פוטנציאל. **אִם יִמְעַט הַבַּיִת** – הפכתם לבית קטן, כשההון שלכם שפוך בכל פינה והילדים לא מעריכים כלום. איזה בית עצוב.

ולכן את הערב המפואר, היפה, הלבוש, העדוי, אנחנו נפתח בתזכורת של "ילדים, תזכרו. הרבה זה לא שמחה. הרבה זה לא ברכה. הושטת יד למי שאין לו? **זה** בית שהוא הרבה".

דווקא כאן מונחת חירותך

הָא לַחְמָא עַנְיָא, אנחנו שרים באושר ומכריזים: **כָּל דִכְפִין יֵיתֵי וְיֵיכֹל! כָּל דִצְרִיךְ** – **יֵיתֵי וְיִפְסַח!** כל מי שרוצה להיכנס מוזמן. כל מי שרוצה לאכול – תרבחו ותסעדו!

האם זו לא צביעות? להכניס פנימה את כל הנזקקים, איך בדיוק? ובכלל, אילו באמת היית מעוניינת להזמין, היית עושה את זה בזמן ולא בשנייה האחרונה, נכון? וחוץ מזה אם את כל כך באווירה של הכנסת אורחים, למה את מזמינה בארמית?...

והרב וולבה עונה, וזה יפה כל כך: הָא לַחְמָא עַנְיָא זו הזמנה של ה׳ – לך. **וצריך כל אדם לדעת, שבליל הסדר הוא לא אוכל על השולחן שהוא בחר לאכול בו, אלא על שולחנו של מקום.** השולחן הוא של ה׳ והוא הזמין אותך לפה וזימן אותך עם האנשים האלה.

ימימה, למה אני תקועה עם המשפחה הזאת? לא רציתי לחגוג איתם.

כי ה׳ ראה, אומר הרב וולבה, שבשולחן הזה ובהרכב הזה את תקבלי את **כָּל דִצְרִיךְ**, את כל צרכייך לשנה הזו, ושֶׁ**כָּל דִכְפִין**, כל הכפיפות שלך, תזדקף. ה׳ החליט לחלק לך את השפע השנה בשולחן הזה ובסביבה הזו. בשולחן הזה, עם המשפחה הזאת, פה מונחת חירותך.

זו אמירה עמוקה. כל כך הרבה בנות שרויות במועקה מהדבוקה המשפחתית הזו של ליל הסדר ומכך שהן לא במקום שהן רוצות להימצא בו. ו**הָא לַחְמָא עַנְיָא** אומר לך שהלחם הזה, והשולחן הזה, הם בהזמנה אישית. הכול מתוזמן מראש. אז השנה את אולי טועמת טעם גלות בשולחן הזה ואת לא מרגישה במקום, אבל **לְשָׁנָה הַבָּאָה** – בת חורין.

ומה תעשי? תבואי הכי יפה. הכי מהממת. **תָּבֹאִי בַּעֲדִי עֲדָיִים**, כאילו את כבר שם.

מוזגים כוס שני ומסלקים את הקערה, והבן שואל:

מַה נִּשְׁתַּנָּה

הַלַּיְלָה הַזֶּה מִכָּל הַלֵּילוֹת

שֶׁבְּכָל הַלֵּילוֹת אָנוּ אוֹכְלִין חָמֵץ וּמַצָּה
הַלַּיְלָה הַזֶּה כֻּלּוֹ מַצָּה

שֶׁבְּכָל הַלֵּילוֹת אָנוּ אוֹכְלִין שְׁאָר יְרָקוֹת
הַלַּיְלָה הַזֶּה מָרוֹר

שֶׁבְּכָל הַלֵּילוֹת אֵין אָנוּ מַטְבִּילִין אֲפִלּוּ פַּעַם אֶחָת
הַלַּיְלָה הַזֶּה שְׁתֵּי פְעָמִים

שֶׁבְּכָל הַלֵּילוֹת אָנוּ אוֹכְלִין בֵּין יוֹשְׁבִין וּבֵין מְסֻבִּין
הַלַּיְלָה הַזֶּה כֻּלָּנוּ מְסֻבִּין

הָעֲבוֹדָה הַזֹּאת לָכֶם

מַה נִּשְׁתַּנָּה?

עכשיו, כשהילד הקטן (או הגדול) שר את השיר הזה,
קחי לך רגע, ובקשי. בקשי שאלה.
בקשי לרצות. בקשי לרצות לרצות.
בקשי שזה יהיה כבר **הַלַּיְלָה הַזֶּה, הַלַּיְלָה הַזֶּה.**

מה נשתנה

מפגש עם השאלות והקושיות של החיים

לפני ארבע הקושיות המפורסמות מופיעות שלוש מילים בקטן: **כָּאן הַבֵּן שׁוֹאֵל.** יש נטייה לדלג עליהן, הן כאילו טכניות, אבל הן חשובות כל כך. אל תדלגו עליהן כי יש בהן הוראה, יש בהן שמחה גדולה.

כָּאן – ברגע הזה.

הַבֵּן – זו את וכל אחד מהמסובים כאן.

שׁוֹאֵל – מבקש ומתפלל.

מה נשתנה הוא עת רצון גדולה, זמן מסוגל לפתיחת הלב, לבקשות ותפילות.

סימן; שאלה

"כָּאן הַבֵּן שׁוֹאֵל". הערב הזה מושתת על שאלות. ללא תשובה, אגב.

השתתפתי בניסיון לחבר בת יוצאת בשאלה לאם שמחכה שתשוב. והאם אמרה שהיא לא הלכה לחתונה של הבת, שלא הייתה לרוחה. וכששאלו אותה למה, היא אמרה: האדמו"ר אמר.

וצריך להבין דבר חשוב: האדמו"ר אמר, מפני שהוא נשאל. אין אדמו"ר שדופק בדלת של משפחה ואומר "שמעתי שהבת מתחתנת, בבקשה אל תלכו לחתונה שלה". ברגע ששואלים שאלה, בוראים היתכנות של מצב.

וזה ליל הסדר כולו.

השאלה היא מנעד אפשרויות שהופך ריאלי ברגע שהשאלה נשאלת. האם נדע לשאול למה אנחנו מסובין? האם נדע לשאול למה אנחנו אוכלים מצה? העולם כבר יַענה לשאלה שלנו כשם שנשאלה. וציוויתי על תלמידותיי לשאול את הקב"ה, האדמו"ר הגדול שבשמיים, שאלה כמו: אני מרגישה שאני לא אוכל שלא להיות בחתונה של עצמי השנה. מה אתה אומר?

והוא יַענה לך בראשו, כי השאלה נשאלה, היא בראה היתכנות. העולם נענה לשאלה שלך, מפני ששאלה היא סימן לבאות. או בעברית, סימן – שאלה.

וילד שחזר בשאלה רק יבקש שלא תשאלו לגביו שאלות מרחיקות. אפשר פשוט לשאול אותו "מתי אתה חוזר?" וההיתכנות נבראת לפתע. הופכת אפשרות ריאלית.

אילו יכולתי לשאול את אבא, או: מה שואלים כשרחוקים?

החירות הגדולה ביותר, כותב הרב שג"ר בכאב, היא היכולת לשאול את אבא משהו, או את אימא.

והוא כותב במרומז מאוד: **לא רק מאפייני הזמן המודרני מקלקלים יחסי הורים וילדים. רבים מן ההורים, והורי ההורים בזמננו, חיו את מוראות השואה, ומכאן הפחד וחוסר האמון שלהם בעולם. אלה כרוכים במחסום ובחוסר יכולת של דיבור והתקשרות.**

ברור שהוא כותב בכאב אינסופי על השתיקה הרועמת בבית שבו גדל.

אם כך, איה החירות? ובכן, בבית! די לברוח מהאבא הזה ומהאימא הזאת, די לברוח מהבן הנעול הזה או מהבת הזאת. חירות זה בבית הזה שלך.

מה טיבו של שיח אבות ובנים? מה טיבה של המשפחתיות, בזמן שהתמימות אבדה? זהו קונפליקט עמוק, והוא המעצב את הנְחלת התרבות. ובהקשר שלנו, גם את הנחלת התורה.

על הדיבור לצאת לחירות, הוא אומר (ואני מדגישה: בבית, בבית!). **חירות הינה היכולת לדבר - עם ילדיך, ועם הוריך. יכולת שבדרך כלל לא מסוגלים לה,** כך הוא כותב בצער.

אז איך נעשה את זה?

יש לעורר את השאלה: מיהו האדם הזה, שכל כך קרוב אליי, וכל כך רחוק ממני???

וואו. אין מישהי שאין לה מישהו קרוב, אבא / בן זוג / ילד, שהיא לא יכולה לשאול לגביו את השאלה הזו.

שאלה זו נשאלת מעמדה של ניכור, אך היא יכולה לתפקד כמקפצה להיכרות עמוקה וקרובה.[108]

אני רואה במילים האלה סוג של התאבלות, ממש. איך לא שאלתי את אבא ואימא שלי למה הם רחוקים? שאלות אחרות לא נשאלו בינינו. הרי, אז למה לא שאלתי את השאלה הזאת שהיא כאילו מבחוץ, כאילו מנוכרת, כאילו חוסר קשר, אבל כל כך מבטאת כמיהה לקשר?

"איך יכול להיות שהאנשים הכי קרובים אלי הם האנשים הכי רחוקים ממני?". את הקושיה הזאת אתם חייבים לעצמכם.

אני מכירה צעירים שפתאום מתפרצים בביתם: אין פה תקשורת! למה אין פה תקשורת? למה לא מדברים? כן, לשאול את זה.

ואצלי כל ליל סדר מציף געגועים עזים לאבא זצ"ל. הלוואי שיכולתי לשאול את אבא היום. כמה הייתי שואלת אותו. ובעצם נפרדתי ממנו בשאלה גדולה. בדיאלוג האחרון שהיה לי עם אבא, ממש לפני רגל, בסוכות (הנה שוב עולות לי הדמעות), זה ממש היה הדיבור האחרון שלי איתו.

הוא שאל: מה את לומדת עכשיו?

ועניתי אני לומדת על כך שכשהקב"ה מביא את המשיח, הוא ייתן לגויים את מצוות סוכה ואז הוא יוציא את החמה ויחמם את העולם והם יסבלו מהחום ופשוט יבעטו בסוכה ויצאו. וה' – יצחק צחוק גדול, **ואין לפניו צחוק אחר.**[109]

ואבא שלי, בפנים מיוסרות, בקושי עם אוויר בריאות, שאל אותי אולי ארבע פעמים: מדוע הוא צוחק? מדוע הוא צוחק?

עם המילים האלה נפרדתי מאבא שלי. והשאלה הזו נשארה תלויה בחלל העולם. ואני, אין לי את מי לשאול, אז אני ממציאה כל מיני תשובות. אני לא יכולה להישאר רק עם השאלה שאבא שאל אותי.

ונדמה לי שאבא אמר: תקשיבי ימימה. את נורא אוהבת להצחיק, נכון? את יודעת שיש לך אפשרות להצחיק את השמיים? את רוצה להצחיק את השמיים, ילדה שלי? אז תקשיבי. יהיו נסיבות לא פשוטות שבהן אנשים יבעטו, כי הם לא יוכלו יותר. ואַת, אם לא תבעטי, את תצחיקי את השמים, מאוד־מאוד.

זו החירות הפנים משפחתית. חפשו אותה. שאלו עליה. היא הפירור העשירי. יש בבית אנשים שלא רק שלא מצאו אותם, איש גם לא מחפש אחריהם. הנה, יש לכם הזדמנות להיפגש.

מה התשובה?

המהר"ל מתעקש שעל הקושיות של מה נשתנה אין תשובה.[110] נכון שאת בטוחה שהשאלה היא **מַה נִּשְׁתַּנָּה הַלַּיְלָה הַזֶּה מִכָּל הַלֵּילוֹת?** והתשובה: **שֶׁבְּכָל הַלֵּילוֹת...** והלילה הזה כולנו מסובין. או, הלילה הזה מטבילין שתי פעמים.

לא, הוא אומר. מה פתאום. אלה שאלות שנשארות ללא תשובה.

וזה העיקר. תישארי עם השאלה הענקית הזאת – מה פה קורה פה. אני מרגישה שמשהו פה נשתנה, לא יודעת מה נשתנה אבל אני לא יודעת את נפשי.

רק כך לא תצאי מליל הסדר כשם שנכנסת אליו. את יוצאת אישה אחרת לגמרי־לגמרי. אתמול היית סינדרלה עייפה ולחוצה ופתאום, וואו. מה נשתנה, מה זו המלכות הזאת? פתאום יעבור בך רגע של התרגשות.

סגולה נפלאה לזרע של קיימא

זוגות חשוכי ילדים, היה אומר הרב פינקוס זצ"ל, מעוררים רחמים כי הם צריכים להגיד מה נשתנה זה לזה. וכמה רחמים הם מעוררים בשלוש המילים האלה דווקא, כָּאן הַבֵּן שׁוֹאֵל. מה, לא היה צריך להיות פה איזה ילד, שישאל את הקושיות?!

וה' אומר, כמו שנאמר לחנה במשכן בשילה: **וֵאלֹקֵי יִשְׂרָאֵל יִתֵּן אֶת שֵׁלָתֵךְ אֲשֶׁר שָׁאַלְתְּ מֵעִמּוֹ.**[111] יהי רצון שמעכשיו לא את תצטרכי לשאול את הקושיות.

מַה נִּשְׁתַּנָּה. לא סתם נותנים לילד הקטן לזייף את השיר הזה, לעורר רחמי שמיים אדירים.

אני (כבר לא) רק שאלה

סגולה מרבי נחמן מברסלב – אמירת ארבע הקושיות מסוגלת לסילוק כל הקושיות שיש לבן אדם על הנהגת ה' בעולמו. בארבע הקושיות הקב"ה מציל אותך מכל השאלות שבעולם. כל הקושיות, כל מה שקשה לך להבין איך ה' עושה את זה – מה נשתנה הוא שיר שמיישב את דעתך ואת קושיותייך.

מעוררת רחמים

עת רצון עצומה. זו תפילה עמוקה, רבי נחמן אומר. הרבה פעמים ביקשת וה' לא נתן לך – למה? אולי כי לא מגיע לך. בכל פעם שאת אומרת "אני רוצה", קם המקטרג ואומר: "Objection! לפי ההתנהגות שלה, לא מגיע לה".

הוא רק מחכה שתפתחי את הפה כדי לקפוץ. והכול נתקע, ננעל. יש איזושהי גזרה.

והתרופה: **יְכוֹלִין לְהִתְפַּלֵּל וּלְהַלְבִּישׁ אֶת תְּפִילָּתָן בְּמַאֲמָר.**[112] הכול תלוי בניסוח. במקום לומר "ה', בבקשה, אני רוצה", תעקפי את המקטרג בסיבוב. כלומר, בסיפור. דברי! זו ההגדה – סיפור: **עֲבָדִים הָיִינוּ לְפַרְעֹה.** ה', איך הייתי בטוחה שהשנה יהיה לי טוב, שאהיה נשואה, שכל החובות האלה ירדו ממני. אתה יודע כמה קשה לי... (במילים

אחרות, קצת מסכנות לא תזיק).

ספרי לו עד כמה את סובלת; **מַה נִּשְׁתַּנָּה הַלַּיְלָה הַזֶּה מִכָּל הַלֵּילוֹת?** תראה לי שינוי בלילה הזה, שלא יהיה ככל הלילות! כי אני מרגישה ששום דבר לא השתנה, כלום. בכל פעם שאני רואה גאולה היא בורחת לי **בֵּין יוֹשְׁבִין וּבֵין מְסֻבִּין**. כמה קיוויתי לחיים מתובלים, לא משעממים ובסוף החיים שלי מרור שאני לא מטבילה **אֲפִלּוּ פַּעַם אֶחָת**. אין לי שום חיות... תראה לי איזה שינוי לטובה!

אז כאן ועכשיו הבן, שזו את, שואל – מבקש מבלי לבקש. אם יש רגע שבו נשפכים רחמי האב על הבן, זה הרגע. כמה ה׳ נשפך על הבת הקטנה שלו שמתפללת! זו תפילה עצומה, מה נשתנה.

מחזירים את הקערה למקומה. עורך הסדר מגלה את המצות ואומר:

עֲבָדִים הָיִינוּ דברים ו

לְפַרְעֹה בְּמִצְרָיִם
וַיּוֹצִיאֵנוּ יהוה אֱלֹהֵינוּ מִשָּׁם
בְּיָד חֲזָקָה וּבִזְרוֹעַ נְטוּיָה.
וְאִלּוּ לֹא הוֹצִיא הַקָּדוֹשׁ בָּרוּךְ הוּא
אֶת אֲבוֹתֵינוּ מִמִּצְרַיִם
הֲרֵי אָנוּ וּבָנֵינוּ וּבְנֵי בָנֵינוּ
מְשֻׁעְבָּדִים הָיִינוּ לְפַרְעֹה בְּמִצְרָיִם.
וַאֲפִלּוּ כֻּלָּנוּ חֲכָמִים, כֻּלָּנוּ נְבוֹנִים, כֻּלָּנוּ זְקֵנִים
כֻּלָּנוּ יוֹדְעִים אֶת הַתּוֹרָה
מִצְוָה עָלֵינוּ לְסַפֵּר בִּיצִיאַת מִצְרָיִם
וְכָל הַמַּרְבֶּה לְסַפֵּר בִּיצִיאַת מִצְרַיִם

הֲרֵי זֶה מְשֻׁבָּח.

מַעֲשֶׂה

בְּרַבִּי אֱלִיעֶזֶר
וְרַבִּי יְהוֹשֻׁעַ
וְרַבִּי אֶלְעָזָר בֶּן עֲזַרְיָה
וְרַבִּי עֲקִיבָא וְרַבִּי טַרְפוֹן
שֶׁהָיוּ מְסֻבִּין בִּבְנֵי בְרַק
וְהָיוּ מְסַפְּרִים בִּיצִיאַת מִצְרַיִם
כָּל אוֹתוֹ הַלַּיְלָה
עַד שֶׁבָּאוּ תַלְמִידֵיהֶם וְאָמְרוּ לָהֶם
רַבּוֹתֵינוּ הִגִּיעַ זְמַן קְרִיאַת שְׁמַע שֶׁל שַׁחֲרִית.

הָעֲבוֹדָה הַזֹּאת לָכֶם

כמה מופלא לקרוא
את הסיפור על התנאים
שישבו יחד בבני ברק.

בקשי שיהיו לנו, גם בדורנו,
גדולי דור שנוכל ללמוד
מהם לא רק הלכה,
כי אם גם סיפור חיים.

כשנפרדים מרב גדול,
זה מה שזוכרים ממנו.
זה מה שנשאר
מגדולי דור בלכתם:
סיפורים קטנים.

ברכות יב: אָמַר (לָהֶם) רַבִּי אֶלְעָזָר בֶּן עֲזַרְיָה
הֲרֵי אֲנִי כְּבֶן שִׁבְעִים שָׁנָה
וְלֹא זָכִיתִי שֶׁתֵּאָמֵר יְצִיאַת מִצְרַיִם בַּלֵּילוֹת
עַד שֶׁדְּרָשָׁהּ בֶּן זוֹמָא
שֶׁנֶּאֱמַר
דברים טז לְמַעַן תִּזְכֹּר אֶת־יוֹם צֵאתְךָ מֵאֶרֶץ מִצְרַיִם
כֹּל יְמֵי חַיֶּיךָ:

יְמֵי חַיֶּיךָ הַיָּמִים
כֹּל יְמֵי חַיֶּיךָ הַלֵּילוֹת.

וַחֲכָמִים אוֹמְרִים
יְמֵי חַיֶּיךָ הָעוֹלָם הַזֶּה
כֹּל יְמֵי חַיֶּיךָ לְהָבִיא לִימוֹת הַמָּשִׁיחַ.

מפגש אחרי מחלוקת

מורים עם תלמידים

חמישה תַּנָּאִים מסבים לשולחן ליל הסדר בבני ברק.

לא רחוק משם, **מעשה ברבן גמליאל וזקנים שהיו מסובין בליל הסדר בלוד** (אותן המילים ממש!) **ועוסקין בהלכות הפסח.**[113]

שימו לב: ליל סדר בבני ברק עם רבי טרפון, רבי עקיבא, רבי אלעזר, רבי אליעזר ורבי יהושע. ליל סדר מקביל מתקיים בעיר לוד למודת הפרעות והפחדים. שם יושב רבן גמליאל, בליל סדר אלטרנטיבי.

הם מספרים ביציאת מצרים. הוא – עוסק בהלכות הפסח.

והרב זקס הגאון: אלה אינן מילים מקריות. רבן גמליאל היה הנשיא! ויש לו מחלוקת עם רבי יהושע ורבי אלעזר בן עזריה. הם מתפצלים לשני סדרים שונים. הוא – יושב בלוד, לומד הלכה. הם – יושבים בבני ברק ומספרים סיפור. למה בעצם?

והרב זקס יודע שיש כאן ליל סדר של מחלוקת והתנאים זוכרים שחורבן בית המקדש היה רק בגלל שנאת חינם ומחלוקות. הם רואים את הכאב הנורא שעלולות מחלוקות בהלכה לעורר בזמן שהעם מפוצל. המחלוקת היא דבר מבורך כשהשלום שורה בעם. אך בזמן שהעם במחלוקת, תזין המחלוקת ההלכתית את הבעירה וגרוע מכך:

את הבערות, ותהא האמת נעדרת.

אתם יודעים מה? אומר רבי אלעזר בן עזריה, הערב לא נדבר הלכה. הזמנים נפיצים. בואו נספר את הסיפור המשותף של כולנו. בואו נבין שֶׁכֻּלָּנוּ **בְּנֵי אִישׁ אֶחָד נָחְנוּ**,[114] שיש לנו אותו נרטיב, לכל הבנים – **הרשע, החכם, התם, וזה שאינו יודע לשאול.**[115]

בואו נתיישב לליל הסדר, מסורתיים וחילוניים ולומדים ורחוקים וקרובים, ופשוט נספר את הסיפור המשגע הזה, הסיפור שמחבר את כולנו לאבא אחד.[116]

למה בכלל ירדו בניו של יעקב למצרים? מפני שחלק מהעם התנשא על חלק אחר, הרב זייצ׳יק כותב. כי הם היו יותר צדיקים, כביכול. הבנים של רחל ולאה התנשאו על בני השפחות, בלהה וזילפה. ובליל הסדר ה׳ משווה בין כולנו. כולנו הילדים שלו עכשיו. תבחרו: איך אתם רוצים שהוא ישווה בינינו? במערוך, חס וחלילה? כמו שעשו המצרים, שעשו מהתינוקות של עם ישראל לבנים?[117] בפיגועי דריסה איומים, ואז פתאום אנחנו ביחד? או בהערכה הדדית של כל אחד את האחר?[118]

כולנו שותפים לאותו הסיפור. בואו נעלה אל המקום שגדול מסך חלקיו ומסך מחלוקותיו.

אנשי חירות, אנשי עשירות

תכירו, חמשת האנשים החירותיים ביותר בהגדה. **רַבִּי אֱלִיעֶזֶר וְרַבִּי יְהוֹשֻׁעַ וְרַבִּי אֶלְעָזָר בֶּן עֲזַרְיָה וְרַבִּי עֲקִיבָא וְרַבִּי טַרְפוֹן, שֶׁהָיוּ מְסֻבִּין בִּבְנֵי בְרַק** – איפה? במקלט. התקופה היא ימי גזירות הרומאים. לימוד התורה אסור בגזרת המלכות. רבי עקיבא הוא הידוע מבין הארבעה. עוד מעט הוא עומד

למות מוות אכזרי.

הקלסתרונים שלהם תחת כל עץ רענן: "מבוקש". והם יושבים, **מְסַפְּרִים בִּיצִיאַת מִצְרַיִם כָּל אוֹתוֹ הַלַּיְלָה**. מאיפה החירות הזאת, מאיפה?

כאלה הם. אנשים של חירות.

רבי עקיבא, בשכולם בוכים, הוא צוחק.[119]

רבי טרפון, אימו הזקנה לא יכולה ללכת. והוא יציע לה: אימא, בואי. נעשה כאילו. כאילו את הולכת, שימי את רגל ימין שלך על רגל שמאל שלי, ואת רגל שמאל שלך על רגל ימין שלי, ונלך. רואה? את הולכת, את בת חורין![120]

רבי יהושע מכוער. מה זה, אומרת לו בת הקיסר. **תורה מפוארת בכלי מכוער?**[121] כן. הוא פשוט משוחרר מסוגיית המראה החיצוני.

רבי אליעזר ורבי יהושע מתווכחים: מתי משיח יבוא? בתשרי? בניסן? מה זה משנה, אתם עלולים למות! והם – בחירות ענקית.

קוראים לזה **עלמא דְחֵירוּ**.

לא צריך הרבה. רק לעשות כאילו. זו ה-מילה של ליל הסדר, הביטוי הגדול ביותר לחירות שמחכה לנו בהמשך: **בְּכָל דּוֹר וָדוֹר חַיָּב אָדָם לִרְאוֹת אֶת עַצְמוֹ – כְּאִלּוּ**. כל ליל הסדר מבקש מאיתנו תנועות קטנות של חירות, כאילו אנו אנשים גאולים. יושבים בהסבה, כמו בני מלכים על כסתות. שותים ארבע כוסות, בעשירות. משקיעים ביופי. את עושה הצגה של בת מלכים, לא שמה לב לדברים הקטנים, המעצבנים, המדכאים. תארו לכם עולם אחר, עולם של חירות.

מה ההיפך מ"כאילו"? אני תמיד מלמדת שהמילה שהיא הכי חמץ היא "אילו". מילה של החמצה. "אילו הייתי עושה כך וכך... אילו הייתי לומדת את המקצוע ההוא... אילו הייתי מתחתנת עם ההוא"... תביני, "אילו" זה חמץ. איך אומרים לבן הרשע: **אִלּוּ – הָיָה שָׁם? לֹא הָיָה נִגְאָל**. תפסיק לחשוב "אילו", לגלגל בראש את כל החמצות חייך.

אז למען הסדר הטוב, את לא ב"אילו". את ב"כְּ־אילו". את באה לסדר כאילו את כבר גאולה. ושמחה. ומסובין, בהרפיה טוטאלית. כאילו הכול ב־סדר. אפילו ששום דבר לא בסדר. את בת מלכים ששרויה בעולם של חירות. כבר אמרתי את זה. ואומר את זה שוב, ושוב.

פשוט אסור שנהיה נשים של החמצה.

אנחנו חיים בעולם שמבקש כל הזמן את האותנטי, שמנסה להילחם בהיבטים המזויפים של המציאות. אבל ליל הסדר קורא לנו להתמסר להצגה המודעת לעצמה. להסב על צד שמאל כבני מלכים מתוך מודעות גמורה לכך שכבר כמה מאות שנים בני מלכים יושבים כמו בני אדם. ההצגה הזו התחילה כבר במצרים, כשבני ישראל הצטוו לאכול את הפסח מָתְנֵיכֶם חֲגֻרִים, נַעֲלֵיכֶם בְּרַגְלֵיכֶם[122] כאילו בכל רגע הם עומדים לצאת, למרות שהם ידעו היטב שהיציאה עצמה תהיה רק בבוקר.

החידוש הגדול של ליל הסדר הוא שאותנטיות היא אובר-רייטד. בזיוף יש פוטנציאל להרבה יותר עומק ומעוף. ההצגה שאנחנו מציגים משמעותית לא פחות מאשר מה שאנחנו עושים בפועל בחיי היומיום. היכולת לשחק, להתנתק מן הכאן והעכשיו, משקפת דווקא הבנה עמוקה יותר של הקיום.

מקובל היום לומר שהחירות המוחלטת היא להיות מי שאני באמת. אבל אולי חירות היא דווקא להיות מי שאני עדיין לא, להיות מי שהייתי רוצה להיות. אולי חירות אמיתית פירושה לחלום.

הרב אברהם סתיו[123]

פתאום הם נהיו תלמידים

אתם צריכים להבין, כותב ה"אש קודש" במילים **עַד שֶׁבָּאוּ תַלְמִידֵיהֶם וְאָמְרוּ לָהֶם**. "תלמידיהם" זה כל הנושרים, כל הרחוקים. כי באותו היום ממש הוסיף רבי אלעזר בן עזריה 700 ספסלים לבית המדרש. ביום הזה רבן גמליאל הודח מנשיאותו, כי הוא קיבל לבית המדרש רק את מי שתוכו כברו, מי שנראה תלמיד חכם וגם היה תלמיד חכם. מבחני קבלה אליטיסטיים. ואז התמנה רבי אלעזר בן עזריה וקיבל את כולם. התלמידים החדשים האלה מגיעים בבוקר: **רַבּוֹתֵינוּ, הִגִּיעַ זְמַן קְרִיאַת שְׁמַע שֶׁל שַׁחֲרִית!**

איזה אור. איך נהייתם כאלה צדיקים בִּן לילה?

בָּאוּ תַלְמִידֵיהֶם – בִּן ערב הם באו לדרגתם ממש, ה"אש קודש" כותב. התלמידים האלה הגיעו לדרגת המורים שלהם. הם כבר מורים להם הלכות. וזה הכוח של הלילה הזה, לילה של קפיצה ודילוג באהבת ענק.

ימימה, המשפחה שלי כל כך לא רוחנית. קשה לי.

אל תִּתְפַּרְצפי כלפי קרובים שאינם בדרגתך. בערב הזה יש דילוג מדרגות. זה ערב שסגולתו דילוג.

בליל הסדר כולנו ביחד. כי הלילה הזה, הכותרת שלו היא אהבה. דעי לך, כל הלילה הזה את נוסעת בעקבות האהבה. את לוקחת את כל מה שיש לך ונוסעת אל האיש שאוהב אותך;[124] אני נוסעת עכשיו לראות אהבה בעיניים. מי שלא מרגישה בסוף ליל הסדר "יואו, איך ה' אוהב אותי", לא יצאה ידי חובה.[125]

הם אומרים דבר מדהים. על מה נשים דגש – על "יְמֵי חַיֶּיךָ" – **הַיָּמִים?** על "**כֹּל** יְמֵי חַיֶּיךָ" – **הַלֵּילוֹת? לא.** הסיפור הרבה יותר גדול מזה. "**כֹּל** יְמֵי חַיֶּיךָ" – תסתכלי על הסיפור הגדול – **לְהָבִיא לִימוֹת הַמָּשִׁיחַ.**

לא סתם כתוב שהם **מְסַפְּרִים בִּיצִיאַת מִצְרַיִם.** מהו סיפור – זו היכולת, בעיצומו של מצב של עוני, צער, סכנה, לעבור למקום אחר בכלל. בעצם, היכולת לספר לעצמך סיפור היא גאולה, היא רפואה. אדם שנמצא ב"כואב לי כואב לי כואב לי" לא יירפא. בואי, צאי לסיפור אחר, היי בת חורין מהחולי שלך הכואב, כי הסיפור הוא גדול הרבה יותר, ילדה. הרבה, הרבה יותר.

את חושבת שסיפור הוא ריחוף, משל לא רלוונטי, בובע מייסע. אבל זה מעשה אקטיבי, פעולה שמתחוללת בעולם. כשמספרים את סיפור יציאת מצרים בליל הסדר, משהו קורה. זה נראה לא נראה לך קשור למשהו אבל באמת זה מעשה שגואל אותך – בפועל. ובלילה הגדול הזה של הגאולה, הנשמות שלנו יהיו חולות, מאוד. אין מישהי שלא מגיעה עם צער בנפש לליל הסדר. מה הרפואה? ספרי סיפור: פעם היו מכות. **וְהִיא שֶׁעָמְדָה.** והיה כך וכך. **וּמַעֲשֶׂה בְּרַבִּי אֱלִיעֶזֶר וְרַבִּי יְהוֹשֻׁעַ.**

איפה היה אלוקים בעקירה?

קערת ליל הסדר במרכז השולחן והמנהג הוא לעקור (להרים, להגביה) אותה, ולהחזיר אותה למקומה. הרב מוצפי מספר על אביו, הרב סלמאן מוצפי הגדול: **היה עומד ממקומו כאריה, עוקר את הקערה ממקומה ואומר: "חייבים להוציא את הקערה אחרי תחילת ליל הסדר, שישאלו הילדים".**

שימו לב, "לעקור" ו"קערה" – שורש דומה. ולמה בכלל לעקור את הקערה? הרב מוצפי היה עונה: **רמז הוא, שמפתח פרנסה בידי הקב"ה. ובליל הסדר יורדת פרנסה לעולם, מפני שבלילה הזה אוֹצְרוֹת טְלָלִים נִפְתָּחִים** (למחרת ליל הסדר כבר אומרים "מוֹרִיד הַטָּל"[126]). ורוצים להראות **שחס ושלום יכול לעקור מלפני האדם מזונו באחת ולכן, עוקרים הקערה ואחר כך מחזירים אותה באחת** (מייד), **שבלילה זה נגזרת על אדם פרנסה, ויכול הקב"ה להפוך הקערה על פיה.**[127]

קערה – אותיות עקירה; ברגע אחד יכול ה' לעקור מבני האדם את פרנסתם. ואנחנו נעקרנו מהמון־המון דברים בשנה האחרונה. אנשים נעקרו ממקומות עבודה, נעקרו מזוגיות, נעקרו מביטחון, נעקרו מבריאות שהייתה להם.

וכשעוקרים את הקערה של ליל הסדר, זה שלב ראשון בסיפור.

השלב הבא: מחזירים אותה. היא חוזרת לעִיקרהּ.

וזה סיפור האמונה של ליל הסדר.

איפה היה אלוקים בעקירה? שואלים בנים ובנות. הם ראו עקירה בעיניהם, בעקירת יישובי קטיף. האם שאלתם מבטאת כפירה בעיקר? ממש לא. אדרבה, מוציאים את הקערה **כדי שישאלו הילדים**. השאלות האלה נכונות ורצויות.

אלא מה, אנחנו רוצים לומר לבנים: אל תישארו שם, בעקירת הקערה בתחילת ליל הסדר. אִילּוּ הָיָה **שָׁם**, לֹא הָיָה נִגְאָל. הוא פספס את העיקר. הוא הוציא את עצמו מה"כלל" ששמו וְהַכְּלָל וְהָעִקָּר שֶׁלֹּא יִתְפַּחֵד כְּלָל כִּי היי, הקערה הרי תחזור למקום!

אני מקבלת אינספור מיילים, יותר מתמיד, מהורים שאומרים לי "זה לא בן שלישי. זה בן חמישי ובת שביעית. וכבר לא בא להם, והם התרחקו מאוד. שנת הקורונה לקחה מהם את המקומות שלהם ואת הטקסים הרשמיים, בית הכנסת, הישיבה, האולפנה, ועקרה אותם ממקומם. מה אני עושה? אני כל כך רוצה שיהיו יהודים מאמינים".

זו שוועה ענקית של אבות ושל אימהות.

בנקודה הזאת הוא מגיע, ליל הסדר. החת"ם סופר כותב בדרשתו לשבת הגדול: **ואף על פי שכל השנה לא ייכנסו דברי האב באוזני הבן, יש סגולה בערב זה, שייכנסו הדברים לליבו של הבן.**

האמונה בליל הסדר לא נדרשת מהבן. הוא עצמו נעקר מכל העיקר שמילא את חייו. האמונה צריכה להיות **שלכם**, אבא ואימא. תאמינו באמונה שיש בו. **אנחנו מאמינים** רק אם אנחנו **בני מאמינים**, בנים של אנשים שמאמינים שאנחנו בסדר. ושהשאלה היא לא כפירה בעיקר, היא העיקר! עוקרים את הקערה כדי שישאלו התינוקות.

אנחנו צריכים אמון ואמונה בכוחנו להידבר איתם בלילה הזה ולומר להם "תיעקר כבר משם. **אִלּוּ הָיָה שָׁם, לֹא הָיָה נִגְאָל**... וזה נכון, קרו דברים רעים שאין לי יכולת להבין למה או להסביר לך. אבל אני מבקשת ממך, תיעקר משם. בוא איתי הלילה למקום אחר, **לעלמא דְּחֵירוּ**, עולם של חירות. תאמין בשיבה של הקערה למקום. למה נתקעת ברגע ההוא שבו היא נעלמת מהשולחן? בואו נדבר על זה".

נורא, אין לנו בכלל אמון בכוחנו להשיב להם את האמונה! ולכן ההפטרה של שבת הגדול מדהימה; **וְהֵשִׁיב לֵב אָבוֹת עַל בָּנִים.**[128] גם אתם תקועים שם, אבא ואימא, במקום של העקירה של הילד הזה או הילדה הזו. די, וְהֵשִׁיב לֵב אָבוֹת עַל בָּנִים. תשובו להשיב, עד כמה שאתם יכולים, לשאלות שלהם. וההמשך פשוט יקרה: **וְלֵב בָּנִים עַל אֲבוֹתָם.**

הפסקנו להאמין ביכולת שלנו כמחנכים. התחלנו להאמין שכל מה שקורה מסביב, הסלולרי, המסכים, החומרים, הם הזקים ממילה של אימא או של אבא. וזה לא נכון. פשוט לא נכון.

לפעמים אני מקנאה בנשי מצרים. הן האמינו במאה אחוז באימהותן! שלא תחשבו לרגע שהיה להן קל. הרי במצרים האבא שאל שאלה נכונה: "איך את מתכוונת לחנך אותו כאן, בערוות הארץ?" והיא עונה לו: "אני אדע מה לעשות. אני אדע לתת לילד או לילדה הזו אמון ואמונה ביכולתם להיעקר, ולשוב הביתה".

אז... **וְהִגַּדְתָּ.** ספרו להם את הסיפור הזה ואת הסיפור של עצמם.

אל תכפרו בעיקר.

וְהַכְּלָל וְהָעִקָּר שֶׁלֹּא יִתְפַּחֵד כְּלָל.[129]

העיקר זה **שאֵין שׁוּם יֵאוּשׁ בָּעוֹלָם כְּלָל.**[130]

העיקר זה לחכות לסוף הסיפור. כי כשם שעקירה לרעה מסוגלת להתרחש, כך ה' יכול להשיב את הדבר לעיקרו. הנה ילדים, רואים? גם הקערה חזרה.

זה מעיקרי האמונה.

ולהאמין באימהות ובאבהות שלנו. כמה חשוב.

◆◆◆

עֲבָדִים הָיִינוּ לְפַרְעֹה בְּמִצְרָיִם. נכון, היינו! הרבה זמן! וזה היה סופני, לגמרי, מפני שעבד לא משתחרר ממצרים. הוא בעבדות נצחית.

ומה קרה? **וַיּוֹצִיאֵנוּ ה' אֱלֹקֵינוּ מִשָּׁם.** אפשר לצאת, מסתבר. זה אפשרי.

השורה הזאת מחזירה אותנו לתחילת ההגדה: **מִתְּחִלָּה עוֹבְדֵי עֲבוֹדָה זָרָה הָיוּ אֲבוֹתֵינוּ.** נכון, הם היו. אבל עכשיו? **וְעַכְשָׁו, קֵרְבָנוּ הַמָּקוֹם לַעֲבֹדָתוֹ.** מדוע כתוב "עכשיו" על מאורע שהתרחש לפני 3000 שנה?

צריך אדם להבין שעכשיו, ברגע חצות של ליל הסדר, ממש נוטל הקב"ה כל אחד מאיתנו בידו, ומקרבנו לגאולתנו, יכתוב הרב וולבה.

חייב אדם לחשוב שיצא גאול מליל הסדר הזה. את חייבת לחשוב: "אין סיכוי שאני יוצאת מהערב הזה כשם שנכנסתי אליו." וזה קורה עכשיו, עכשיו! איך? בדרך שמעל להיגיון, בדרך של דילוג ופסיחה. ה' מקרבנו לגאולתנו, אבא מגיע אליך הביתה. לא טלפון, לא מייל. אבא בעצמו, הוא ולא אחר.

הרב וולבה הגאון כותב שיבוא יום שבו לתקשורת יהיה כוח־על. אנשים יאמינו לכל מה שיגידו בתקשורת, גם אם זה לא יהיה אמיתי ונכון (כשהוא כתב את הדברים עוד ניגנו תקליטים בפטיפון).

הָעֲבוֹדָה הַזֹּאת לָכֶם

כשאת אומרת "עֲבָדִים הָיִינוּ", בקשי שנדע לספר את הסיפור המשותף לכולנו בעם הזה. שנדע להנחיל אותו לבנינו. שהסיפור הזה יהיה גדול מסך מחלוקותינו.

וכה קורה בליל הסדר – **כָּל הַמַּרְבֶּה לְסַפֵּר בִּיצִיאַת מִצְרַיִם, הֲרֵי זֶה מְשֻׁבָּח.** מַרְבֶּה – לשון ריבוי. בליל הסדר יושבים מיליוני אנשים בכל רחבי העולם ומספרים את אותו הסיפור באותה גרסה. נכון, התקשורת משפיעה על בחירות של אנשים. הנדסת התודעה עובדת ללא הפסקה. אבל אנחנו, עַם שלם בפה נקי, מספרים את אותו הסיפור ולערב הזה יש כוח גדול שבעתיים.[131]

ואנחנו אומרים: היינו בצרות, משועבדים, אהבת אותנו אפילו שלא היינו ראויים. הפלקת לכל האויבים שלנו והוצאת אותנו ברכוש גדול. **פֶּסַח, מַצָּה, וּמָרוֹר!**

המילים הללו ויראליות. כשהן נאמרות בפי מיליוני פיות יש להן השפעה מרחיקת לכת על העולם, יותר מכל אלגוריתם.

בָּרוּךְ

הַמָּקוֹם

בָּרוּךְ

הוּא

בָּרוּךְ

שֶׁנָּתַן תּוֹרָה
לְעַמּוֹ יִשְׂרָאֵל

בָּרוּךְ

הוּא

הָעֲבוֹדָה הַזֹּאת לָכֶם

בָּרוּךְ הַמָּקוֹם, בָּרוּךְ הוּא -
אלוקים נתן לנו במתנה:
בָּרוּךְ שֶׁנָּתַן תּוֹרָה.

אבל הוא נתן עוד דבר גדול ומופלא,
שההגדה מייד ממשיכה אליו:
להביא לעולם ילדים.

בקשי שהמתנה האחת תתקבל
אצל המתנה האחרת.
שלא תהיה גדולה עליהם.

שלא תזדלזל אצלם חלילה.
שיהיו מתנות זה לזה.

כְּנֶגֶד
אַרְבָּעָה בָנִים דִּבְּרָה תוֹרָה

אֶחָד
חָכָם

וְאֶחָד
רָשָׁע

וְאֶחָד
תָּם

וְאֶחָד
שֶׁאֵינוֹ יוֹדֵעַ לִשְׁאֹל

חָכָם

מכילתא דפסחא פרשה יח

מַה הוּא אוֹמֵר

מָה הָעֵדֹת וְהַחֻקִּים וְהַמִּשְׁפָּטִים — דברים ו

אֲשֶׁר צִוָּה יהוה אֱלֹהֵינוּ אֶתְכֶם:

וְאַף אַתָּה אֱמָר לוֹ כְּהִלְכוֹת הַפֶּסַח

אֵין מַפְטִירִין אַחַר הַפֶּסַח אֲפִיקוֹמָן. — פסחים קיט:

רָשָׁע

מַה הוּא אוֹמֵר
מָה הָעֲבֹדָה הַזֹּאת לָכֶם: שמות יב
לָכֶם וְלֹא לוֹ
וּלְפִי שֶׁהוֹצִיא אֶת עַצְמוֹ מִן הַכְּלָל
כָּפַר בָּעִקָּר
וְאַף אַתָּה הַקְהֵה אֶת שִׁנָּיו, וֶאֱמָר לוֹ
בַּעֲבוּר זֶה עָשָׂה יהוה לִי בְּצֵאתִי מִמִּצְרָיִם: שמות יג
לִי וְלֹא לוֹ
אִלּוּ הָיָה שָׁם, לֹא הָיָה נִגְאָל.

תָּם

מַה הוּא אוֹמֵר
מַה־זֹּאת
וְאָמַרְתָּ אֵלָיו
בְּחֹזֶק יָד הוֹצִיאָנוּ יהוה מִמִּצְרַיִם מִבֵּית עֲבָדִים: שמות יג

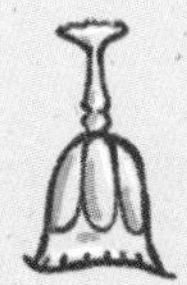

וְשֶׁאֵינוֹ יוֹדֵעַ לִשְׁאוֹל

אַתְּ פְּתַח לוֹ
שֶׁנֶּאֱמַר
וְהִגַּדְתָּ לְבִנְךָ בַּיּוֹם הַהוּא לֵאמֹר שמות יג
בַּעֲבוּר זֶה עָשָׂה יהוה לִי בְּצֵאתִי מִמִּצְרָיִם:

ארבעת הבנים

מפגש הורים וילדים

אי־אפשר לדבר על מפגש הורים וילדים בלי רבי נחמן.

מעשה מרב ובן יחיד

מַעֲשֶׂה בְּרַב אֶחָד, שֶׁלֹּא הָיָה לוֹ בָּנִים. אַחַר כָּךְ הָיָה לוֹ בֵּן יָחִיד וְגִדֵּל אוֹתוֹ וְהִשִּׂיא אוֹתוֹ, וְהָיָה יוֹשֵׁב בָּעֲלִיָּה וְלָמֵד כְּדֶרֶךְ אֵצֶל הַגְּבִירִים, וְהָיָה לוֹמֵד וּמִתְפַּלֵּל תָּמִיד, רַק שֶׁהָיָה מַרְגִּישׁ בְּעַצְמוֹ שֶׁחָסֵר לוֹ אֵיזֶה חִסָּרוֹן, וְאֵינוֹ יוֹדֵעַ מַהוּ, וְלֹא הָיָה מַרְגִּישׁ טַעַם בְּלִמּוּדוֹ וּבִתְפִלָּתוֹ וְסִפֵּר לִפְנֵי שְׁנֵי אֲנָשִׁים בְּנֵי הַנְּעוּרִים, וְנָתְנוּ לוֹ עֵצָה שֶׁיִּסַּע לְאוֹתוֹ צַדִּיק וְאוֹתוֹ בֵּן הַנַּ"ל עָשָׂה מִצְוָה שֶׁבָּא עַל יָדָהּ לִבְחִינַת מָאוֹר הַקָּטָן.

וְהָלַךְ אוֹתוֹ הַבֵּן יָחִיד וְסִפֵּר לְאָבִיו, בַּאֲשֶׁר שֶׁאֵינוֹ מַרְגִּישׁ טַעַם בַּעֲבוֹדָתוֹ כַּנַּ"ל וְחָסֵר לוֹ, וְאֵינוֹ יוֹדֵעַ מַהוּ בְּכֵן הוּא רוֹצֶה לִנְסֹעַ לְאוֹתוֹ צַדִּיק. וְהֵשִׁיב לוֹ אָבִיו: אֵיךְ אַתָּה בָּא לִנְסֹעַ אֵלָיו? הֲלֹא אַתָּה לַמְדָן יוֹתֵר מִמֶּנּוּ וּמְיֻחָס יוֹתֵר מִמֶּנּוּ? לֹא נָאֶה לְךָ לִנְסֹעַ אֵלָיו, כַּלֵּךְ מִדֶּרֶךְ זוֹ! עַד שֶׁמָּנַע אוֹתוֹ לִנְסֹעַ. וְחָזַר לְלִמּוּדוֹ וְשׁוּב הִרְגִּישׁ חִסָּרוֹן כַּנַּ"ל, וְהִתְיַעֵץ שׁוּב עִם אוֹתָן הָאֲנָשִׁים הַנַּ"ל, וְיָעֲצוּ אוֹתוֹ כְּמִקֹּדֶם לִנְסֹעַ לְהַצַּדִּיק,

וְשׁוּב הָלַךְ לְאָבִיו, וְהִטָּה אוֹתוֹ אָבִיו וּמָנַע אוֹתוֹ כַּנַּ"ל וְכֵן הָיָה כַּמָּה פְּעָמִים וְהַבֵּן הַנַּ"ל הָיָה מַרְגִּישׁ שֶׁחָסֵר לוֹ, וְהָיָה מִתְגַּעְגֵּעַ מְאֹד לְמַלְּאוֹת חֶסְרוֹנוֹ, וְלֹא יָדַע מַהוּ כַּנַּ"ל, וּבָא עוֹד לְאָבִיו וְהִפְצִיר בּוֹ, עַד שֶׁהֻכְרַח אָבִיו לִנְסֹעַ עִמּוֹ, כִּי לֹא רָצָה לְהַנִּיחַ אוֹתוֹ לִנְסֹעַ לְבַדּוֹ, מֵחֲמַת שֶׁהָיָה בֵּן יָחִיד.

וְאָמַר לוֹ אָבִיו: הֲלֹא תִּרְאֶה שֶׁאֶסַּע עִמְּךָ, וְאַרְאֶה לְךָ שֶׁאֵין בּוֹ מַמָּשׁ. וְאָסְרוּ הַמֶּרְכָּבָה וְנָסְעוּ אָמַר לוֹ אָבִיו: בָּזֶה אֲנַסֶּה: אִם יִתְנַהֵג כְּסֵדֶר, הוּא מִן הַשָּׁמַיִם, וְאִם לָאו – אֵינוֹ מִן הַשָּׁמַיִם, וְנַחֲזוֹר.

וְנָסְעוּ וּבָאוּ אֶל גֶּשֶׁר קָטָן, וְנָפַל סוּס אֶחָד, וְהַמֶּרְכָּבָה נִתְהַפְּכָה וּכְמְעַט נִטְבְּעוּ אָמַר לוֹ אָבִיו: רְאֵה שֶׁאֵינוֹ מִתְנַהֵג כְּסֵדֶר, וְאֵין הַנְּסִיעָה מִן הַשָּׁמַיִם, וְחָזְרוּ.

וְחָזַר הַבֵּן לְלִמּוּדוֹ, וְשׁוּב רָאָה הַחִסָּרוֹן שֶׁחָסֵר לוֹ וְאֵינוֹ יוֹדֵעַ וְחָזַר וְהִפְצִיר בְּאָבִיו כַּנַּ"ל, וְהֻכְרַח לִנְסֹעַ עִמּוֹ שֵׁנִית [...] וְנִשְׁבְּרוּ שְׁנֵי הַיָּדוֹת, וְאָמַר לוֹ אָבִיו: רְאֵה שֶׁאֵינוֹ מִתְנַהֵג לָנוּ לִנְסֹעַ, כִּי הַאִם זֶה דֶּרֶךְ הַטֶּבַע, שֶׁיִּשְׁתַּבְּרוּ שְׁנֵי הָאַקְסִין? וְכַמָּה פְּעָמִים שֶׁנָּסְעוּ עִם הַמֶּרְכָּבָה הַזֹּאת, וְלֹא נִזְדַּמֵּן כָּזֹאת, וְחָזְרוּ.

ושוב הבן מרגיש חסר נורא. ושוב מפציר באביו ושוב הם נוסעים לצדיק ושוב יש מניעות וניסיונות בדרך. ושוב האב מחזיר אותם הביתה.

וְנִפְטַר אוֹתוֹ הַבֵּן, וּבָא בַּחֲלוֹם לְהָרַב הַנַּ"ל אָבִיו, וְרָאָה אוֹתוֹ שֶׁהָיָה עוֹמֵד בְּכַעַס גָּדוֹל וְשָׁאַל אוֹתוֹ: לָמָּה אַתָּה בְּכַעַס כָּל כָּךְ? וְהֵשִׁיב לוֹ שֶׁיִּסַּע לְאוֹתוֹ הַצַּדִּיק הַנַּ"ל (שֶׁרָצָה לִנְסֹעַ עִם בְּנוֹ אֵלָיו כַּנַּ"ל), וְהוּא יַגִּיד לְךָ עַל מָה אֲנִי בְּכַעַס.

שלוש פעמים חזר החלום הזה עד שהאבא הבין: הֲלֹא דָּבָר הוּא! וְנָסַע לְשָׁם. ובדרך הוא פוגש בסוחר שפגשו באחת הנסיעות הקודמות. הֲלֹא אַתָּה הוּא שֶׁרְאִיתִיךָ בְּאוֹתוֹ הַקְּרֶעטְשְׁמֶע?

וְהֵשִׁיב לוֹ: בְּוַדַּאי רָאִיתָ אוֹתִי! וּפָתַח פִּיו וְאָמַר לוֹ: אִם תִּרְצֶה, אֶהְיֶה בּוֹלֵעַ אוֹתְךָ.

אָמַר לוֹ: מָה אַתָּה מְדַבֵּר?

הֵשִׁיב לוֹ: זָכוּר אַתָּה, כְּשֶׁנָּסַעְתָּ עִם בִּנְךָ וּבַתְּחִלָּה נָפַל סוּס עַל הַגֶּשֶׁר וְחָזַרְתָּ אַחַר כָּךְ נִשְׁבְּרוּ הָאַקְסִין, אַחַר כָּךְ פָּגַעְתָּ בִּי, וְאָמַרְתִּי לְךָ שֶׁהוּא קַל. וּמֵאַחַר שֶׁפָּטַרְתִּי אוֹתוֹ, אֶת בִּנְךָ, עַכְשָׁו אַתָּה רַשַּׁאי לִנְסֹעַ, כִּי הוּא הָיָה בִּבְחִינַת מָאוֹר הַקָּטָן, וְהַצַּדִּיק הַנַּ"ל הוּא בִּבְחִינַת מָאוֹר הַגָּדוֹל, וְאִם הָיוּ מִתְוַעֲדִים יַחַד, הָיָה בָּא מָשִׁיחַ; וְכֵיוָן שֶׁפָּטַרְתִּי אוֹתוֹ, אַתָּה רַשַּׁאי לִנְסֹעַ.

וּבְתוֹךְ דְּבָרָיו נֶעֱלַם, וְלֹא הָיָה לוֹ עִם מִי לְדַבֵּר וְנָסַע הָרַב אֶל הַצַּדִּיק וְצָעַק: חֲבָל! חֲבָל! חֲבָל עַל דְּאָבְדִין וְלָא מִשְׁתַּכְּחִין!

הַשֵּׁם יִתְבָּרֵךְ יָשִׁיב נִדָּחֵינוּ בְּקָרוֹב, אָמֵן:[132]

"מעשה מרב ובן" – עצם הכותרת מעלה שאלה. למה **רב** ובן? זה הרי אבא, ויש לו בן! ולמעשה, זו טעות הורית נפוצה כל כך. צריך להיות אב ובן. אף פעם לא להיות רב לפני שאתה אב.

ואתה, הבן, למה אבא לא יכול להיות, ולו קצת, המאור הגדול שלך? מתי תיפגשו? האם תחכו, חלילה, למות אחד מכם כדי להיפגש?

הזהות הזאת, המפגש הזה, הלילה הזה

אני לא מכירה עוד טקסט שיש בו כל כך הרבה פעמים שאלה של "זה" ושל זהות כמו ההגדה:

מָה הָעֲבוֹדָה הַזֹּאת לָכֶם? ישאל הבן הרשע.

בַּעֲבוּר זֶה, אנחנו עונים לו.

התם ישאל: **מַה זֹּאת?**

והציווי: **כָּל שֶׁלֹּא אָמַר שְׁלֹשָׁה דְּבָרִים אֵלּוּ...**

מַצָּה זוֹ!

מָרוֹר זֶה!

הַלַּיְלָה הַזֶּה. הַלַּיְלָה הַזֶּה!

אנחנו באמת סובבים סביב הזהות הזאת, העלומה הזאת.

וזה ה־מפגש של הערב הזה. אנחנו נפגשים עם האישה הזאת ועם האיש הזה ועם הילד הזה ועִם הָעָם הזה ועם האמונה הזאת. תעודת הזהות נכתבת לאט־לאט בליל הסדר.

הפרי צדיק יאמר: כשהורים מתייאשים מהילד שלהם, הם מביאים אותו לזקני העיר ואומרים "**בְּנֵנוּ זֶה סוֹרֵר וּמֹרֶה**". איך זה קרה? והתשובה: כי **אֵינֶנּוּ שֹׁמֵעַ בְּקוֹל אָבִיו וּבְקוֹל אִמּוֹ**[133] בליל הסדר, באומרם לו "מָרוֹר זֶה, מַצָּה זוֹ".

בְּנֵנוּ *זֶה* אֵינֶנּוּ שֹׁמֵעַ, מעולם לא השמיעו לו בשימת לב אישית את הזהות שלו, את המקום שהוא היה בו, את המקום שהוא נאבק בו, את המקום שהוא יגיע אליו. איש לא הצביע והראה לו: פסח, מצה ומרור.

בן סורר ומורה – מה פירוש מורה? רבי נחמן מברסלב אומר: הוא נמצא בהיכלי התמורות. הוא ממיר את הטוב ברע. הזהות שלו לא ברורה.

ומה קורה לו – **הוֹצִיא אֶת עַצְמוֹ מִן הַכְּלָל**. הכאב שלו כל כך כואב לו.

ילדים זה כואב

בואו ננסה להבין את "זה".

אז קודם כול, זו אמירה: אבא אימא, תהיו רלוונטיים! זה לא המרור ההוא, המצה ההיא, הפסח ההוא. לא. פסח *זֶה*, כַּצָּה *זוֹ*. זה עכשיו, זה פה, זה אקטואלי. איפה חוויתם השנה את המרור? איפה חוויתם את המצה (המאבק במרור ובקושי)? בזמני הבידוד והקושי או החולי? ואיזה "פסח", איזו גאולה לדעתכם קיבלנו מהשנה הזו?

ההגדרה של שלושת אלה היא הגדרת הזהות היהודית. **כָּל שֶׁלֹּא אָמַר שְׁלֹשָׁה דְבָרִים אֵלּוּ, לֹא יָצָא יְדֵי חוֹבָתוֹ**.

כשהגדרת המרור תהיה: הוראה שאדם לא מסוגל לעמוד בה. היא מנוגדת לציווי תורני או מוסרי והיא מעל לכוחותיו הגופניים או הנפשיים. זו הגדרת המרור.

כך, למשל, יסבירו חז"ל עבודות גברים שמוטלות על נשים, ולא פחות נורא מהן – עבודות נשים שמוטלות על גברים. טשטוש זהות מכוון.

מצה – היכולת של אדם להיאבק ברוע. מצב הביניים הזה. תמיד נחמיץ משהו, זה לא יהיה שלם, אבל אנחנו נפגין איזושהי יכולת מול הרוע. והמצה תתבטא בעשייה שהיא שלי. אז זה לא יהיה לחם מופלא וזה לא יהיה תפוח כשם שרציתי, אבל זה שלי. וזה המיצוי של כוחותיי כרגע, המצה הזו. ואני אוהבת אותה. ומשארותיה צרורות בשמלותיי. וזה כרגע מה שאני יכולה לעשות כדי להיחלץ מהצער הגדול הזה. וזה הרבה, כי זה שלי. בדיוק מה שרצו לנשל ממני – הגוף שלך לא שלך. הנפש שלך בשליטה זרה. זהו שלא. אז אולי היא דקה ופריכה ושבירה, אבל היא שלי.

פסח – המשמעות של הגאולה תהיה קִרבה; "אין לו קרוב ולא גואל".[134] **קָרְבָה אֶל נַפְשִׁי גְאָלָהּ.**[135] פסח יהיה מפגש. פסח יהיה מה שקראנו לו כילדים "חבורה" במלעיל או, בתורה, "חבורה". הפסח צריך להיאכל בחבורה. שוב, השאלה שמרחפת מעל ליל הסדר כולו: האם ניפגש? האם נהיה אמיצים דיינו להיפגש?

האם ניפגש עם הילדים שלנו?

ומי אמר שזה קל. ההגדה אומרת כאן דבר חשוב כל כך: **כְּנֶגֶד אַרְבָּעָה בָנִים דִּבְּרָה תוֹרָה. אֶחָד רָשָׁע.** יש דבר כזה. ובבקשה, אי־אפשר להגיע לאלימות שאומרת "תכילי. תכילו. מכילים. מכילות". זה קשה לפעמים. ילדים זה כואב, מאוד, לפעמים. ואם אומרים לנו **קָשָׁה תַּרְבּוּת רָעָה בְּתוֹךְ בֵּיתוֹ שֶׁל אָדָם יוֹתֵר מִמִּלְחֶמֶת גּוֹג וּמָגוֹג**,[136] אל תהיו לי דמגוגים עכשיו. אל תניפו את הדגל הלפעמים־אלים, שאומר "זה הבן שלך, זו הבת שלך" (אני הראשונה להניף את הדגל הזה, אני יודעת). אל תניפו אותו כשאתם מדברים רק על הכאב של הנער או הנערה. כואב לאימא וכואב לאבא, מאוד! מאוד!

ולכן זה הרואי לשבת מולו ולהגיד לו, ולענות לו, ולנסות להקהות את שיניו, להקהות קצת את העוקץ – לא כדי לנקום בו, אלא כדי שלא להיפצע בעצמנו, כי אנחנו נשוכים, לפעמים. וזה כואב, ותגידו את זה, כי ההגדה מגידה את זה באומץ. תגידו את זה גם בבקשה: זה כואב! ילדים זה כואב.

זה כואב! ילדים זה כואב.

ורק אחרי שהכרנו בכאבכם, אבא ואימא, אפשר לומר לכם: תכילו. עכשיו תכילו.

זה כל כך חשוב לי. וברחימו ודחילו, תכילו.

למה? כי כואב לו. וכואב לה. אז בואו נדבר, בואו ניפגש.

ושוב נבין ש"לא אתם ילדתם אותו ככה אז תשאו באחריות". זו לא היולדת אשמה; זו המיילדת.

◆◆◆

בסיפורי מעשיות ניגאל

סיפורי רבי נחמן

מעשה בבן מלך ובן שפחה שנתחלפו

בואו נעבור לאחד הסיפורים החזקים ביותר של רבי נחמן, "מעשה בבן מלך ובן שפחה, שנתחלפו". זה בדיוק אנחנו.

מה הסוגיה הלוהטת שמאתגרת את הדור? שאלות של זהות: מי אני? מה אני? למה באתי לפה ולאן אני הולכת? הֵיכָן אֲנִי בָּעוֹלָם? כי שום מפה או ווייז לא יעזרו לך אם לא תדעי איפה את ממוקמת.

מַעֲשֶׂה בְּמֶלֶךְ אֶחָד, שֶׁהָיְתָה שִׁפְחָה אַחַת בְּבֵיתוֹ, שֶׁהָיְתָה מְשַׁמֶּשֶׁת אֶת הַמַּלְכָּה, וְהִגִּיעַ זְמַן לֵדָתָהּ שֶׁל הַמַּלְכָּה. וְגַם הַשִּׁפְחָה הִגִּיעַ זְמַן לֵדָתָהּ בְּאוֹתוֹ הָעֵת וְהָלְכָה הַמְיַלֶּדֶת וְהֶחֱלִיפָה הַוְּלָדוֹת.

למי מאיתנו זה לא קרה. בדור הזה בכל אחד יש חלקים מתחלפים. את כבר לא זוכרת אם את בת שפחה או בת מלך.

בן המלך גדל וכל הזמן לוחשים סביבו: אתה מוחלף. אתה מוחלף. הוא כבר לא בטוח אם הוא בן של מלך או הוא עבד. הוא נופל לתוך שכרות ולתוך זנות, ה׳ ישמור. והוא רץ אחרי בהמות. והוא אפילו לא בטוח אם הוא רץ אחרי משהו או בורח ממשהו.

זו התמה של הסיפור על בן המלך ובן השפחה שהתחלפו. אנחנו אנשים מטושטשי זהות. בני הנוער גדלים בזהות דתית לא ברורה, בזהות מגדרית, אפילו, שאינה ברורה. המצוקה הנוראה בסיפור של רבי נחמן היא השאלה הנצחית שיש לי: האם אני חיה בזהות בדויה? הדתיות שלי אותנטית? הנשיות שלי אותנטית? היהדות שלי? האימהות שלי? או שאני אדם זר?

ובסוף הסיפור העקלקל והפתלתל והמהמם הזה, נערכים מבדקים. כי כולם מדברים על כך שהוא בן המלך האמיתי. והנה המבדק:

לקחו אותו לבית וְהֶרְאוּ לוֹ הַכִּסֵּא. וְרָאָה, שֶׁהוּא גָּבוֹהַּ מְאֹד. וְהִתְבּוֹנֵן, שֶׁזֹּאת הַכִּסֵּא עֲשׂוּיָה מִן הָעֵץ שֶׁל הַתֵּבָה. וְהִסְתַּכֵּל וְרָאָה שֶׁחָסֵר מִן הַכִּסֵּא לְמַעְלָה אֵיזֶה שׁוֹשַׁנָּה, וְאִם הָיָה לְהַכִּסֵּא זֹאת הַשּׁוֹשַׁנָּה, הָיָה לָהּ הַכֹּחַ שֶׁיֵּשׁ לְהַתֵּבָה (הַיְנוּ, שֶׁהָיָה לָהּ כֹּחַ לְנַגֵּן כְּשֶׁהָיוּ מַנִּיחִין אוֹתָהּ עַל אֵיזֶה מִין חַיָּה אוֹ בְּהֵמָה אוֹ עוֹף). וְהִסְתַּכֵּל יוֹתֵר וְרָאָה שֶׁזֹּאת הַשּׁוֹשַׁנָּה, מֻנַּחַת לְמַטָּה בַּכִּסֵּא וּצְרִיכִין לִקַּח אוֹתָהּ מִשָּׁם וּלְהַנִּיחָהּ לְמַעְלָה וַאֲזַי יִהְיֶה לְהַכִּסֵּא הַכֹּחַ שֶׁל הַתֵּבָה. וְכֵן הַמִּטָּה הֵבִין, שֶׁצְּרִיכִין לְנַתְּקָהּ קְצָת מִן הַמָּקוֹם שֶׁעוֹמֶדֶת. וְכֵן הַשֻּׁלְחָן, צְרִיכִין גַּם כֵּן לְנַתְּקוֹ קְצָת, לְשַׁנּוֹת מְקוֹמָם קְצָת. וְכֵן הַמְּנוֹרָה, צְרִיכִין גַּם כֵּן לְנַתְּקָהּ קְצָת מִמְּקוֹמָהּ. וְכֵן הָעוֹפוֹת וְהַחַיּוֹת, צְרִיכִין גַּם כֵּן לְשַׁנּוֹתָם כֻּלָּם מִמְּקוֹמָם. כִּי הַמֶּלֶךְ עָשָׂה הַכֹּל בְּעָרְמָה וּבְחָכְמָה, בְּאֹפֶן שֶׁלֹּא יָבִין שׁוּם אָדָם. עַד שֶׁיָּבוֹא הֶחָכָם, שֶׁיּוּכַל לְהִתְבּוֹנֵן לְסַדְּרָם כָּרָאוּי.

שוב הסדר! איתו פתחנו את ההגדה והנה שוב אנחנו בסדר הכל כך נחוץ הזה. כאן הוא מופיע, חג הפסח, שלאט־לאט יחדד את הזהות שלנו.

וְצִוָּה את בן המלך האמיתי לְסַדֵּר הַכֹּל כָּרָאוּי, לִקַּח הַשּׁוֹשַׁנָּה מִלְּמַטָּה וּלְתָחְבָהּ לְמַעְלָה, וְכֵן כָּל הַדְּבָרִים לְסַדֵּר כֻּלָּם בְּסֵדֶר הָרָאוּי, וְאָז הִתְחִילוּ כֻּלָּם לְנַגֵּן נִגּוּן הַנִּפְלָא מְאֹד, וְאָז נָתְנוּ לוֹ הַמְּלוּכָה. עָנָה וְאָמַר הַבֶּן מֶלֶךְ הָאֱמֶת, שֶׁנַּעֲשָׂה עַתָּה מֶלֶךְ, אֶל בֶּן הַשִּׁפְחָה הָאֱמֶת: עַתָּה אֲנִי מֵבִין, שֶׁאֲנִי בֶּן הַמֶּלֶךְ בֶּאֱמֶת, וְאַתָּה בֶּן הַשִּׁפְחָה בֶּאֱמֶת![137]

יום אחד הילד הזה, אחרי מסלול כל כך מבעית, יגלה שהוא יודע להרים שושנים מהרצפה. הוא יגלה שהוא יודע איך עושים ליל סדר בעצמו, כשהוא באיזה טרק רחוק בהודו עם חברים זרים. רגע, איך אני יודע את זה? שְׁתַלְתֶּם נִגּוּנִים בִּי, אִמִּי וְאָבִי.[138] אני יודע לסדר את החג הזה, פחות או יותר. אני מחובר. אני אהוב. הוא כנראה אוהב אותי, האיש הזה,[139] אבא. היא כנראה עשתה מה שהיא יכולה, אימא.

כשבסוף הסיפור בן המלך מבין את זהותו, הוא לא אומר "סוף סוף אני יודע מי אני". הוא אומר: "עכשיו אני מבין בן של מי אני". זו הצדעה גדולה לכיסא הריק בחייו, כיסא של אבא, כיסא של אימא.

אז לדבר איתם, עם הילדים. אַתְּ פְּתַח לוֹ. לדובב אותם. שולחן ליל הסדר הוא המקום. הלב פתוח ואתם יכולים, אבא ואימא. והכי חשוב, לתת להם את תורת השלבים. יש מרור, ילדים. ואחריו מאבק, מצה ומריבה. ואין שלא יהיה גם פסח, גאולה.

זה גאוני מצד חז"ל. הרי כל עולם המשחקים הדיגיטליים מבוסס על "עברתי שלב, יש! עברתי שלב!". מסתבר שזה לא מדויק שהדור קצר רוח ולא מסוגל לחכות, אלא שהשלב הבא רק צריך להיות מספיק יפה ומעניין. דברו עם הילדים שלכם, הם מבינים בתורת השלבים.

כשאי־אפשר לסבול עוד

הוא הוֹצִיא אֶת עַצְמוֹ מִן הַכְּלָל, הילד הזה. והילדה הוציאה את עצמה. הם לא יכולים לסבול עוד. למי זה לא קרה.

וההגדה מבקשת: תזכרי שהסיפור שלך הוא לא חזות הכול. תזכרי שאת חלק מסיפור ענק. אל תוציאי עצמך מן הכלל. **לְפִי שֶׁהוֹצִיא אֶת עַצְמוֹ מִן הַכְּלָל, כָּפַר בְּעִקָּר**. מה הכלל? והכלל והעיקר, לא לפחד כלל. אם תסתכלי על החיים שלך בלבד, איך לא תפחדי?

תברחי מהסיפור שלך. תחברי את עצמך לכלל, בכוח. בליל הסדר תתפללי תפילות גדולות: גאולה! משיח! כשאת חלק מסיפור גדול, אז **בְּדָמַיִךְ חֲיִי**.

תפילות ענקיות בערב הזה הן חשובות כל כך. אנחנו זקוקות לך.

תפילה על הילדים והילדות

כל מה שאת עושה בליל הסדר הוא בגדר "**וְהִגַּדְתָּ לְבִנְךָ**". זה לילדים שלך, ולילדים שיהיו לך, ולעצמך.

הרב אלימלך בידרמן נותן לנו תפילה על הילדים והילדות:

כעת הוא הזמן לבקש עבור הילדים. ואפשר לפעול ולהמשיך עבורם דברים נפלאים: שיהיה לילדים כוחות עזר וסיוע להיות שמורים בקדושה וטהרה. שיזכו להילחם ולהיאבק ולהתגבר על כל הקשיים והניסיונות של שער החמישים של עקבתא דמשיחא. ושיקויים בהם "אַתָּה ה' תִּשְׁמְרֵם", שיהיו שמורים ברוחניות ובגשמיות, הבנים והבנות, ויצליחו בתכלית השלמות בכל העניינים.

אנחנו מגדלים דור, שלא ניתנו לנו הכלים מבית אבא ואימא להבין את הניסיונות שהוא עובר. עבורי זו המשמעות של "ליל שימורים"; **אַתָּה, ה', תִּשְׁמְרֵם תִּצְּרֶנּוּ מִן הַדּוֹר זוּ לְעוֹלָם**.[140] בליל שימורים את מבקשת שהשומר הגדול ישמור אותם מדברים שאנחנו אפילו לא יודעות וגם הם לא יודעים שצריך להישמר מהם.

אֶחָד

לכל מילה בהגדה יש כוח מנקה. כל מילה מחזירה את העולם לעצמו הבראשיתי, המיושר.

שימו לב למילה "אחד", איך היא מככבת בליל הסדר. **כְּנֶגֶד אַרְבָּעָה בָנִים דִּבְּרָה תוֹרָה: אֶחָד חָכָם, וְאֶחָד רָשָׁע, וְאֶחָד תָּם, וְאֶחָד שֶׁאֵינוֹ יוֹדֵעַ לִשְׁאוֹל.**

כך, אומר הרבי מרוז'ין, אם יש בן "רשע" (אין. אבל הילד שמדאיג אותך), אז במילה "אחד" תכוונו על הילד הזה. כשהוא ישאל בחוכמתו: **מָה הָעֵדֹת? וְהַחֻקִּים? וְהַמִּשְׁפָּטִים?** אפשר קצת סדר בבקשה?[141] אז אתם תרגיעו אותו: אחד. אחד. הכול סיפור אחד. ואתה יודע מה – גם אתה ילד אחד, מרובה פנים. זה לא שאתה או רשע, או תם. יש לך רגעים שאתה חכם, רגעים שאתה אינך יודע לשאול... והכול אחד. זה סיפור אחד גדול, חכה, אנחנו נצא מזה וטוב שאתה שואל, כי השאלה שלך היא חירות.

וזה לא שהחזק שורד. זה **חַד גַּדְיָא חַד גַּדְיָא**, אותו גדי מההתחלה ועד הסוף. אל תיתן לחתול ולכלב ולמים ולאש ואפילו לשוחט לבלבל אותך. וכשנראה שכל כך הרבה מאורעות מתרחשים, אחד גרוע מהשני, מבהיל יותר מהשני, תזכור שזה סיפור אחד; **אֶחָד מִי יוֹדֵעַ? אֶחָד אֲנִי יוֹדֵעַ – שְׁמַע יִשְׂרָאֵל ה' אֱלֹקֵינוּ ה' אֶחָד.**

מכילתא
מסכתא דפסחא
פרשה יז

וְהִגַּדְתָּ לְבִנְךָ יָכוֹל מֵרֹאשׁ חֹדֶשׁ
תַּלְמוּד לוֹמַר: בַּיּוֹם הַהוּא
אִי בַּיּוֹם הַהוּא יָכוֹל מִבְּעוֹד יוֹם
תַּלְמוּד לוֹמַר: בַּעֲבוּר זֶה
בַּעֲבוּר זֶה לֹא אָמַרְתִּי
אֶלָּא בְּשָׁעָה שֶׁיֵּשׁ מַצָּה וּמָרוֹר מֻנָּחִים לְפָנֶיךָ.

מִתְּחִלָּה

עוֹבְדֵי עֲבוֹדָה זָרָה הָיוּ אֲבוֹתֵינוּ

וְעַכְשָׁו

קֵרְבָנוּ הַמָּקוֹם לַעֲבוֹדָתוֹ

שֶׁנֶּאֱמַר

וַיֹּאמֶר יְהוֹשֻׁעַ אֶל־כָּל־הָעָם יהושע כד
כֹּה־אָמַר יהוה אֱלֹהֵי יִשְׂרָאֵל
בְּעֵבֶר הַנָּהָר יָשְׁבוּ אֲבוֹתֵיכֶם מֵעוֹלָם
תֶּרַח אֲבִי אַבְרָהָם וַאֲבִי נָחוֹר
וַיַּעַבְדוּ אֱלֹהִים אֲחֵרִים:
וָאֶקַּח אֶת־אֲבִיכֶם אֶת־אַבְרָהָם מֵעֵבֶר הַנָּהָר
וָאוֹלֵךְ אוֹתוֹ בְּכָל־אֶרֶץ כְּנָעַן
וָאַרְבֶּ אֶת־זַרְעוֹ, וָאֶתֶּן־לוֹ אֶת־יִצְחָק:
וָאֶתֵּן לְיִצְחָק אֶת־יַעֲקֹב וְאֶת־עֵשָׂו
וָאֶתֵּן לְעֵשָׂו אֶת־הַר שֵׂעִיר לָרֶשֶׁת אוֹתוֹ
וְיַעֲקֹב וּבָנָיו יָרְדוּ מִצְרָיִם:

הָעֲבוֹדָה
הַזֹּאת לָכֶם

המשנה במסכת פסחים אומרת:
מַתְחִיל בִּגְנוּת וּמְסַיֵּם בְּשֶׁבַח.[142]

בקשי שהגנות בחייך –
תמיד תתבהר לשבח מופלא.
שֶׁלַּיְלָה כַּיּוֹם יָאִיר.[143]

בָּרוּךְ שׁוֹמֵר הַבְטָחָתוֹ לְיִשְׂרָאֵל
בָּרוּךְ הוּא

שֶׁהַקָּדוֹשׁ בָּרוּךְ הוּא חִשַּׁב אֶת הַקֵּץ
לַעֲשׂוֹת כְּמָה שֶׁאָמַר לְאַבְרָהָם אָבִינוּ
בִּבְרִית בֵּין הַבְּתָרִים
שֶׁנֶּאֱמַר
וַיֹּאמֶר לְאַבְרָם יָדֹעַ תֵּדַע בראשית טו
כִּי־גֵר יִהְיֶה זַרְעֲךָ בְּאֶרֶץ לֹא לָהֶם
וַעֲבָדוּם וְעִנּוּ אֹתָם אַרְבַּע מֵאוֹת שָׁנָה:
וְגַם אֶת־הַגּוֹי אֲשֶׁר יַעֲבֹדוּ דָּן אָנֹכִי
וְאַחֲרֵי־כֵן יֵצְאוּ בִּרְכֻשׁ גָּדוֹל:

הָעֲבוֹדָה הַזֹּאת לָכֶם

בָּרוּךְ שׁוֹמֵר הַבְטָחָתוֹ לְיִשְׂרָאֵל, בָּרוּךְ הוּא - מי ישמור הבטחה אם לא הוא?! לפעמים האמונה הזאת בשמירת ההבטחה של הקב"ה מתערערת אצלנו. בקשי לזכור שהוא שומר לנו טוב מופלא. **לֹא אִישׁ אֵ־ל וִיכַזֵּב.**[144]

מכסה את המצות, אוחז את הכוס ואומר:

וְהִיא

שֶׁעָמְדָה לַאֲבוֹתֵינוּ וְלָנוּ
שֶׁלֹּא אֶחָד בִּלְבָד עָמַד עָלֵינוּ לְכַלּוֹתֵנוּ
אֶלָּא שֶׁבְּכָל דּוֹר וָדוֹר
עוֹמְדִים עָלֵינוּ לְכַלּוֹתֵנוּ

וְהַקָּדוֹשׁ בָּרוּךְ הוּא מַצִּילֵנוּ מִיָּדָם

מניח את הכוס ומגלה את המצות.

הָעֲבוֹדָה הַזֹּאת לָכֶם

וְהִיא שֶׁעָמְדָה – בקשי כוח עמידה מאבותינו, אלינו. **ואין עמידה אלא תפילה.**[145] **הַיָּדַיִם יְדֵי עֵשָׂו** אבל **הַקּוֹל,**[146] קול התפילה, הוא הכול. בקשי עכשיו כוח תפילה.

וְהִגַּדְתָּ

מעשה מביטחון

עָנָה וְאָמַר, עוֹד סִפַּרְתִּי מַעֲשֶׂה מִבִּטָּחוֹן וְזוֹ הִיא:

מֶלֶךְ אֶחָד אָמַר בְּלִבּוֹ: האם יש בממלכה שלי אנשים מאושרים? **מִי יִמְצָא שֶׁלֹּא יִהְיוּ לוֹ לִדְאֹג יוֹתֵר מִמֶּנִּי, כִּי יֵשׁ לִי כָּל טוּב וַאֲנִי מֶלֶךְ וּמוֹשֵׁל?**

הוא יוצא ומטייל בממלכתו ומציץ לתוך הבתים. פה רבים, פה צועקים, פה דואגים... **וְהָיָה שׁוֹמֵעַ דַּאֲגוֹת כָּל אֶחָד.**

רק בבית אחד מט לנפול הוא מגלה זוג יוצא דופן. האיש מנגן בכינור, יין ומאכלים על השולחן והשמחה במעונם.

מֵאַיִן אַתָּה לוֹקֵחַ כָּל זֹאת? שואל המלך.

אני מתקן דברים שבורים, עונה האיש. בכסף שאני מרוויח, **וּכְשֶׁאֲנִי מְקַבֵּץ מִזֶּה אֵיזֶה סַךְ חֲמִשָּׁה־שִׁשָּׁה זְהוּבִים, אֲנִי קוֹנֶה לִי כָּל אֵלּוּ הַדְּבָרִים שֶׁל אֲכִילָה וּשְׁתִיָּה** ואנחנו שמחים ורוקדים.

כְּשֶׁשָּׁמַע הַמֶּלֶךְ זֹאת, אָמַר בְּלִבּוֹ: אֲקַלְקֵל לוֹ זֹאת. למחרת יוצא כרוז בממלכה: "אין לתקן דברים שבורים בממלכה שלנו".

בערב שוב המלך מגיע לבקתה הדולפת ורואה שולחן מלא כל טוב ואיש ואישה שמחים.

מֵאַיִן אַתָּה לוֹקֵחַ זֹאת, כִּי זֶה צָרִיךְ לְהוֹצִיא עָלָיו מָמוֹן?

וְהֵשִׁיב לוֹ, דַּרְכִּי הָיָה לְתַקֵּן כָּל הַדְּבָרִים שֶׁנִּתְקַלְקְלוּ וְאַחַר כָּךְ גָּזַר הַמֶּלֶךְ שֶׁלֹּא לִתֵּן עוֹד לְשׁוּם אָדָם לְתַקֵּן וְחָטַבְתִּי עֵצִים עַד שֶׁקִּבַּצְתִּי מָמוֹן לָזֶה כַּנַּ"ל.

הָלַךְ הַמֶּלֶךְ מֵאִתּוֹ וְגָזַר שֶׁלֹּא לִתֵּן לְשׁוּם אָדָם לַחְטֹב עֵצִים.

לעת ערב הוא שוב מגיע והם שוב שמחים, האיש והאישה.

"רגע", המלך שואל. "מה עשית עכשיו?"

"ניקיתי דיר", עונה האיש. "זו העבודה שמצאתי לי היום, ובכסף שהרווחתי..."

למחרת יצא צו מטעם המלך, שניקיון דירים הוא מחוץ לחוק. אך באותו ערב, שוב חוזר המחזה על עצמו **וְהַסְּעוּדָה הִיא סְעוּדָה, וְהָיָה שָׂמֵחַ מְאֹד.** "התגייסתי לצבא. אני לוקח את המשכורת היומית וקונה בשר ויין", מסביר גיבור הסיפור. **הָלַךְ הַמֶּלֶךְ וְקָרָא לְהַמִּינִיסְטֶר וְצִוָּה עָלָיו שֶׁלֹּא יָרִים אֶת יָדוֹ לְשַׁלֵּם מֵהַקַּאסֶע (מֵהַקֻּפָּה) לְשׁוּם אָדָם בְּאוֹתוֹ הַיּוֹם.**

המלך לא מבין כיצד לעת ערב שוב השולחן מלא מאכלים והבית שמח. "טוב, מה עכשיו?"

"מכרתי את חרב הברזל של הצבא ובכסף קניתי אוכל".

"אבל אתה חייל, אתה חייב חרב!"

"אני אומן בעץ. **אַחַר כָּךְ, כְּשֶׁאֲקַבֵּל מָעוֹת בְּעַד אוֹתוֹ הַיּוֹם, אֶפְדֶּה וַאֲתַקֵּן אֶת הַחֶרֶב וְלֹא יִהְיֶה נִכָּר כְּלָל, כִּי אֲנִי יָכוֹל לְתַקֵּן כָּל הַדְּבָרִים שֶׁנִּתְקַלְקְלוּ וְלֹא יַגִּיעַ שׁוּם הֶזֵּק לַמֶּלֶךְ**".

למחרת מגיע המפקד ומכריז: "יש כאן מישהו שצריך לערוף את ראשו. בוא אתה, בבקשה, ותחתוך לו את הראש". הוא מזמין את גיבור סיפורנו.

אבל חרבו עשויה עץ. מה יעשה? והוא אומר: "אדוני, אני לא יכול לראות דם, אני לא יכול..."

"בוא, או שאני הורג אותך".

רָאָה שֶׁאִי־אֶפְשָׁר לִפְעֹל אֵצֶל הַמֶּלֶךְ פָּנָה עַצְמוֹ אֶל הַשֵּׁם יִתְבָּרַךְ וְאָמַר: "אֵל שַׁ־דַּי, אֲנִי לֹא שָׁפַכְתִּי דָּם מֵעוֹלָם. וּבְאִם זֶה הָאִישׁ אֵינוֹ חַיָּב מִיתָה, יִהְיֶה נַעֲשָׂה מֵהַבַּרְזֶל - עֵץ!" וְחָטַף הַחֶרֶב וּשְׁלָפָהּ מִתַּעְרָהּ וְרָאוּ הַכֹּל שֶׁהוּא עֵץ וְנַעֲשָׂה שָׁם שְׂחוֹק גָּדוֹל.

והמלך צוחק: "שובב. מהיום, כל יום בשר ויין און דה האוס, עליי".[147]

ביטחון הוא אתגר חיינו. לא אחד בלבד עומד עלינו. גם על היהודי בסיפור בכל יום נגזרת גזרה חדשה. כמוהו, אנחנו צריכות לזכור שבסוף תמיד **הַקָּדוֹשׁ בָּרוּךְ הוּא מַצִּילֵנוּ מִיָּדָם.** גם מהאויבים הגדולים, אבל גם מאתגרי היום־יום.

צֵא וּלְמַד

מַה בִּקֵּשׁ לָבָן הָאֲרַמִּי
לַעֲשׂוֹת לְיַעֲקֹב אָבִינוּ
שֶׁפַּרְעֹה לֹא גָזַר
אֶלָּא עַל הַזְּכָרִים
וְלָבָן בִּקֵּשׁ לַעֲקֹר אֶת הַכֹּל

הָעֲבוֹדָה הַזֹּאת לָכֶם

צֵא וּלְמַד! בקשי שלא להפוך את התורה וסיפוריה לפסיכולוגיה בגרוש.
זו הסיבה שהפסקאות הבאות יספרו סיפור, אך כל פרט בו יגובה מייד בציטוט.

כמה אנחנו אוהבות לשאוב חוכמת חיים מהתורה,
אבל חשוב תמיד לוודא שאנחנו נשארות קרובות ל**כְמָה שֶׁנֶּאֱמַר**.

שֶׁנֶּאֱמַר

אֲרַמִּי אֹבֵד אָבִי וַיֵּרֶד מִצְרַיְמָה דברים כו

וַיָּגָר שָׁם בִּמְתֵי מְעָט

וַיְהִי־שָׁם לְגוֹי גָּדוֹל עָצוּם וָרָב:

וַיֵּרֶד מִצְרַיְמָה

אָנוּס עַל פִּי הַדִּבּוּר

וַיָּגָר שָׁם ספרי דברים פיסקא שא

מְלַמֵּד שֶׁלֹּא יָרַד יַעֲקֹב אָבִינוּ

לְהִשְׁתַּקֵּעַ בְּמִצְרַיִם, אֶלָּא לָגוּר שָׁם

שֶׁנֶּאֱמַר

וַיֹּאמְרוּ אֶל־פַּרְעֹה לָגוּר בָּאָרֶץ בָּאנוּ בראשית מז

כִּי־אֵין מִרְעֶה לַצֹּאן אֲשֶׁר לַעֲבָדֶיךָ

כִּי־כָבֵד הָרָעָב בְּאֶרֶץ כְּנָעַן

וְעַתָּה יֵשְׁבוּ־נָא עֲבָדֶיךָ בְּאֶרֶץ גֹּשֶׁן:

בִּמְתֵי מְעָט

כְּמָה שֶׁנֶּאֱמַר

בְּשִׁבְעִים נֶפֶשׁ יָרְדוּ אֲבֹתֶיךָ מִצְרָיְמָה דברים י
וְעַתָּה שָׂמְךָ יהוה אֱלֹהֶיךָ כְּכוֹכְבֵי הַשָּׁמַיִם לָרֹב:

וַיְהִי־שָׁם לְגוֹי

מְלַמֵּד שֶׁהָיוּ יִשְׂרָאֵל מְצֻיָּנִים שָׁם

גָּדוֹל עָצוּם

כְּמָה שֶׁנֶּאֱמַר

וּבְנֵי יִשְׂרָאֵל פָּרוּ וַיִּשְׁרְצוּ שמות א
וַיִּרְבּוּ וַיַּעַצְמוּ בִּמְאֹד מְאֹד
וַתִּמָּלֵא הָאָרֶץ אֹתָם:

וָרָב

כְּמָה שֶׁנֶּאֱמַר

רְבָבָה כְּצֶמַח הַשָּׂדֶה נְתַתִּיךְ יחזקאל טז
וַתִּרְבִּי וַתִּגְדְּלִי, וַתָּבֹאִי בַּעֲדִי עֲדָיִים
שָׁדַיִם נָכֹנוּ וּשְׂעָרֵךְ צִמֵּחַ, וְאַתְּ עֵרֹם וְעֶרְיָה:
וָאֶעֱבֹר עָלַיִךְ וָאֶרְאֵךְ מִתְבּוֹסֶסֶת בְּדָמָיִךְ
וָאֹמַר לָךְ בְּדָמַיִךְ חֲיִי   וָאֹמַר לָךְ בְּדָמַיִךְ חֲיִי:

וַיָּרֵעוּ אֹתָנוּ הַמִּצְרִים וַיְעַנּוּנוּ דברים כו
וַיִּתְּנוּ עָלֵינוּ עֲבֹדָה קָשָׁה:

"ביקש לעקור את הכול"

מפגש עם הקמים עלינו לכלותנו

נהוג לפרש את "הקמים עלינו לכלותנו" כאויבי הגוף, השונאים שלנו שרוצים באי-קיומנו. וכנגדם, יש שיאמרו: די עם החשיבה הגלותית הזאת! אנחנו עם חזק, יש לנו צבא!

אבל לא, אלה אויבי נפש שקמים יחד איתנו, רעננים בכל בוקר, לכלותנו; "את לא יכולה", הם לוחשים לך. "לא תגיעי. לאישה אין באמת חירות בעולם הזה".

והדרך תהיה, באמת, **מִמְּךָ אֵלֶיךָ אֶבְרַח.**[148] בספקות באמונה, נפנה לקב"ה. הקב"ה מצילנו מידם.

בוגרת. רבת יכולת. מסוגלת?

איך בליל הסדר שום דבר לא בסדר. כבר דיברנו על **קַדֵּשׁ וּרְחַץ, כַּרְפַּס, יַחַץ**; אבל זה הפוך! קודם מתרחצים, אחר כך עושים קידוש. רחץ, וקדש, כרפס, יחץ. או: **פֶּסַח, מַצָּה, וּמָרוֹר.** זה לא ככה, צריך להיות הפוך! מרור, מצה ופסח. פסח זה הגאולה, מצה זה שלב הביניים, מרור זה הקושי הגדול במצרים.

וגם כאן הנוסח שאנחנו אומרים בהגדה הוא נוסח הפוך.

בהגדה: **וַתִּרְבִּי וַתִּגְדְּלִי וַתָּבֹאִי בַּעֲדִי עֲדָיִים, וָאֶעֱבֹר עָלַיִךְ וָאֶרְאֵךְ מִתְבּוֹסֶסֶת בְּדָמָיִךְ.**

במקור אשר בנביא: **וָאֶעֱבֹר עָלַיִךְ וָאֶרְאֵךְ מִתְבּוֹסֶסֶת בְּדָמָיִךְ וַתִּרְבִּי וַתִּגְדְּלִי.**[149]

למה ההגדה הפוכה למקור? והאר"י הקדוש יאמר: זה לילה שלא כסדר, מפני **שהגדלות נכנסת בו לפני הקטנות.**

הרב סוליביצ'יק מאיר: הנביא יחזקאל מספר לנו על נערה שראתה את עצמה כילדה קטנה ונטולת אחריות. ויום אחד אומר לה אחד מהעוברים ושבים שהיא כבר אדם בוגר, שהיא בעלת פוטנציאל להקים קהילה ולהעניק מעצמה לזולת. שהיא "גוֹי עָצוּם וָרָב".[150]

התיאור הזה עוצר נשימה. לבני ישראל במצרים היה דימוי עצמי נמוך מאוד. הם לא האמינו שהם זכאים לחירות, שהם ראויים לכרות ברית של אהבה. הם לא היו בטוחים שחבורה של עבדים יכולה באמת לזכות באהבתו של הקדוש ברוך הוא. הם היו בורים ולא מפותחים.

וכך הם מגיעים לליל הסדר, וה' אומר להם: תתנהגו כאילו. **וְכָכָה תֹּאכְלוּ אֹתוֹ**, את קורבן הפסח: **מָתְנֵיכֶם חֲגֻרִים.**[151] ותתלבשו כאילו לקראת טרק. אתם עכשיו עושים כאילו הגאולה כבר כאן.

והנה אני רואה שתי תמונות: **רָאֹה רָאִיתִי אֶת עֳנִי עַמִּי**,[152] **"רָאֹה רָאִיתִי"** – אני רואה תמונה אחת של נערה צעירה ומוזנחת ואחת של אישה בוגרת ורבת יכולת.[153]

האם את מוכנה לעטות על עצמך את הלבוש הזה של אישה רבת יכולת, אישה שיודעת שאבא שלה מפלה אותה לטובה? האם תעשי את ה"כאילו" הזה?

על **תָּבֹאִי בַּעֲדִי עֲדָיִים** רש"י אומר, **לשון 'עד' כמו 'בִּטְחוּ בַה' עֲדֵי עַד'.**[154] אולי אין לך בשביל מה לעדות, אולי אין לך בשביל מי להתלבש, אולי אין לך למה לחכות. אבל את עושה כאילו, בביטחון מופלא השמור לאישה בוגרת ורבת יכולת.

וַיָּרֵעוּ אֹתָנוּ הַמִּצְרִים

כְּמָה שֶׁנֶּאֱמַר
הָבָה נִתְחַכְּמָה לוֹ, פֶּן־יִרְבֶּה שמות א
וְהָיָה כִּי־תִקְרֶאנָה מִלְחָמָה
וְנוֹסַף גַּם־הוּא עַל־שֹׂנְאֵינוּ
וְנִלְחַם־בָּנוּ וְעָלָה מִן־הָאָרֶץ:

וַיְעַנּוּנוּ

כְּמָה שֶׁנֶּאֱמַר
וַיָּשִׂימוּ עָלָיו שָׂרֵי מִסִּים שמות א
לְמַעַן עַנֹּתוֹ בְּסִבְלֹתָם
וַיִּבֶן עָרֵי מִסְכְּנוֹת לְפַרְעֹה
אֶת־פִּתֹם וְאֶת־רַעַמְסֵס:

וַיִּתְּנוּ עָלֵינוּ עֲבֹדָה קָשָׁה

כְּמָה שֶׁנֶּאֱמַר
וַיַּעֲבִדוּ מִצְרַיִם אֶת־בְּנֵי יִשְׂרָאֵל בְּפָרֶךְ:

וַנִּצְעַק

אֶל־יהוה אֱלֹהֵי אֲבֹתֵינוּ
וַיִּשְׁמַע יהוה אֶת־קֹלֵנוּ
וַיַּרְא אֶת־עָנְיֵנוּ
וְאֶת־עֲמָלֵנוּ וְאֶת־לַחֲצֵנוּ:

שמות א

הָעֲבוֹדָה הַזֹּאת לָכֶם

וַנִּצְעֲעַק! דברים כו
בקשי להיות,
לערב אחד, ברסלבית.
תני לנפש הבהמית
לגבור לרגע.
זה בסדר, עוד רגע נשוב
ונהיה אינטלקטואלים.

בני ישראל במצרים
עבדו בשקט, בקלאסה.
ומה שנראה לפעמים
כשליטה עצמית מופלאה,
הוא השעבוד בהתגלמותו.
כשאת צועקת,
אפשר לשמוע.
וַיִּזְעָקוּ, וַתַּעַל שַׁוְעָתָם
אֶל הָאֱ־לֹהִים.[155]

הרב מֵיילֶך בידרמן אומר שבמילים **וַנִּצְעַק אֶל ה'**
פשוט לצעוק בקולי קולות. ולחשוב על כל הצער שיש לך עכשיו.
הוא אמר שראה מזה ניסים גלויים
בזיווגים / פרנסה / תינוקות שנולדו פתאום.

ומי תצעק הכי חזק "ה', גאולה! משיח! ישועות!"?
רק זו עם הצער הגדול, זו שלידה ריקות
ויש לה כיסא ריק בליל הסדר. היא תזכור להתפלל על הכול.
וזה שיצעק, על ידו חלק יותר גדול של משיח נתגלה, יאמר הרבי מפיאסצנה.
כששומעים אישה צועקת זה מפני שהיא יולדת עכשיו, והערב – יולדים משיח.
תצעקו שלא תהיה חלילה לידה שקטה.
אין צער נורא מזה. הַמָּשִׁיח – מֵשִׂיח, גורם לשיח ודיבור.
לידה שקטה היא חסומת פה.
אין קול ואין עונה. אין תינוק. עכשיו אנחנו צועקות את צעקתה
של היולדת השקטה. מבקשות עבורה תינוק שיבכה.

וַנִּצְעַק אֶל־יהוה אֱלֹהֵי אֲבֹתֵינוּ

כְּמָה שֶׁנֶּאֱמַר
וַיְהִי בַיָּמִים הָרַבִּים הָהֵם שמות ב
וַיָּמָת מֶלֶךְ מִצְרַיִם
וַיֵּאָנְחוּ בְנֵי־יִשְׂרָאֵל מִן־הָעֲבֹדָה
וַיִּזְעָקוּ
וַתַּעַל שַׁוְעָתָם אֶל־הָאֱלֹהִים מִן־הָעֲבֹדָה:

וַיִּשְׁמַע יהוה אֶת־קֹלֵנוּ
כְּמָה שֶׁנֶּאֱמַר
וַיִּשְׁמַע אֱלֹהִים אֶת־נַאֲקָתָם שמות ב
וַיִּזְכֹּר אֱלֹהִים אֶת־בְּרִיתוֹ
אֶת־אַבְרָהָם אֶת־יִצְחָק וְאֶת־יַעֲקֹב:

וַיַּרְא אֶת־עָנְיֵנוּ

זוּ פְּרִישׁוּת דֶּרֶךְ אֶרֶץ
כְּמָה שֶׁנֶּאֱמַר
וַיַּרְא אֱלֹהִים אֶת־בְּנֵי יִשְׂרָאֵל — שמות ב
וַיֵּדַע אֱלֹהִים:

וְאֶת־עֲמָלֵנוּ

אֵלּוּ הַבָּנִים
כְּמָה שֶׁנֶּאֱמַר
כָּל־הַבֵּן הַיִּלּוֹד, — שמות א
הַיְאֹרָה תַּשְׁלִיכֻהוּ
וְכָל־הַבַּת תְּחַיּוּן:

וְאֶת־לַחֲצֵנוּ

זֶה הַדְּחַק
כְּמָה שֶׁנֶּאֱמַר
וְגַם־רָאִיתִי אֶת־הַלַּחַץ שמות ג
אֲשֶׁר מִצְרַיִם לֹחֲצִים אֹתָם:

וַיּוֹצִאֵנוּ יהוה מִמִּצְרַיִם דברים כו
בְּיָד חֲזָקָה וּבִזְרֹעַ נְטוּיָה וּבְמֹרָא גָּדֹל
וּבְאֹתוֹת וּבְמֹפְתִים:

וַיּוֹצִאֵנוּ יהוה מִמִּצְרַיִם
לֹא עַל יְדֵי מַלְאָךְ
וְלֹא עַל יְדֵי שָׂרָף
וְלֹא עַל יְדֵי שָׁלִיחַ
אֶלָּא הַקָּדוֹשׁ בָּרוּךְ הוּא בִּכְבוֹדוֹ וּבְעַצְמוֹ

שֶׁנֶּאֱמַר

וְעָבַרְתִּי בְאֶרֶץ־מִצְרַיִם שמות יב

בַּלַּיְלָה הַזֶּה

וְהִכֵּיתִי כָל־בְּכוֹר בְּאֶרֶץ מִצְרַיִם

מֵאָדָם וְעַד־בְּהֵמָה

וּבְכָל־אֱלֹהֵי מִצְרַיִם אֶעֱשֶׂה שְׁפָטִים

אֲנִי יהוה:

וְעָבַרְתִּי בְאֶרֶץ־מִצְרַיִם — אֲנִי וְלֹא מַלְאָךְ

וְהִכֵּיתִי כָל־בְּכוֹר — אֲנִי וְלֹא שָׂרָף

וּבְכָל־אֱלֹהֵי מִצְרַיִם

אֶעֱשֶׂה שְׁפָטִים — אֲנִי וְלֹא הַשָּׁלִיחַ

אֲנִי יהוה — אֲנִי הוּא וְלֹא אַחֵר

הָעֲבוֹדָה הַזֹּאת לָכֶם

וְעָבַרְתִּי בְאֶרֶץ מִצְרַיִם.
בקשי שהבקשות שלך
יעברו ישירות לקב"ה
ולא דרך מלאכים.
הם לא רצו שניברא,
אולי אפילו די בצדק.[156]
אבל עכשיו אנחנו
צריכות ציון עובר,
ורק הקב"ה יעביר אותנו
עכשיו. הוּא ולא אַחֵר.

בְּיָד חֲזָקָה זוֹ הַדֶּבֶר

כְּמָה שֶׁנֶּאֱמַר

שמות ט

הִנֵּה יַד־יהוה הוֹיָה בְּמִקְנְךָ אֲשֶׁר בַּשָּׂדֶה

בַּסּוּסִים בַּחֲמֹרִים בַּגְּמַלִּים

בַּבָּקָר וּבַצֹּאן

דֶּבֶר כָּבֵד מְאֹד:

וּבִזְרֹעַ נְטוּיָה זוֹ הַחֶרֶב

כְּמָה שֶׁנֶּאֱמַר

דברי הימים א׳ כא

וְחַרְבּוֹ שְׁלוּפָה בְּיָדוֹ

נְטוּיָה עַל־יְרוּשָׁלָיִם

וּבְמֹרָא גָּדֹל זֶה גִּלּוּי שְׁכִינָה
כְּמָה שֶׁנֶּאֱמַר
אוֹ הֲנִסָּה אֱלֹהִים דברים ד
לָבוֹא לָקַחַת לוֹ גוֹי מִקֶּרֶב גּוֹי
בְּמַסֹּת בְּאֹתֹת וּבְמוֹפְתִים וּבְמִלְחָמָה
וּבְיָד חֲזָקָה
וּבִזְרוֹעַ נְטוּיָה
וּבְמוֹרָאִים גְּדֹלִים
כְּכֹל אֲשֶׁר־עָשָׂה לָכֶם
יהוה אֱלֹהֵיכֶם בְּמִצְרַיִם
לְעֵינֶיךָ׃

וְהִגַּדְתָּ

וּבְאֹתוֹת זֶה הַמַּטֶּה
כְּמָה שֶׁנֶּאֱמַר
שמות ד וְאֶת־הַמַּטֶּה הַזֶּה תִּקַּח בְּיָדֶךָ
אֲשֶׁר תַּעֲשֶׂה־בּוֹ אֶת־הָאֹתֹת:

וּבְמֹפְתִים זֶה הַדָּם
כְּמָה שֶׁנֶּאֱמַר
יואל ג וְנָתַתִּי מוֹפְתִים בַּשָּׁמַיִם וּבָאָרֶץ

מטיפים יין מן הכוס שלוש פעמים ואומרים:

דָּם
וָאֵשׁ
וְתִימְרוֹת עָשָׁן:

הָעֲבוֹדָה הַזֹּאת לָכֶם

האצבע הקטנה
שמתיזה עכשיו יין
מחוץ לכוס
היא כמו הקזת דם,
הקזת הרוע מתוכנו.

זה תהליך של ניקוי,
ניקוי של הנפש.

דָּבָר אַחֵר

בְּיָד חֲזָקָה שְׁתַּיִם
וּבִזְרֹעַ נְטוּיָה שְׁתַּיִם
וּבְמוֹרָא גָּדֹל שְׁתַּיִם
וּבְאֹתוֹת שְׁתַּיִם
וּבְמֹפְתִים שְׁתַּיִם

אֵלּוּ עֶשֶׂר מַכּוֹת

שֶׁהֵבִיא הַקָּדוֹשׁ בָּרוּךְ הוּא
עַל הַמִּצְרִים בְּמִצְרַיִם
וְאֵלּוּ הֵן

מטיפים יין מן הכוס על כל מכה ומכה
ועל "דצ"ך עד"ש באח"ב" ואומרים:

דָּם צְפַרְדֵּעַ כִּנִּים
עָרוֹב דֶּבֶר שְׁחִין
בָּרָד אַרְבֶּה חֹשֶׁךְ

מַכַּת בְּכוֹרוֹת.

רַבִּי יְהוּדָה הָיָה נוֹתֵן בָּהֶם סִימָּנִים ספרי דברים כו, ח
דְּצַ"ךְ עֲדַ"שׁ בְּאַחַ"ב

את קוראת את עשר המכות
ומזה מהיין עם האצבע.
על כל מכה, דם, צפרדע, כינים, את מטיפה יין.
זה מנקז ומוציא ממך חולי וכאב
מהגוף ומהנפש, האר"י הקדוש אומר.
לפי המקובלים, בהתזת היין
בקריאת מכות מצרים נבראים כוחות
ריפוי בעולם ובמקביל מסתלקת ממך
כָּל הַמַּחֲלָה אֲשֶׁר שַׂמְתִּי בְמִצְרַיִם.[157]

מכילתא
מסכתא דויהי
בשלח פרשה ו

רַבִּי
יוֹסֵי הַגְּלִילִי אוֹמֵר

מִנַּיִן אַתָּה אוֹמֵר
שֶׁלָּקוּ הַמִּצְרִים בְּמִצְרַיִם עֶשֶׂר מַכּוֹת
וְעַל הַיָּם לָקוּ חֲמִשִּׁים מַכּוֹת

בְּמִצְרַיִם מַה הוּא אוֹמֵר
וַיֹּאמְרוּ הַחַרְטֻמִּם אֶל־פַּרְעֹה אֶצְבַּע אֱלֹהִים הִוא שמות ח

וְעַל הַיָּם מַה הוּא אוֹמֵר
וַיַּרְא יִשְׂרָאֵל אֶת־הַיָּד הַגְּדֹלָה שמות יד
אֲשֶׁר עָשָׂה יהוה בְּמִצְרַיִם
וַיִּירְאוּ הָעָם אֶת־יהוה
וַיַּאֲמִינוּ בַּיהוה וּבְמֹשֶׁה עַבְדּוֹ:

כַּמָּה לָקוּ בְּאֶצְבַּע
עֶשֶׂר מַכּוֹת.
אֱמֹר מֵעַתָּה
בְּמִצְרַיִם לָקוּ עֶשֶׂר מַכּוֹת
וְעַל הַיָּם לָקוּ חֲמִשִּׁים מַכּוֹת.

רַבִּי אֱלִיעֶזֶר אוֹמֵר

מִנַּיִן שֶׁכָּל מַכָּה וּמַכָּה
שֶׁהֵבִיא הַקָּדוֹשׁ בָּרוּךְ הוּא
עַל הַמִּצְרִים בְּמִצְרַיִם
הָיְתָה שֶׁל אַרְבַּע מַכּוֹת
שֶׁנֶּאֱמַר:

יְשַׁלַּח־בָּם חֲרוֹן אַפּוֹ תהלים עח
עֶבְרָה וָזַעַם וְצָרָה
מִשְׁלַחַת מַלְאֲכֵי רָעִים:

עֶבְרָה אַחַת
וָזַעַם שְׁתַּיִם
וְצָרָה שָׁלוֹשׁ
מִשְׁלַחַת מַלְאֲכֵי רָעִים אַרְבַּע

אֱמוֹר מֵעַתָּה
בְּמִצְרַיִם לָקוּ אַרְבָּעִים מַכּוֹת
וְעַל הַיָּם לָקוּ מָאתַיִם מַכּוֹת.

רַבִּי עֲקִיבָא אוֹמֵר

מִנַּיִן שֶׁכָּל מַכָּה וּמַכָּה
שֶׁהֵבִיא הַקָּדוֹשׁ בָּרוּךְ הוּא עַל הַמִּצְרִים בְּמִצְרַיִם
הָיְתָה שֶׁל חָמֵשׁ מַכּוֹת
שֶׁנֶּאֱמַר:
יְשַׁלַּח־בָּם תהלים עח
חֲרוֹן אַפּוֹ עֶבְרָה וָזַעַם וְצָרָה, מִשְׁלַחַת מַלְאֲכֵי רָעִים:
חֲרוֹן אַפּוֹ אַחַת
עֶבְרָה שְׁתַּיִם
וָזַעַם שָׁלוֹשׁ
וְצָרָה אַרְבַּע
מִשְׁלַחַת מַלְאֲכֵי רָעִים חָמֵשׁ
אֱמוֹר מֵעַתָּה
בְּמִצְרַיִם לָקוּ חֲמִשִּׁים מַכּוֹת
וְעַל הַיָּם לָקוּ חֲמִשִּׁים וּמָאתַיִם מַכּוֹת.

הָעֲבוֹדָה הַזֹּאת לָכֶם

כמה מכות לקו על הים, כמה במצרים...
הרשימה הזאת היא אחד הקטעים המשעממים בהגדה.
למה זה משנה? הרי הנס הוא אותו הנס.

אבל הקטע הזה מדהים. הוא אומר: תְּמְנִי.

להמון דברים טובים התרגלת בחייך.
המון גאולות נשכחות ממך בסבך היום־יום.
כשתעצרי רגע לספור אותן,
כמו רבי אליעזר ורבי עקיבא,
כשתפרטי אותן בדיבור,
פתאום תהפכי להיות כל כך שמחה.
החדר יתמלא בחלקיקי קונפטי
של פרטים קטנים של גאולה.
תוכלי לראות מחדש את האיש הזה
שאת נשואה לו כבר עשרים שנה,
את הילדים האלה, את ההורים,
החברות, הבית, העבודה.
לכל אחת יש משהו להודות עליו, אבל אנחנו שוכחות.
אז תספרי! תְּסְפְּרִי, וּתְסַפְּרִי, ואז תיזכרי.

זה כוח הפירוט. ההגדה היא כולה פירוט,
אנחנו מעבירים ערב שלם בלספר סיפור
שהיה ניתן לתמצת לפסקה.
בשביל מה זה טוב, כל הברברת הזאת לפני שולחן עורך?
כדי שנוכל להגיד: וואו, כמה שפע.

אז הפירוט הזה לא רק בא לשבח את הקב"ה.
הוא בא כדי להשביח בעינינו
את הגאולה שכבר יש לנו.
כַּמָּה מַעֲלוֹת טוֹבוֹת לַמָּקוֹם עָלֵינוּ.

כַּמָּה

מַעֲלוֹת
טוֹבוֹת
לַמָּקוֹם
עָלֵינוּ

אִלּוּ הוֹצִיאָנוּ מִמִּצְרַיִם
וְלֹא עָשָׂה בָהֶם שְׁפָטִים דַּיֵּנוּ

אִלּוּ עָשָׂה בָהֶם שְׁפָטִים
וְלֹא עָשָׂה בֵאלֹהֵיהֶם דַּיֵּנוּ

אִלּוּ עָשָׂה בֵאלֹהֵיהֶם
וְלֹא הָרַג אֶת בְּכוֹרֵיהֶם דַּיֵּנוּ

אִלּוּ הָרַג אֶת בְּכוֹרֵיהֶם
וְלֹא נָתַן לָנוּ אֶת מָמוֹנָם דַּיֵּנוּ

אִלּוּ נָתַן לָנוּ אֶת מָמוֹנָם
וְלֹא קָרַע לָנוּ אֶת הַיָּם דַּיֵּנוּ

אִלּוּ קָרַע לָנוּ אֶת הַיָּם
וְלֹא הֶעֱבִירָנוּ בְתוֹכוֹ בֶּחָרָבָה דַּיֵּנוּ

אִלּוּ הֶעֱבִירָנוּ בְתוֹכוֹ בֶּחָרָבָה
וְלֹא שִׁקַּע צָרֵינוּ בְּתוֹכוֹ דַּיֵּנוּ

אִלּוּ שִׁקַּע צָרֵינוּ בְּתוֹכוֹ
וְלֹא סִפֵּק צָרְכֵּנוּ בַּמִּדְבָּר אַרְבָּעִים שָׁנָה דַּיֵּנוּ

אִלּוּ סִפֵּק צָרְכֵּנוּ בַּמִּדְבָּר אַרְבָּעִים שָׁנָה
וְלֹא הֶאֱכִילָנוּ אֶת הַמָּן דַּיֵּנוּ

אִלּוּ הֶאֱכִילָנוּ אֶת הַמָּן
וְלֹא נָתַן לָנוּ אֶת הַשַּׁבָּת דַּיֵּנוּ

אִלּוּ נָתַן לָנוּ אֶת הַשַּׁבָּת
וְלֹא קֵרְבָנוּ לִפְנֵי הַר סִינַי דַּיֵּנוּ

אִלּוּ קֵרְבָנוּ לִפְנֵי הַר סִינַי
וְלֹא נָתַן לָנוּ אֶת הַתּוֹרָה דַּיֵּנוּ

אִלּוּ נָתַן לָנוּ אֶת הַתּוֹרָה
וְלֹא הִכְנִיסָנוּ לְאֶרֶץ יִשְׂרָאֵל דַּיֵּנוּ

אִלּוּ הִכְנִיסָנוּ לְאֶרֶץ יִשְׂרָאֵל
וְלֹא בָנָה לָנוּ אֶת בֵּית הַבְּחִירָה דַּיֵּנוּ

עַל אַחַת כַּמָּה וְכַמָּה טוֹבָה כְּפוּלָה וּמְכֻפֶּלֶת לַמָּקוֹם עָלֵינוּ

שֶׁהוֹצִיאָנוּ מִמִּצְרַיִם וְעָשָׂה בָהֶם שְׁפָטִים
וְעָשָׂה בֵאלֹהֵיהֶם וְהָרַג בְּכוֹרֵיהֶם
וְנָתַן לָנוּ אֶת מָמוֹנָם וְקָרַע לָנוּ אֶת הַיָּם
וְהֶעֱבִירָנוּ בְתוֹכוֹ בֶּחָרָבָה וְשִׁקַּע צָרֵינוּ בְּתוֹכוֹ
וְסִפֵּק צָרְכֵּנוּ בַּמִּדְבָּר אַרְבָּעִים שָׁנָה וְהֶאֱכִילָנוּ אֶת הַמָּן
וְנָתַן לָנוּ אֶת הַשַּׁבָּת וְקֵרְבָנוּ לִפְנֵי הַר סִינַי
וְנָתַן לָנוּ אֶת הַתּוֹרָה וְהִכְנִיסָנוּ לְאֶרֶץ יִשְׂרָאֵל
וּבָנָה לָנוּ אֶת בֵּית הַבְּחִירָה לְכַפֵּר עַל כָּל עֲוֹנוֹתֵינוּ.

הָעֲבוֹדָה הַזֹּאת לָכֶם

דַּיֵּינוּ!
בקשי לדעת להעריך
את הכאן והעכשיו.
כפי שהוא, לא רק כאמצעי
כדי להגיע למטרה.

בקשי שהערב הזה
ייצרב בך כל השנה
באורו הגדול.

בקשי להגיד דיינו
על מה שיש לך.

גלי לגוזל שלך
שדי לך בו.
שפעם אחת לא נדבר
על מה נשתנה,
על מה היית רוצה
שישתנה בו,
אלא רק להגיד
כמה הוא טוב,
טובה כְּפוּלָה וּמְכֻפֶּלֶת.

זה שיר מוזר, כותב יהודה גזבר, מספר הסיפורים. מה היינו עושים בהר סיני אילולא נתן לנו את התורה? אבל, יש כאן תפיסה שהיא מעבר לזה. אנו נוטים לשפוט דברים רק לפי התוצאה הסופית שלהם, הצלחה או כישלון. נניח שכל הסיפור הזה והזמן הזה והמפגש הזה יסתברו כשליליים, או כסתמיים, ששום דבר לא יצא מהם. הזוגיות, הפרויקט שאנו משקיעים בו עכשיו. האם זה הופך את זה למיותר? לסתמי? היה עדיף שלא לצאת ממצרים?

השיר הזה אומר לנו בדיוק להפך. לדברים יש משמעות בהווה שלהם. לא הכל נשפט על פי הסוף. גם אם לא קורה כלום בסוף, הדרך כל כך משמעותית. אנחנו כל כך משמעותיים.[158]

ולכן, אני חוזרת, זו מילת המפתח הכל כך חשובה הלילה הזה: חַיָּב אָדָם לִרְאוֹת אֶת עַצְמוֹ כְּאִלּוּ הוּא יָצָא מִמִּצְרָיִם. זאת הצגה, "כאילו" הכול בסדר, וכמו ההצגה הזו, כך ייראה כל השפע שיבוא עלייך במשך השנה כולה. מפני שהעובדה שאת מסוגלת ערב אחד להתנהג גאולה, להיראות גאולה, היא סימן שאכן יש היתכנות מסוימת לסיפור הזה בחיים שלך.

בסיפורי מעשיות ניגאל

סיפורי רבי נחמן

מעשה מאוצר תחת הגשר

פַּעַם אַחַת חָלַם לְאִישׁ אֶחָד מֵעִיר אַחַת, שֶׁבָּעִיר וִינָה תַּחַת הַגֶּשֶׁר נִמְצָא שָׁם אוֹצָר.

וְנָסַע לְשָׁם, וְנֶעֱמַד אֵצֶל הַגֶּשֶׁר, וְחִפֵּשׂ עֵצוֹת אֵיךְ לַחְפּוֹר שָׁם כִּי בַּיּוֹם אֵינוֹ יָכוֹל מֵחֲמַת הָעוֹבְרִים וְשָׁבִים. וְעָבַר שָׁם אִישׁ חַיִל, וְשָׁאַל אוֹתוֹ: "מָה אַתָּה עוֹמֵד וְחוֹשֵׁב?"

וְחָשַׁב בְּדַעְתּוֹ שֶׁטּוֹב שֶׁיְּסַפֵּר לוֹ חֲלוֹמוֹ, כְּדֵי שֶׁהוּא יְסַיְּעוֹ וְיִתְחַלְּקוּ, וְסִפֵּר לוֹ.

עָנָה וְאָמַר לוֹ: "אוֹי, יְהוּדִי טִפֵּשׁ! מָה אַתָּה שָׂם לֵב לַחֲלוֹמוֹת? הֲלֹא גַּם אֲנִי בַּחֲלוֹמִי דִּמַּלְתִּי שֶׁיֵּשׁ אוֹצָר מִתַּחַת הַתַּנּוּר בְּבַיִת שֶׁל יְהוּדִי אֶחָד שֶׁגָּר כָּאן וְכָאן. וְהִזְכִּיר הָעִיר שֶׁל הָאִישׁ וּשְׁמוֹ שֶׁל הָאִישׁ הַזֶּה". "הַעֲלָה עַל דַּעְתְּךָ שֶׁאֶסַּע עַד לְשָׁם בִּשְׁבִיל הָאוֹצָר?"

הִשְׁתּוֹמֵם הַיְּהוּדִי וְנָסַע לְבֵיתוֹ, וְחָפַר בְּהַמַּגִּיזַאן [תחת התנור] שֶׁלּוֹ וּמָצָא הָאוֹצָר.

אַחַר כָּךְ אָמַר הַיְּהוּדִי: הָיִיתִי מֻכְרָח לִנְסֹעַ עַד וִינָה כְּדֵי לָדַעַת שֶׁיֵּשׁ אֶצְלִי אוֹצָר בְּבַיִת.

כָּךְ בְּעִנְיַן עֲבוֹדַת ה', שֶׁהָאוֹצָר הוּא אֵצֶל כָּל אֶחָד בְּעַצְמוֹ אוּלָם לֵידַע מֵהָאוֹצָר מוּכְרָח לִנְסֹעַ לְהַצַּדִּיק. וְיֵשׁ אוֹמְרִים שֶׁרִימֵּז רַבֵּנוּ לְחִסָּרוֹן הַדָּבָר, שֶׁאֵין צָרִיךְ לִנְסוֹעַ לְמֶרְחַקִּים וְלַעֲשׂוֹת דְּבָרִים מֻפְלָאִים כְּדֵי לִמְצוֹא אֶת הָאוֹצָר. אֶלָּא כָּל אֶחָד בִּמְקוֹמוֹ אֶצְלוֹ נִמְצָא הָאוֹצָר, אֶלָּא שֶׁרַק רַבּוּ הַלְּבוּשִׁים וְצָרִיךְ לְחַפְּשׂוֹ הֵיטֵב.[159]

רק אחרי שאומרים "די!" במיאוס, על מה שיש או אין, רק אחרי מסע של "אילו" – אילו הייתי, אילו עשיתי, אילו הוציאני, אילו העמידני, אילו קרע לי את הים – רק אחר כך אפשר לומר: "דיינו! כמה יש לי, אצלי בבית!"

רק אחרי המסע הזה מבינים איפה קבור האוצר.

פסחים קטז.

רַבָּן גַּמְלִיאֵל הָיָה אוֹמֵר
כָּל שֶׁלֹּא אָמַר שְׁלוֹשָׁה דְּבָרִים אֵלּוּ בַּפֶּסַח
לֹא יָצָא יְדֵי חוֹבָתוֹ, וְאֵלּוּ הֵן

פֶּסַח
מַצָּה
וּמָרוֹר

גם אם היית עסוקה מאוד
ולא יכולת לקרוא את ההגדה,
תגידי **פֶּסַח, מַצָּה, וּמָרוֹר**
ויצאת ידי חובתך.

הָעֲבוֹדָה הַזֹּאת לָכֶם

בקשי שנדע להגיד
מהו פסח ומהו מרור.

שנדע להצביע על המרור
בוודאות ולומר: **מָרוֹר זֶה!**

שלא נשלה את עצמנו
שהוא גאולה.

שלא נפחד לצאת ממנו,
גם אם מחכה אחריו רק מצה.

היא כל כך שווה את זה.

פֶּסַח

שֶׁהָיוּ אֲבוֹתֵינוּ אוֹכְלִים
בִּזְמַן שֶׁבֵּית הַמִּקְדָּשׁ הָיָה קַיָּם
עַל שׁוּם מָה
עַל שׁוּם שֶׁפָּסַח הַקָּדוֹשׁ בָּרוּךְ הוּא
עַל בָּתֵּי אֲבוֹתֵינוּ בְּמִצְרַיִם
שֶׁנֶּאֱמַר

שמות יב
וַאֲמַרְתֶּם זֶבַח־פֶּסַח הוּא לַיהוה
אֲשֶׁר פָּסַח עַל־בָּתֵּי בְנֵי־יִשְׂרָאֵל בְּמִצְרַיִם
בְּנָגְפּוֹ אֶת־מִצְרַיִם
וְאֶת־בָּתֵּינוּ הִצִּיל
וַיִּקֹּד הָעָם וַיִּשְׁתַּחֲווּ:

מגביה את המצות ואומר:

מַצָּה זוֹ

שֶׁאָנוּ אוֹכְלִים עַל שׁוּם מָה
עַל שׁוּם שֶׁלֹּא הִסְפִּיק בְּצֵקָם שֶׁל אֲבוֹתֵינוּ לְהַחֲמִיץ
עַד שֶׁנִּגְלָה עֲלֵיהֶם מֶלֶךְ מַלְכֵי הַמְּלָכִים
הַקָּדוֹשׁ בָּרוּךְ הוּא וּגְאָלָם
שֶׁנֶּאֱמַר

וַיֹּאפוּ אֶת־הַבָּצֵק שמות יב
אֲשֶׁר הוֹצִיאוּ מִמִּצְרַיִם
עֻגֹת מַצּוֹת כִּי לֹא חָמֵץ
כִּי־גֹרְשׁוּ מִמִּצְרַיִם
וְלֹא יָכְלוּ לְהִתְמַהְמֵהַּ
וְגַם־צֵדָה לֹא־עָשׂוּ לָהֶם:

מגביה את המרור ואומר:

מָרוֹר זֶה

שֶׁאָנוּ אוֹכְלִים
עַל שׁוּם מָה
עַל שׁוּם שֶׁמֵּרְרוּ הַמִּצְרִים
אֶת חַיֵּי אֲבוֹתֵינוּ בְּמִצְרַיִם
שֶׁנֶּאֱמַר

שמות א
וַיְמָרְרוּ אֶת־חַיֵּיהֶם
בַּעֲבֹדָה קָשָׁה
בְּחֹמֶר וּבִלְבֵנִים
וּבְכָל־עֲבֹדָה בַּשָּׂדֶה
אֵת כָּל־עֲבֹדָתָם
אֲשֶׁר־עָבְדוּ בָהֶם בְּפָרֶךְ:

בְּכָל דּוֹר וָדוֹר פסחים קטז:

חַיָּב אָדָם לִרְאוֹת אֶת עַצְמוֹ
כְּאִלּוּ הוּא יָצָא מִמִּצְרָיִם

שֶׁנֶּאֱמַר

וְהִגַּדְתָּ לְבִנְךָ בַּיּוֹם הַהוּא לֵאמֹר שמות יג
בַּעֲבוּר זֶה עָשָׂה יהוה לִי בְּצֵאתִי מִמִּצְרָיִם:

לֹא אֶת אֲבוֹתֵינוּ בִּלְבָד
גָּאַל הַקָּדוֹשׁ בָּרוּךְ הוּא
אֶלָּא אַף אוֹתָנוּ גָּאַל עִמָּהֶם
שֶׁנֶּאֱמַר

וְאוֹתָנוּ הוֹצִיא מִשָּׁם דברים ו
לְמַעַן הָבִיא אֹתָנוּ
לָתֶת לָנוּ אֶת־הָאָרֶץ
אֲשֶׁר נִשְׁבַּע לַאֲבֹתֵינוּ:

מכסה את המצות ואוחז את הכוס ואומר:

לְפִיכָךְ אֲנַחְנוּ חַיָּבִים

לְהוֹדוֹת לְהַלֵּל לְשַׁבֵּחַ
לְפָאֵר לְרוֹמֵם לְהַדֵּר
לְבָרֵךְ לְעַלֵּה וּלְקַלֵּס

לְמִי שֶׁעָשָׂה לַאֲבוֹתֵינוּ וְלָנוּ אֶת כָּל הַנִּסִּים הָאֵלֶּה
הוֹצִיאָנוּ מֵעַבְדוּת לְחֵרוּת
מִיָּגוֹן לְשִׂמְחָה
מֵאֵבֶל לְיוֹם טוֹב
וּמֵאֲפֵלָה לְאוֹר גָּדוֹל
וּמִשִּׁעְבּוּד לִגְאֻלָּה
וְנֹאמַר לְפָנָיו שִׁירָה חֲדָשָׁה

הַלְלוּיָהּ.

מניח את הכוס מידו וחוזר ומגלה את המצות.

תהלים קיג

הַלְלוּיָהּ

הַלְלוּ עַבְדֵי יהוה, הַלְלוּ אֶת־שֵׁם יהוה:
יְהִי שֵׁם יהוה מְבֹרָךְ, מֵעַתָּה וְעַד־עוֹלָם:
מִמִּזְרַח־שֶׁמֶשׁ עַד־מְבוֹאוֹ, מְהֻלָּל שֵׁם יהוה:
רָם עַל־כָּל־גּוֹיִם יהוה, עַל הַשָּׁמַיִם כְּבוֹדוֹ:
מִי כַּיהוה אֱלֹהֵינוּ, הַמַּגְבִּיהִי לָשָׁבֶת:
הַמַּשְׁפִּילִי לִרְאוֹת, בַּשָּׁמַיִם וּבָאָרֶץ:
מְקִימִי מֵעָפָר דָּל, מֵאַשְׁפֹּת יָרִים אֶבְיוֹן:
לְהוֹשִׁיבִי עִם־נְדִיבִים, עִם נְדִיבֵי עַמּוֹ:
מוֹשִׁיבִי עֲקֶרֶת הַבַּיִת, אֵם־הַבָּנִים שְׂמֵחָה

הַלְלוּיָהּ:

תהלים קיד

בְּצֵאת

יִשְׂרָאֵל מִמִּצְרָיִם,

בֵּית יַעֲקֹב מֵעַם לֹעֵז:
הָיְתָה יְהוּדָה לְקָדְשׁוֹ, יִשְׂרָאֵל מַמְשְׁלוֹתָיו:
הַיָּם רָאָה וַיָּנֹס, הַיַּרְדֵּן יִסֹּב לְאָחוֹר:
הֶהָרִים רָקְדוּ כְאֵילִים, גְּבָעוֹת כִּבְנֵי־צֹאן:
מַה־לְּךָ הַיָּם כִּי תָנוּס, הַיַּרְדֵּן תִּסֹּב לְאָחוֹר:
הֶהָרִים תִּרְקְדוּ כְאֵילִים, גְּבָעוֹת כִּבְנֵי־צֹאן:
מִלִּפְנֵי אָדוֹן חוּלִי אָרֶץ, מִלִּפְנֵי אֱלוֹהַּ יַעֲקֹב:
הַהֹפְכִי הַצּוּר אֲגַם־מָיִם, חַלָּמִישׁ לְמַעְיְנוֹ־מָיִם:

אוחז את הכוס ואומר:

בָּרוּךְ אַתָּה יהוה אֱלֹהֵינוּ מֶלֶךְ הָעוֹלָם
אֲשֶׁר גְּאָלָנוּ, וְגָאַל אֶת אֲבוֹתֵינוּ מִמִּצְרַיִם
וְהִגִּיעָנוּ הַלַּיְלָה הַזֶּה, לֶאֱכָל בּוֹ מַצָּה וּמָרוֹר.
כֵּן יהוה אֱלֹהֵינוּ וֵאלֹהֵי אֲבוֹתֵינוּ
יַגִּיעֵנוּ לְמוֹעֲדִים וְלִרְגָלִים אֲחֵרִים
הַבָּאִים לִקְרָאתֵנוּ לְשָׁלוֹם
שְׂמֵחִים בְּבִנְיַן עִירֶךָ
וְשָׂשִׂים בַּעֲבוֹדָתֶךָ
וְנֹאכַל שָׁם
מִן הַזְּבָחִים
וּמִן הַפְּסָחִים

/במוצש"ק: מִן הַפְּסָחִים וּמִן הַזְּבָחִים/

אֲשֶׁר יַגִּיעַ דָּמָם
עַל קִיר מִזְבַּחֲךָ לְרָצוֹן
וְנוֹדֶה לְךָ
שִׁיר חָדָשׁ
עַל גְּאֻלָּתֵנוּ וְעַל פְּדוּת נַפְשֵׁנוּ
בָּרוּךְ אַתָּה יהוה, גָּאַל יִשְׂרָאֵל.

הִנְנִי מוּכָן וּמְזֻמָּן לְקַיֵּם מִצְוַת כּוֹס שֵׁנִי שֶׁל אַרְבַּע כּוֹסוֹת
לְשֵׁם יִחוּד קֻדְשָׁא בְּרִיךְ הוּא וּשְׁכִינְתֵּהּ עַל יְדֵי הַהוּא טָמִיר וְנֶעְלָם בְּשֵׁם כָּל יִשְׂרָאֵל.

בָּרוּךְ אַתָּה יהוה
אֱלֹהֵינוּ מֶלֶךְ הָעוֹלָם
בּוֹרֵא פְּרִי הַגָּפֶן.

שותים בהסבת שמאל.

כוס שנייה
כנגד רבקה אימנו

רבקה, הלילה הזה

נתתי שיעור בקריית ארבע לנשים שריחן כריח גן עדן. לרבות מהן יש כיסא ריק ואולי גם שניים בליל הסדר. לאחר השיעור הגיע הממונה על מערת המכפלה ובישר: "במיוחד בשבילכן פותחים את אולם יצחק במערת המכפלה".

מעולם לא הייתי באולם יצחק, בטח לא בחצות הלילה. חיילים נאמנים מובילים אותנו לשם בחרדת קודש. לראשונה בחיי אני רואה את פתח גן עדן.[160]

"תתכופפו, תתכופפו", הוא אמר לנו ואני מתכופפת ומרגישה רוח מדהימה, רוח שעולה מלמטה דרך הנקבים האלה, דרך פתח גן עדן.

כל כך ביקשתי שם על עם ישראל. עמדתי בין יצחק לבין רבקה, **זֶה בְּזָוִית זוֹ וְזוֹ בְּזָוִית זֶה**[161] והתחננתי לרבקה ששוב תגנוב לנו את הברכות בליל הסדר, גם אם לא מגיע לנו, גם אם אבא חושב אחרת. קדימה, אימא! הגבורה הזאת שיש רק לך! כמה דמיינתי אותה שרה "חד גדיא, חד גדיא", פושטת את העור מעל שני גדיי העיזים האלה ומלבישה אותם באהבת אין סוף על חלקת צווארו של בנה האהוב. שולחת אותו עמוס־עמוס בתפילות שלה, בדמעות שלה, לוחשת: "די. הלילה הזה, הלילה הזה... כולו שלך, ילד. סע!".

לפי ספר הזוהר, סיפור הברכות של יעקב ועשיו התרחש בליל הסדר ממש. למעשה רבקה פשוט נתנה את חייה בלילה הזה. לאחר מכן לא שומעים על אודותיה יותר. הולכת ונעלמת, נספגת בדמותה של מיניקתה.[162] היא נספגת בתורה ואיננה, כי נתנה את חייה בשליחותה.

אמא רבקה מתפללת על כל היעקובים, כל ילדינו המעוכבים, אלה שנשארו מאחור. בזכותה, הלב פועם.[163]

[illegible]

נוטלים את הידיים לסעודה ומברכים:

בָּרוּךְ אַתָּה יהוה אֱלֹהֵינוּ מֶלֶךְ הָעוֹלָם
אֲשֶׁר קִדְּשָׁנוּ בְּמִצְוֹתָיו, וְצִוָּנוּ עַל נְטִילַת יָדָיִם.

מוֹצִיא מַצָּה

מגביה את שלוש המצות ואומר:

הִנְנִי מוּכָן וּמְזֻמָּן לְקַיֵּם מִצְוַת אֲכִילַת מַצָּה.
לְשֵׁם יִחוּד קֻדְשָׁא בְּרִיךְ הוּא וּשְׁכִינְתֵּהּ עַל יְדֵי הַהוּא טָמִיר וְנֶעְלָם בְּשֵׁם כָּל יִשְׂרָאֵל.

בָּרוּךְ אַתָּה יהוה אֱלֹהֵינוּ מֶלֶךְ הָעוֹלָם
הַמּוֹצִיא לֶחֶם מִן הָאָרֶץ.

מניח את המצה התחתונה מידו ואוחז את העליונה ואת האמצעית ומברך:

בָּרוּךְ אַתָּה יהוה אֱלֹהֵינוּ מֶלֶךְ הָעוֹלָם
אֲשֶׁר קִדְּשָׁנוּ בְּמִצְוֹתָיו, וְצִוָּנוּ עַל אֲכִילַת מַצָּה.

נוטל לעצמו ונותן לכל אחד מן המסובים כזית מן המצה העליונה וכזית מן האמצעית,
(או שכל אחד ואחד לוקח לעצמו כשני זיתים מן המצה השמורה שלפניו) ואוכלים בהסבת שמאל.

הָעֲבוֹדָה הַזֹּאת לָכֶם

בקשי רפואה ואמונה. עכשיו!

מצה

מפגש שמיים וארץ

הגענו לאכילה הראשונה של המצה. רגע גבוה ונפלא! חז"ל מכנים את המצה **נַהֲמָא דְאַסְוָתָא, נַהֲמָא דִמְהֵימְנוּתָא.**[164] לחם של רפואה (אַסְוָתָא – כמו אָסוּתָא, ריפוי), לחם של אמונה. אלה שני דברים משולבים ביחד. האם תהיה לכם האמונה שהמצה היא לחם של רפואה?

לפי הזוהר הקדוש, מי שמרגישה שהאמונה שלה חלשה, תאכל מצה. **וּרְעֵה אֱמוּנָה**[165] – האמונה צריכה שירעו (שיאכילו) אותה. והמצה מאכילה את האמונה כי היא פשוטה, עשויה קמח ומים. אדם מקבל השגה פשוטה ואמונה פשוטה, כמו המצה, כשאוכל אותה. במילים אחרות, ברגע הזה האמונה שלך מתחזקת.

הרב סלמן מוצפי הגדול היה מנשק את המצה ומחבק את המצה, ובנו הרב מוצפי כותב: **חסידים ואנשי מעשה, כשמברכים על המצה "הַמּוֹצִיא לֶחֶם מִן הָאָרֶץ" ו"עַל אֲכִילַת מַצָּה", לאחר הטעימה היו מחבקים את המצות בזרועותיהם ומנשקים אותן משום חיבוב מצווה. ויש למנהג זה סמך בדברי רבותינו ז"ל.**

אצלי בבית כשאוכלים את המצה הראשונה יש שתיקה גדולה. שומעים רק את המצה מתפצחת בפה.

ותבכי. את המצה הראשונה אוכלים בהסבה ובוכים. דמעות.

ההסבר המיסטי: ביום השני לבריאת העולם ה׳ הפריד בין המים העליונים (שָׁם־מים) לבין המים התחתונים (הבארות, הימים והנהרות). מאז, מספר המדרש הנפלא, נקראים המים התחתונים **מים בוכים**, כי הם בוכים מגעגוע: למה רק אתם למעלה? גם אנחנו רוצים להיות מול ה׳![166]

וה׳ אומר למים: אל תבכו. אתם תעלו אלי בבית המקדש, בחג הסוכות בשעת ניסוך המים ובשעת הקרבת הקורבנות. ממליחים את הקורבן במלח, שספוג מי ים. כשקורבן עולה באש, המים עולים איתו וכך המים פוגשים שוב את ה׳.

זו הייתה הפרידה הראשונה, המחלוקת הראשונה בעולם. ביום השני לבריאה, המילה "טוב" לא נאמרת כלל. מתי היינו מרפאים את כל הפירוד וה"לא טוב" של החיים? בבית המקדש.

וכשבית המקדש חרב? מפרש ה"ישמח משה", חסיד עצום: **עַל נַהֲרוֹת בָּבֶל שָׁם יָשַׁבְנוּ גַּם בָּכִינוּ.**[167] מי בכה? אנחנו ו... נהרות בבל. הנהרות בכו: אין בית מקדש, אין ניסוך מים, אין קורבנות ומתי נעלה לפניך? מתי הלא־טוב יתוקן?

פייס אותם הקב"ה ואמר: בכל שנה, כשיהיו בניי לוקחים מים שֶׁלנו (עמדו לילה שלם) ולשים בהם מצות, כשיטבלו בליל הסדר את המצה במלח וירטיבו את המצה במים שבפיהם, באותו רגע מי שאוכל את המצה יחד עם המים התחתונים שבלועים בה, המים עולים מול כיסא הכבוד ומתאחדים שוב עם המים העליונים.

אי־אפשר שלא לבכות באכילת המצה הראשונה. את בוכה עם המים הבוכים שבלועים במצה הזו, כי זו ההזדמנות שלהם, רק פעם בשנה מאז שחרב בית המקדש, לפגוש שוב את הקב"ה. באכילת כזית הראשונה של המצה את מול כיסא הכבוד. פשוט תישעני על אבא. את תראי שהלא־טוב בחיים שלך פתאום ירגיש טוב.

הָעֲבוֹדָה הַזֹּאת לָכֶם

אמר להם הקב"ה:
בכל פעם שיהיו בניי
מכניסים מצה אל פיהם,
מצה עשויה ממים תחתונים,
מים ש־לנו,
וכשאת אוכלת את המצה,
את עומדת מול כיסא הכבוד.
שִׁפְכִי כַ־מַּיִם לִבֵּךְ
כי עכשיו את **נֹכַח פְּנֵי ה׳**.[168]

אומרים חסידים: באכילת מצה,
את מול כיסא הכבוד
וכל ה"לא־טוב" של העולם
מתרפא עכשיו.
ואת פוגשת משהו
שהתגעגעת אליו כל כך.
קוראים לזה "גילוי שכינה".
ותבקשי הכול,
ותתפללי על הכול,
כי יש כאן מפגש כל כך נדיר,
של עליונים ושל תחתונים.
מכתב אהבה עצום.

זה רגע שקורה אחת לשנה. את מול ה׳ ממש, הוא רואה את כל כאבייך, את עונייך, את צערך, את כל בדידותך, הכול. זה רגע כל כך, כל כך גבוה.

ועכשיו, לבקש על זיווגך

רגע אכילת המצה הראשונה הוא זמן מסוגל לתפילה גדולה על זיווג ועל שלום בית.

מבואר בזוהר: **פתח רבי חייא ואמר: "בָּרִאשֹׁן בְּאַרְבָּעָה עָשָׂר יוֹם לַחֹדֶשׁ בָּעֶרֶב תֹּאכְלוּ מַצֹּת".**[169] **וכתוב "שִׁבְעַת יָמִים תֹּאכַל עָלָיו מַצּוֹת לֶחֶם עֹנִי".**[170] המילה "עוני" כתובה בלי האות ו׳; לחם עָנִי. **ודבר זה, נתעוררו החברים:** למה כתוב "לחם עני" וצריך לקרוא "לחם עוני"?

והתשובה: לֶחֶם עֹנִי – זה מצה. **כי נוקבא, בלי זכר. ענייה היא. והיא כמו מצה, ואחרי שאוכלים המצה, דהיינו שמזדווגת, נקרא מִצוה בתוספת ו׳. ועל כן במדרגתה הראשונה נקראת מצה ואחר כך נקראת מצווה.**[171] במילים אחרות, מהו "לחם עני"? זו המצה בלי ו׳. ומי שהיא לבד, היא בבחינת מצה. חיבור הזכר והנקבה מתרחש אחרי שמכניסים את המצה לפה ואז המצה הופכת למִצְוָה (לשון "צוותא"), שני דברים שמתחברים בתוספת האות ו׳ (אנחנו כבר יודעות שספר הזוהר עוסק בחיבורים ובמפגשים בעולמות עליונים ותחתונים).

אז "לֶחֶם עֹנִי" כתוב בלי ו׳. אך ברגע שאת אוכלת, המצה הופכת למִצְוָה, עם ו׳. זאת אומרת שאת כבר לא "מצה", במריבה ובמחלוקת עם הצד האחר שלך. עכשיו את מִצְוָה! את צוות! ה׳ מְצַוֵּת אלייך את מי ששייך לשורש נשמתך.

הביטי במצה הזאת. הבדידות שלה, העניות שלה, איך היא קטנה, בודדה, מיובשת, מתפוררת. מרגישה מלאה חורים. ברגע שמְּצַוְּותים אותה לפה של מישהו, המצה מקבלת את ה־ו שהייתה חסרה והנה, מצווה. צוותא.

אז אם את בודדה, אם את מחכה לבן זוגך, אכלי מצה, צרפי אותה אלייך וכווני על הצוותא הזה. שהזיווג שלך ימצא אותך. "אני לא רוצה להיות ׳מצה׳, אני רוצה להיות מִצְוָה – מְצוּוֶּתֶת למישהו. רוצה לקיים את המצווה הזאת של הקמת בית בישראל".

נשואה? כווני על שלום בית ועל זוגיות מתוקנת.

מכתב אהבה בביס אחד

ריכוז, בבקשה. אין לדבר בזמן אכילת המצה, כי זה **לֶחֶם עוֹנִי, לֶחֶם שֶׁעוֹנִין עָלָיו דְּבָרִים.**[172]

על מה עונים לך עכשיו משמיים?

על שאלות שקשה לך לשאול, כאישה.

וכשאת אוכלת את המצה, אומר הרב הוטנר, שימי לב שהיא מחורצת שורות-שורות, מפני שהיא "מכתב קטן ממישהו רחוק מכאן".[173] הקב"ה עונה לך על כל הקושיות בביס הזה של המצה. וכשתאכלי את המצה הזו תרגישי שהוא אומר לך "אוהב אותך, אוהב אותך, אוהב אותך".[174]

אכילת המצות היא רגע אדיר. חסידים היו מנשקים ומחבקים את המצה כי היא מכתב מאלוקים. היא מכתב עתיק. ה' כותב לך **זָכַרְתִּי לָךְ חֶסֶד נְעוּרַיִךְ**. אני תמיד מתרגשת מהסיפור של אשתו של הרב שיינברגר. כשהיו אוכלים את המצה, האיש הגדול שלה היה מביט בה ושר לה **כֹּה אָמַר ה', זָכַרְתִּי לָךְ חֶסֶד נְעוּרַיִךְ אַהֲבַת כְּלוּלֹתָיִךְ, לֶכְתֵּךְ אַחֲרַי בַּמִּדְבָּר בְּאֶרֶץ לֹא זְרוּעָה.**[175] זה רגע אדיר, אדיר, של קִרבה.

אבל ימימה, השיניים... העיכול...

אל תחשבי על זה. תחשבי רק איך זה מסלק את הלא־טוב. איך נקראת המצה בזוהר – **נהמא דְּאַסְוָותא, נהמא דמהימנותא**. לחם של רפואה, לחם של אמונה. תאכלי מצה, תכווני על כל הנחת והכוח והאמונה שתקבלי.

אבהות זה עכשיו

אומר אדמו"ר הזקן: כתוב בגמרא: **אין התינוק יודע להגיד "אבא" ו"אימא" עד שיטעום טעם דגן.**[176] כך כתוב. ילד לא יכול לקרוא להוריו עד שהוא אוכל לחם. **למה יש סיבת הדעת בתינוק כשיטעום טעם דגן דווקא?** והוא עונה תשובה פלאית: כי ילד לא מבין מה פירוש אבהות, הוא לא מבין שיש כאן מבוגר שאחראי עליו. הוא כן מבין מי נותן לו את האוכל הראשון בחיים שלו: וויי – אבא! מי מיניקה אותו ראשונה כשהוא נולד: היי – אימא!

אומר אדמו"ר הזקן: כשתאכלי את חתיכת המצה הראשונה את תרגישי את אבא, את תרגישי טעם של אלוקים. כי כשעם ישראל יצא ממצרים, הם היו כמו עובר שנולד והאוכל הראשון שהוא אכל ברגע לידתו היה מצה. זה טעם של אבא. אין דבר כזה שלא תרגישי חיבוק ענק בביס הראשון של המצה.[177]

קוראים למצה **נהמא דמהימנותא**, לחם של אמונה. את מקבלת אמונה - במה? בכך שאת מושגחת.[178] "פסח", אומר הרב וולבה, משמעו שה' פסח על דלתות המצרים - כי הוא רצה לגאול *אותי*. בדייקנות הוא דילג: "לא עליה. לא עליה. לא עליה". במילים אחרות, אני מושגחת ברמת הפינצטה.

כל ליל הסדר ובכלל, כל חודש האביב, זה זמן מושגח. "אביב" - לשון "אב": אבא פה, נשמה. אבא פה. אין לך מה לדאוג משום דבר.[179]

למה המצה כל כך פשוטה? כדי שהטעם היחיד שתרגיש בה יהיה אבא. אבא נתן לי. ואולי זה לא טעים. אז למה את אוכלת? כי זה אבא.

כל ליל הסדר, אומר הרב וולבה זצ"ל, בא כדי להגיד לך: את שמורה. את לא מבינה כמה. **לֵיל שִׁמֻּרִים הוּא לַה'**.[180] את מושגחת, אין לך מושג כמה. שמורה, שמורה, שמורה. מהרגע שנקצרת מרחם אימך. את שמורה משעת קצירה. שום דבר הוא לא סתם. תביני שאת מושגחת, שאבא פה.

יש עוד הרבה מה לכתוב על הרגע המדהים של אכילת המצה, אבל נסיים ברב וולבה:

ברגע אכילת המצה ירגיש האדם מהו סוד חייו
וירגיש השגחה פרטית
והקב"ה יגלה לו את תפקיד חייו.
ובעת שאוכל את המצה ירגיש שממצה כישרונותיו
ואינו צריך לקנא באיש.
ואכילת המצה מסלקת הקנאה
ופתאום מקבל אמונה, שכל מה שיש לו הוא השגחה פרטית.
כך היא גָּזְרָה, כך היא רצתה, ואין להרהר אחריה
ונצליח לעבֵד עם הכלים שניתנו לנו.[181]

איזה יופי. ברגע אכילת המצה את מקבלת את התפקיד שלך ואומרת,
"אני מרגישה שאני ממצה. כמו המצה.
אפילו שאני לא תפוחה ואין לי את כל ה־וואו הזה, זה בסדר.
אני שלמה. אני שמחה".

אכילת מצה. רגע מדהים.

נוטל כזית מרור לעצמו ולכל המסובים וטובלו בחרוסת ואומר:

הִנְנִי מוּכָן וּמְזֻמָּן לְקַיֵּם מִצְוַת אֲכִילַת מָרוֹר.
לְשֵׁם יִחוּד קֻדְשָׁא בְּרִיךְ הוּא וּשְׁכִינְתֵּהּ עַל יְדֵי הַהוּא טָמִיר וְנֶעְלָם בְּשֵׁם כָּל יִשְׂרָאֵל.

בָּרוּךְ אַתָּה יהוה אֱלֹהֵינוּ מֶלֶךְ הָעוֹלָם
אֲשֶׁר קִדְּשָׁנוּ בְּמִצְוֹתָיו, וְצִוָּנוּ עַל אֲכִילַת מָרוֹר.

אוכלים בלי הסבה.

מָרוֹר

רפואה וחירות ממרירות, מתחרות, מעקרות

בואו נדבר על החרוסת. למה אוכלים חרוסת ויותר מזה, למה מטבילים את המרור בחרוסת? להלן ההסבר האהוב עליי והוא מיסטי לחלוטין.

הרב מוצפי: **סודות עמוקים נאמרו על החרוסת על פי הקבלה. והיא באה להמתיק את הדינים המרים ולבטל המוות, כי בלילה הזה טועם טעם מרירות, מפני שבלילה הזה נכנסת רחל לפני לאה, והחרוסת מְמַתֶּקֶת את הקנאה.**

ננסה להסביר את העניין המופלא הזה. לא שאנחנו מבינים, אבל אנחנו מרגישים: הטיבול של המרור במתיקות החרוסת ממתיק את הדינים – איזה? המרירות של אחות גדולה על שאחותה הצעירה ממנה נישאה לפניה / ילדה לפניה / הצליחה לפניה.

זה נושא כאוב שמרחף כמו ענ‍נה על המון משפחות. יש תחרות גדולה יכאב גדול והם צפים שבעתיים בליל הסדר. כי זה לילה שמקנאים בו, כי תמיד יהיו משפחות יותר מוצלחות, גיסות יותר מוצלחות, תבשילים יותר מוצלחים.

ומהו הצער הגדול? על עצם היותך מקנאת; והלוא זו אחותי / והלוא זו גיסתי. לאן לקח אותי הצער, איך הפכתי קטנה בגינו!

איזה רגש עבדותי, הקנאה. רגש מנמיך כל כך.

וזה הביאור העמוק לפי האר"י הקדוש:

דע, כי הזיווג הנעשה בליל פסח, הוא עם רחל (האחות הקטנה)
ואין זיווג עם לאה כלל בליל זה.
ואנו צריכים להמתיק את הדינים,
אף על פי שאין הזיווג עימה (עם לאה)
וזה נעשה על ידי טיבול המרור בחרוסת.

וזה סוד אותיות "רות" שבחרוסת, שהיא בחינת לאה.

בתוך החרוסת מגולמות, כך לפי הקבלה, שלוש נשים: לאה, רחל והמיזוג שלהן, שזו רות. ולכן במילה חרוסת נמצא גם שמה של רות. לאה בצער גדול בלילה הזה מפני שיעקב נשאר עם רחל והיא, נשארת חסרה. אבל רות חוברת ללאה. משתיהן ייוולד משיח בן דוד. ורות אומרת ללאה, את תצאי מהצער הזה. משיח יצא ממך. גם אני, רות, התאפשרתי ממרירות.

קנאה היא צער גדול, מתיחות איומה, ואם התורה משתמשת במילה הזאת, אנחנו בוודאי לא נוכל להתכחש לה: קנאת אחיות, רחל בלאה (**וַתְּקַנֵּא רָחֵל בַּאֲחֹתָהּ**[182]) ולאה ברחל (**הַמְעַט קַחְתֵּךְ אֶת אִישִׁי?**[183]). ואם ה׳ אומר לך ללעוס מרור, הוא נותן לך לגיטימציה לתחושות האלה. אל תדחיקו אותן. זה קיים. משפחה זה דביק, מעצבן, מַקְנִיא. אז תקנאי.

ומה תעשי – תלעסי את הכאב טוב טוב טוב. לא לבלוע, תלעסי. יהיה בסוף מתוק. החרוסת, כאמור, ממתקת את הקנאה, אבל כדי להגיע אליה עלייך ללעוס את המרור היטב, לטעום היטב את המרירות.

הרב וולבה כותב וזה כל כך יפה:

ברגע לעיסת המרור אדם מקבל את תפקידו הייחודי. אין אדם יוצא מסבך הקנאה ומשלים עם עצמו, עד שידע שלכך נבחר, וסוד חייו הוא השגחה פרטית, והיא שיצרה אותו והיא שהטילה עליו את תפקיד חייו ואין שום מקום להשוות עצמו עם אחרים או להשוות את המרור שהוא לועס למרור של אחרים. כי ״אֵין מַלְכוּת נוֹגַעַת בַּחֲבֶרְתָּהּ אֲפִילוּ כִּמְלֹא נִימָא״,[184] ואל יסתכל בשעת אכילת המרור ימין ושמאל אלא רק למעלה, כי הכל גזרת השגחתו הפרטית וזה המסלול שלו לגאולתו שלו.

המרור הזה שאת לועסת־לועסת־לועסת, בוכה את קנאתך, בוכה עלייך שהפכת מקנאת, ופתאום זה ייתן לך כזה טעם של פיוס. פתאום את בת חורין מהרגש הנמוך הזה, כי עיכלת אותו, כי לעסת אותו. כי הבנת: זה מר, אבל זה שלי. אני לא מתעלמת. אני אלעס את זה טוב, אבלע את זה טוב ואפנה מקום להרפתקה המופלאה הבאה.

והרב מוצפי מביא מהאר״י הקדוש: **וזה הטעם שצריך שירגיש טעם מרירות. בְּלָעוֹ** (את המרור) – **לא יצא ידי חובתו, עד שילעסנו בשיניו. כי על ידי טחינת השיניים, מתמתקים ומתדקדקים** (נעשים דקים־דקים) **כוחות הדין שבלאה** (הכעס על אי־הצדק, והתסכול שזו אחות ואת אמורה לפרגן לה ואת לא מצליחה), **על ידי ל״ב שיניים.**[185]

מטבלים את המרור בחרוסת ומקבלים בסוף סוג של פיוס.

וחייבים לעבור את הכתיתה הנשית הזו, לבוסס בטיט הנשי הזה. כשתעשי את הדברים בסדר הנכון, לאט־לאט, את תירפאי. ממרירות, מתחרות, מערירות, מעקרות.

הבנת? לא. גם אני לא. תלעסי. תלעסי ותתפייסי. בסוף בולעים את המרור. אבל אל תמהרי, כי הקנאה המגעילה תעלה בך גרה. תישארי איתה קצת. תלעסי. ותבקשי להמתיק את הקנאה הזאת, את הכעס הזה.

והיא (החרוסת) **באה להמתיק דינים מרים בחסדים, ולבטל מוות מעל ישראל. ומעוררת זכות אימותינו הצדקניות, ובעיקר זכות רחל ולאה ורות, אם המלכה.**[186]

את לועסת את הטעם של האימהות, פשוט יונקת עכשיו מרחל, מלאה ומרוּת. זה מה שאני יכולה להסביר בדלותי. קשה להבין, אבל כשמקשיבים שומעים צעקה גדולה עולה מלעיסת המרור.

בסיפורי מעשיות ניגאל

סיפורי רבי נחמן

מעשה ממרור

שֶׁפַּעַם אַחַת הָלְכוּ יְהוּדִי וְגֶרְמַנִי יַחַד לִנְדוֹד. וְלִמֵּד הַיְהוּדִי אֶת הַגֶּרְמַנִי שֶׁיַּעֲשֶׂה אֶת עַצְמוֹ כְּמוֹ יְהוּדִי

וְלֹא יִקְשֶׁה עָלָיו הַדָּבָר, כֵּיוָן שֶׁהַלָּשׁוֹן הוּא אֶחָד וְהַיְהוּדִים הֲרֵי רַחֲמָנִים וּבְוַדַּאי יְרַחֲמוּ עָלָיו.

כֵּיוָן שֶׁבָּא סָמוּךְ לְפֶסַח, לִמְּדוֹ אֵיךְ שֶׁיִּתְנַהֵג בְּבֵית הַיְהוּדִי שֶׁיַּזְמִינוֹ לְשֻׁלְחַן הַסֵּדֶר: בַּתְּחִלָּה עוֹשִׂין קִדּוּשׁ. וְאַחַר כַּךְ רוֹחֲצִים יָדַיִם. אוּלָם שָׁכַח לוֹמַר לוֹ שֶׁאוֹכְלִים מָרוֹר.

וְכֵן הָיָה, שֶׁהִזְמִינוֹ יְהוּדִי אֶחָד אֵלָיו לַסֵּדֶר. אוּלָם הוּא הָיָה רָעֵב מִכָּל הַיּוֹם וְצִפָּה שֶׁכְּבָר יַגִּיעוּ לֶאֱכוֹל אֶת הַדְּבָרִים הַטּוֹבִים שֶׁאָמַר לוֹ הַיְהוּדִי.

אוּלָם הוּא רָאָה כִּי נָתְנוּ לוֹ חֲתִיכַת כַּרְפַּס בְּמֵי מֶלַח וּשְׁאָר הַדְּבָרִים הַנּוֹהֲגִים בַּסֵּדֶר, וְאוֹמְרִים אֶת הַהַגָּדָה. וְהוּא בְּעֵינַיִם צוֹפִיּוֹת מְצַפֶּה כְּבָר לַאֲכִילָה...

וְהִנֵּה כַּאֲשֶׁר הִבְחִין כִּי בּוֹצְעִים אֶת הַמַּצָּה, שָׂמַח, כִּי הִנֵּה עוֹד מְעַט קָט יוּכַל לְהַשְׁקִיט אֶת רַעֲבוֹנוֹ. וּפִתְאוֹם – נוֹתְנִים לוֹ מָרוֹר. וְכַאֲשֶׁר הִכְנִיסוֹ לַפֶּה נַעֲשָׂה לוֹ מַר בְּפִיו וְחָשַׁב שֶׁזֶּהוּ הַסְּעוּדָה שֶׁרַק זֶה יֹאכְלוּ, וּבָרַח תֵּיכֶף בִּמְרִירוּת וְרָעֵב. וְחָשַׁב לְעַצְמוֹ: יְהוּדִים אֲרוּרִים. אַחַר כָּל הַחֲגִיגָה נוֹתְנִים לִי לֶאֱכוֹל מָרוֹר...

וּבָא לְבֵית הַמִּדְרָשׁ וְנִרְדַּם שָׁם.

אַחַר כָּךְ בָּא הַיְּהוּדִי בְּפָנִים שְׂמֵחוֹת שָׂבֵעַ מַאֲכִילָה וּשְׁתִיָּה וּשְׁאָלוֹ אֵיךְ הָיָה לְךָ הַסֵּדֶר? וְסִפֵּר לוֹ בְּכַעַס מִמַּה שֶּׁעָבַר עָלָיו.

אָמַר לוֹ הַיְּהוּדִי: אוֹי, גֶּרְמַנִי שׁוֹטֶה. אִם הָיִיתָ מְחַכֶּה רַק עוֹד מְעַט, הָיִיתָ אוֹכֵל כָּל טוּב כָּמוֹנִי.

וְסִפֵּר זֹאת רַבֵּנוּ לוֹמַר שֶׁזִּכּוּךְ הַגּוּף בָּא בִּמְרִירוּת, אוּלָם הָאָדָם חוֹשֵׁב שֶׁתָּמִיד יִהְיֶה רַק הַמְּרִירוּת. עַל כֵּן בּוֹרֵחַ תֵּיכֶף. אוּלָם אִם מְחַכֶּה מְעַט וְסוֹבֵל מְעַט הַמְּרִירוּת מִזִּכּוּךְ גּוּפוֹ, אָז מַרְגִּישׁ אַחַר כַּךְ כָּל מִינֵי חִיּוּת וְתַעֲנוּג.

איך הלא־יהודי מתייאש כשהאוכל לא מגיע, לא מגיע, לא מגיע. וסוף־סוף מגיע האוכל והוא טורף ומגלה: זה המרור. והוא מקלל. והולך. והיהודי אומר לו: "זו רק התחלת הסיפור... מה התייאשת בפרק הראשון?!".

והאור החיים המהמם יגיד שאוכלים מרור כי זה כמו לשים חריף באוכל. זה מְתַבְלֵן את הכול. ה־י חריף אי־אפשר לאכול לבד, אבל כשממזגים אותו במאכלים, הוא עושה את הכול טעים.

בוצע את המצה התחתונה, נוטל ממנה כזית וכורך עמה כזית מן המרור, מחלק למסובים
(או שכל אחד מהם נוטל מן המצה השמורה שלפניו וכורך) ואומר:

זֵכֶר לַמִּקְדָּשׁ כְּהִלֵּל.
כֵּן עָשָׂה הִלֵּל בִּזְמַן שֶׁבֵּית הַמִּקְדָּשׁ הָיָה קַיָּם
הָיָה כּוֹרֵךְ פֶּסַח, מַצָּה וּמָרוֹר
וְאוֹכֵל בְּיַחַד
לְקַיֵּם מַה שֶּׁנֶּאֱמַר:
עַל־מַצּוֹת וּמְרֹרִים יֹאכְלֻהוּ:

אוכלים בהסבת שמאל.

במדבר ט

הָעֲבוֹדָה
הַזֹּאת לָכֶם

בקשי שנדע לחכות
לכריכה האחורית בסיפור.
בסבלנות, כמו הלל.

לראות את הסיפור מכריכה לכריכה

ב"כורך" את לוקחת את המרור (תחשבי על הדבר המר ביותר בחייך), כורכת אותו בגאולה (מצה, חרוסת) ואומרת: "אני יודעת שמהרע הזה, יצא טוב. זה רק פרק התחלתי ואני, כורכת את הכול מההתחלה. **אֶחָד מִי יוֹדֵעַ?** אני יודעת; הכול אחד. בסיפור הזה מחכים לי פרקים שמחים".

בכּוֹרֵךְ פשוט תבקשי מה' לראות את הסוף של הסיפור שלך. הסוף הטוב כמובן.

יותר משבנות שואלות אותי "ימימה, מתי?", הן שואלות "ימימה, למה? למה אני לא?". בכורך, כאשר שמים את המרור בין שתי המצות, צריך לבקש מהקב"ה לראות את כל הסיפור מכריכה לכריכה. להבין שאולי אני בפרק מותח במיוחד עכשיו, והעלילה לא זורמת טוב כרגע, אבל תראה לי את הסיפור כולו. תעשה לי "כורך".

כֵּן עָשָׂה הִלֵּל בִּזְמַן שֶׁבֵּית הַמִּקְדָּשׁ הָיָה קַיָּם: הָיָה כּוֹרֵךְ מַצָּה וּמָרוֹר וְאוֹכֵל בְּיַחַד - למה? כשהיו שומעים בעיר צעקה, היה הלל אומר: **מֻבְטָח אֲנִי שֶׁאֵין זֶה בְּתוֹךְ בֵּיתִי.**[187] אני בטוח שהצעקה הזאת לא הגיעה מהבית שלי.

איך אתה כל כך בטוח?

כי לימדתי את בני הבית שלי שלא צועקים. כשמשהו קורה, מחכים לפרק הבא.

כתבי לך את הפרק שבו את מגיעה לפִרקך. שבו את מקבלת מה שהכי רצית בעולם. תקבעי את הכריכה כבר מעכשיו. מניסיון של מי שהוציאה כמה וכמה ספרים, זה החלק הקשה. בכריכה האחורית את צריכה לתמצת את העלילה ולתמצת שם את דמותך ובכריכה הקדמית עלייך לתכנן את הציור שיהיה שם, כזה שיעביר את הסיפור בכמה קווים. ולתת שם לסיפור.

ואז את צריכה להחליט אם זו תהיה כריכה קשה או כריכה רכה (כמה סמלי!).

וזה שווה, זה שווה! בשלב הכריכה את מסתכלת מהצד על כל מה שעברת ויש לך גם כאן המון בחירה.

ימימה, הסיפור שלי הוא לא כרך אחד. הוא סדרה ארוכה ומתפתלת. כמה עונות ה׳ ימציא לה?

זו שאלה מקסימה שחייבת להביא משיח. כמה עונות אתה מתכוון להריץ את הסדרה הזאת, רק שנדע...

אוכלים ושותים כברכת ה׳.

הָעֲבוֹדָה הַזֹּאת לָכֶם

בשולחן עורך אנחנו מבקשות להעריך.
בקשי שפע, אחדות, הארת פנים.

בקשי שהלחם העני הזה יסעד לבב אנוש.
בקשי להעריך את מי שעמדה
לקראת הסעודה הזו, את מי שערך קניות,
את מי שהגיעה כשהיה לה קשה כל כך.

ההערכה הזו תהיה לעריכה מופלאה.

זהירות בעריכה! השולחן כבר מעט מבולבל, כתמי יין ופירורי מצה משמשים בערבוביה ואסור הערב לשכוח את היופי! עורכים מחדש ונערכים לגאולה מופלאה! וההיערכות תכלול את המחמאות שתחלקו להיא שעמדה ותבלנה ולהוא שבישל והכין, למי שכל כך רצו שיהיה לכם פשוט טעים.

♦♦♦

בסיפורי מעשיות ניגאל

סיפורי רבי נחמן

מעשה בבן מלך שנפל לשיגעון

פַּעַם אַחַת בֶּן מֶלֶךְ אֶחָד נָפַל לְשִׁגָּעוֹן שֶׁהוּא תַּרְנְגוֹל הוֹדוּ הַנִּקְרָא 'הִינְדִּיק'. וְצָרִיךְ לֵישֵׁב עָרוֹם תַּחַת הַשֻּׁלְחָן וְלִגְרֹר חֲתִיכוֹת לֶחֶם וַעֲצָמוֹת כְּמוֹ הִינְדִּיק. וְכָל הָרוֹפְאִים נוֹאֲשׁוּ מִלַּעֲזֹר לוֹ וּלְרַפְּאוֹ מִזֶּה. וְהַמֶּלֶךְ הָיָה בְּצַעַר גָּדוֹל מִזֶּה. עַד שֶׁבָּא חָכָם אֶחָד וְאָמַר: אֲנִי מְקַבֵּל עַל עַצְמִי לְרַפְּאוֹת!

וְהָלַךְ וְהִפְשִׁיט גַּם כֵּן אֶת עַצְמוֹ עָרֹם וְיָשַׁב תַּחַת הַשֻּׁלְחָן אֵצֶל בֶּן הַמֶּלֶךְ הַנַּ"ל, וְגַם כֵּן גָּרַר פֵּרוּרִים וַעֲצָמוֹת. וְשָׁאֲלוֹ בֶּן הַמֶּלֶךְ: מִי אַתָּה? וּמָה אַתָּה עוֹשֶׂה פֹּה? הֵשִׁיב לוֹ: וּמָה אַתָּה עוֹשֶׂה פֹּה? אָמַר לוֹ: אֲנִי הִינְדִּיק! אָמַר לוֹ: אֲנִי גַּם כֵּן הִינְדִּיק! וְיָשְׁבוּ שְׁנֵיהֶם יַחַד כָּךְ אֵיזֶה זְמַן, עַד שֶׁנַּעֲשׂוּ רְגִילִים זֶה עִם זֶה.

וְאָז רָמַז הֶחָכָם לִבְנֵי הַבַּיִת לְהַשְׁלִיךְ לָהֶם כֻּתָּנוֹת. וְאָמַר הֶחָכָם הַ'הִינְדִּיק' לְבֶן הַמֶּלֶךְ: אַתָּה חוֹשֵׁב שֶׁהִינְדִּיק אֵינוֹ יָכוֹל לֵילֵךְ עִם כֻּתֹּנֶת? יְכוֹלִים לִהְיוֹת לְבוּשִׁים כֻּתֹּנֶת וְאַף עַל פִּי כֵן יְהֵא הִינְדִּיק. וְלָבְשׁוּ שְׁנֵיהֶם הַכֻּתֹּנֶת.

וְאַחַר אֵיזֶה זְמַן רָמַז וְהִשְׁלִיכוּ לָהֶם מִכְנָסַיִם, וְאָמַר לוֹ הֶחָכָם גַּם כֵּן כַּנַּ"ל: אַתָּה חוֹשֵׁב שֶׁעִם מִכְנָסַיִם לֹא יְכוֹלִים לִהְיוֹת הִינְדִּיק?! וְכוּ' עַד שֶׁלָּבְשׁוּ הַמִּכְנָסַיִם. וְכֵן עִם שְׁאָר הַבְּגָדִים.

וְאַחֲרֵי כֵן רָמַז וְהִשְׁלִיכוּ לָהֶם מַאַכְלֵי אָדָם מֵהַשֻּׁלְחָן. וְאָמַר לוֹ: אַתָּה חוֹשֵׁב שֶׁאִם אוֹכְלִים מַאֲכָלִים טוֹבִים אִיז מֶען קַיְין הִינְדִּיק נִישְׁט? מְקֶען עֶסְן אוּן אוֹיךְ זַיְין אַהִינְדִּיק! וְאָכְלוּ.

וְאַחַר כֵּן אָמַר לוֹ: אַתָּה חוֹשֵׁב, שֶׁהִינְדִּיק מֻכְרָח לִהְיוֹת דַּוְקָא תַּחַת הַשֻּׁלְחָן?! יְכוֹלִים לִהְיוֹת הִינְדִּיק וְלִהְיוֹת אֵצֶל הַשֻּׁלְחָן! וְכֵן הִתְנַהֵג עִמּוֹ עַד שֶׁרִפֵּא אוֹתוֹ לְגַמְרֵי.

תתפלאו. יש כאלה שדווקא להרים את הראש מהטקסט ולאכול יחד, הכי קשה עבורם! אכילה מקרבת, יאמרו חז"ל,[188] ולכן דווקא מתחת לשולחן תתרחש הדרמה האמיתית.

מי נראה לכם עכשיו כמי שרוצה לצלול מתחת לשולחן ולהיעלם?

מי מראה כימני אנורקסיה נפשית?

מי פוחד להיפגש? **אַתְּ פְּתַח לוֹ!** רדו איתו מצרימה והעלו אותו לשולחן המשפחתי הזה. הסבירו לו שגם לזה קוראים חירות.

בגמר הסעודה מוציא את פרוסת המצה שהצפין לאפיקומן, נוטל כשני זיתים (שיעור אכילת אפיקומן כשני זיתים. כזית אחד – זכר לפסח, ואחד – זכר למצה הנאכלת עמו) ונותן גם למסובים (או שהם נוטלים מן המצה השמורה שלפניהם), ואומרים:

הִנְנִי מוּכָן וּמְזֻמָּן לְקַיֵּם מִצְוַת אֲכִילַת אֲפִיקוֹמָן.
לְשֵׁם יִחוּד קֻדְשָׁא בְּרִיךְ הוּא וּשְׁכִינְתֵּהּ
עַל יְדֵי הַהוּא טָמִיר וְנֶעְלָם בְּשֵׁם כָּל יִשְׂרָאֵל.

אוכלים בהסבת שמאל.

הָעֲבוֹדָה הַזֹּאת לָכֶם

בקשי אמונה בכך שבוודאי
ישנו שם החצי האבוד, הצפון.

הוא מבקש להימצא, לא פחות
משמבקשים הילדים למצוא אותו.

[illegible]

הגיע הזמן לחלק למשתתפים חתיכה מהאפיקומן שהחבאת קודם. אלה שניות עם כוח אדיר, שעת רצון עצומה.

כשבעל הבית מחלק את האפיקומן, הוא צריך לשאול כל אחד ״מה אתה מבקש?״ ולברך אותו בזה.

הרב קרליבך זצ״ל היה עורך סדרים ענקיים של מאות משתתפים. כשהיה מגיע זמן האפיקומן הוא היה עובר מאחד לאחד, מברר את שאלתו ובקשתו ומברך אותו. מאות אנשים.

פעם הגיע תורם של זוג. עקרים. שנים בלי ילדים.

מה אתם מבקשים? הוא שאל. הם פרצו בבכי עצום.

יהי רצון שיהיה לכם תינוק מקסים, בירך אותם. מקץ תשעה חודשים אכן נולד בן נפלא.

האפיקומן הוא התמצית של הברכה שנתן יצחק ליעקב בלילה הזה. לא לתת לאבא (או למי שמחלק) לחלק מבלי שיברך אותך בכל מה שאת זקוקה ומבקשת.

״שעת רצון״ היא זמן שבו ה׳ מסוגל לתת לך הכול – למה? כי עולה בך רצון גדול. בשעת רצון, הרצון שלך מסוגל לצאת בבהירות ולעשות שינוי.

לכן אל תשבי בדממה ובחוסר מעש, אלא נצלי את הרגעים המופלאים הללו, שלא ישובו עד לשנה הבאה, ותבקשי, תבקשי, תבקשי.

◆◆◆

מסופר בזוהר הקדוש שכאשר עשיו בוכה ואומר ״אבא, רק תראה לי, איזה ברכות קיבל יעקב?״, הראה לו אביו אפיקומן. אלה הברכות שהיו מיועדות לעשיו והגיעו ליעקב. כל הברכות הגנובות מגולמות ומתומצתות באפיקומן,

חתיכת המצה הקטנה הזאת. כמה אמונה ורפואה נמסכים באיברייך ברגעי אכילת המצה ובפרט באפיקומן. אמונה בדילוג ובפסיחה ובגאולה שלא כסדר, אמונה באלוקים שמסובב הכול ומפתיע.

בסיפורי מעשיות ניגאל

סיפורי רבי נחמן

יין הונגרי

אָמַר מָשָׁל: שֶׁפַּעַם אַחַת נָסַע סוֹחֵר גָּדוֹל עִם יַיִן טוֹב הוּנְגַּרִי. פַּעַם אַחַת אָמַר הַמְשָׁרֵת וְהַבַּעַל עֲגָלָה לְהַבַּעַל הַבַּיִת: הֲלֹא אָנוּ נוֹסְעִים בַּדֶּרֶךְ הַזֶּה עִם הַיַּיִן הַזֶּה וְאָנוּ סוֹבְלִים הַצַּעַר כָּל כָּךְ. תְּנוּ לָנוּ לִטְעֹם מְעַט. וְנָתַן לָהֶם לִטְעֹם מִזֶּה הַיַּיִן הַטּוֹב.

לְאַחַר יָמִים נִתְגַּלְגֵּל שֶׁזֶּה הַמְשָׁרֵת נִתְוַעֵד יַחַד עִם שׁוֹתֵי יַיִן בְּעִיר קְטַנָּה, וְשָׁתוּ יַיִן וְשִׁבְּחוּ אוֹתוֹ מְאֹד וְאָמְרוּ שֶׁהוּא יַיִן הוּנְגַּרִי. אָמַר הַמְשָׁרֵת הַנַּ"ל: תְּנוּ לִי לִטְעֹם, וְנָתְנוּ לוֹ.

וְאָמַר: אֲנִי יוֹדֵעַ שֶׁאֵין זֶה יַיִן טוֹב הוּנְגַּרִי כְּלָל!

וְגָעֲרוּ בוֹ וְדָחֲפוּ אוֹתוֹ.

וְהוּא אָמַר: הֲלֹא אֲנִי יוֹדֵעַ שֶׁאֵין זֶה יַיִן הוּנְגַּרִי כְּלָל! כִּי הֲלֹא אֲנִי הָיִיתִי אֵצֶל סוֹחֵר גָּדוֹל כָּזֶה וְכוּ'. וְהֵם לֹא הִשְׁגִּיחוּ עָלָיו.

וְאָמַר: אֲבָל לֶעָתִיד, כְּשֶׁיָּבוֹא מָשִׁיחַ, אָז יֵדְעוּ. כְּשֶׁיִּתְּנוּ יַיִן הַמְשֻׁמָּר, אֲזַי לַאֲחֵרִים יוּכְלוּ לְהַטְעוֹת וְיִתְּנוּ לָהֶם יַיִן וָואלִיחְשֶׁין סְטְרָאוּוִיצְטֶיר, וְיֹאמְרוּ לָהֶם שֶׁהוּא יַיִן הַטּוֹב הַמְשֻׁמָּר.

אֲבָל לְאַנְשֵׁי שְׁלוֹמֵנוּ לֹא יוּכְלוּ לְהַטְעוֹת, כִּי אֲנַחְנוּ טָעַמְנוּ הַיַּיִן הַטּוֹב וְכוּ'.[189]

שום טעם מזויף לא ירמה אותנו אחרי האפיקומן הזה שטעמנו.

המון אנשים יסתפקו בפחות, אבל אנחנו?

אנחנו נהיה רעבי חירות, רעבי אהבה, רעבי גאולה! ולא נשבע בפחות מזה.

לְלֵבּ

מוזגים כוס שלישי ונוטלים מים אחרונים. אוחז את הכוס בימינו ואומר:

הִנְנִי מוּכָן וּמְזֻמָּן לְקַיֵּם מִצְוַת עֲשֵׂה שֶׁל בִּרְכַּת הַמָּזוֹן כְּמוֹ שֶׁכָּתוּב בַּתּוֹרָה
וְאָכַלְתָּ וְשָׂבָעְתָּ, וּבֵרַכְתָּ אֶת־יהוה אֱלֹהֶיךָ עַל־הָאָרֶץ הַטֹּבָה אֲשֶׁר נָתַן־לָךְ: דברים ח
לְשֵׁם יִחוּד קֻדְשָׁא בְּרִיךְ הוּא וּשְׁכִינְתֵּהּ עַל יְדֵי הַהוּא טָמִיר וְנֶעְלָם בְּשֵׁם כָּל יִשְׂרָאֵל.

שִׁיר הַמַּעֲלוֹת בְּשׁוּב יהוה אֶת־שִׁיבַת צִיּוֹן, הָיִינוּ כְּחֹלְמִים: אָז יִמָּלֵא תהלים קכו
שְׂחוֹק פִּינוּ וּלְשׁוֹנֵנוּ רִנָּה אָז יֹאמְרוּ בַגּוֹיִם הִגְדִּיל יהוה לַעֲשׂוֹת
עִם־אֵלֶּה: הִגְדִּיל יהוה לַעֲשׂוֹת עִמָּנוּ, הָיִינוּ שְׂמֵחִים: שׁוּבָה יהוה
אֶת־שְׁבִיתֵנוּ, כַּאֲפִיקִים בַּנֶּגֶב: הַזֹּרְעִים בְּדִמְעָה, בְּרִנָּה יִקְצֹרוּ:
הָלוֹךְ יֵלֵךְ וּבָכֹה נֹשֵׂא מֶשֶׁךְ־הַזָּרַע בֹּא־יָבֹא בְרִנָּה נֹשֵׂא אֲלֻמֹּתָיו:

יש מוסיפים:

תְּהִלַּת יהוה יְדַבֶּר פִּי תהלים קמה
וִיבָרֵךְ כָּל־בָּשָׂר שֵׁם קָדְשׁוֹ לְעוֹלָם וָעֶד:
וַאֲנַחְנוּ נְבָרֵךְ יָהּ מֵעַתָּה וְעַד־עוֹלָם, הַלְלוּיָהּ: תהלים קטו
הוֹדוּ לַיהוה כִּי־טוֹב, כִּי לְעוֹלָם חַסְדּוֹ: תהלים קלו
מִי יְמַלֵּל גְּבוּרוֹת יהוה, יַשְׁמִיעַ כָּל־תְּהִלָּתוֹ: תהלים קו

ברכת המזון בנוסח אשכנז

שלושה שאכלו כאחד חייבים לזמן:

המזמן: רַבּוֹתַי, נְבָרֵךְ.

תהלים קיג המסובים: יְהִי שֵׁם יהוה מְבֹרָךְ מֵעַתָּה וְעַד־עוֹלָם:

המזמן: יְהִי שֵׁם יהוה מְבֹרָךְ מֵעַתָּה וְעַד־עוֹלָם:

בִּרְשׁוּת (אָבִי מוֹרִי / אִמִּי מוֹרָתִי / כֹּהֲנִים / מוֹרֵנוּ הָרַב / בַּעַל הַבַּיִת הַזֶּה / בַּעֲלַת הַבַּיִת הַזֶּה)

מָרָנָן וְרַבָּנָן וְרַבּוֹתַי נְבָרֵךְ (במניין: אֱלֹהֵינוּ) שֶׁאָכַלְנוּ מִשֶּׁלּוֹ.

המסובים: בָּרוּךְ (במניין: אֱלֹהֵינוּ) שֶׁאָכַלְנוּ מִשֶּׁלּוֹ וּבְטוּבוֹ חָיִינוּ.

המזמן: בָּרוּךְ (במניין: אֱלֹהֵינוּ) שֶׁאָכַלְנוּ מִשֶּׁלּוֹ וּבְטוּבוֹ חָיִינוּ.

בָּרוּךְ הוּא וּבָרוּךְ שְׁמוֹ.

הָעֲבוֹדָה הַזֹּאת לָכֶם

כמה בקשות לברכה הזאת: בקשי לחם לכל בשר. בקשי ברכה מרובה בבית הזה. בקשי **מוֹעֲדִים אֲחֵרִים הַבָּאִים לִקְרָאתֵנוּ לְשָׁלוֹם**. בקשי שלא תתקצר הברכה שנראית ארוכה מדי לפעמים: **הָרַחֲמָן הוּא יְבָרֵךְ אֶת אָבִי מוֹרִי וְאֶת אִמִּי מוֹרָתִי**. שתמיד נזכה לברך אותם.

בָּרוּךְ אַתָּה יהוה אֱלֹהֵינוּ מֶלֶךְ הָעוֹלָם
הַזָּן אֶת הָעוֹלָם כֻּלּוֹ בְּטוּבוֹ
בְּחֵן בְּחֶסֶד וּבְרַחֲמִים
הוּא נוֹתֵן לֶחֶם לְכָל בָּשָׂר כִּי לְעוֹלָם חַסְדּוֹ.
וּבְטוּבוֹ הַגָּדוֹל, תָּמִיד לֹא חָסַר לָנוּ
וְאַל יֶחְסַר לָנוּ מָזוֹן לְעוֹלָם וָעֶד
בַּעֲבוּר שְׁמוֹ הַגָּדוֹל.
כִּי הוּא אֵל זָן וּמְפַרְנֵס לַכֹּל וּמֵטִיב לַכֹּל
וּמֵכִין מָזוֹן לְכָל בְּרִיּוֹתָיו אֲשֶׁר בָּרָא.
כָּאָמוּר, פּוֹתֵחַ אֶת־יָדֶךָ וּמַשְׂבִּיעַ לְכָל־חַי רָצוֹן: תהלים קמה
בָּרוּךְ אַתָּה יהוה, הַזָּן אֶת הַכֹּל.

נוֹדֶה לְּךָ יהוה אֱלֹהֵינוּ עַל שֶׁהִנְחַלְתָּ לַאֲבוֹתֵינוּ
אֶרֶץ חֶמְדָּה טוֹבָה וּרְחָבָה
וְעַל שֶׁהוֹצֵאתָנוּ יהוה אֱלֹהֵינוּ מֵאֶרֶץ מִצְרַיִם
וּפְדִיתָנוּ מִבֵּית עֲבָדִים

וְעַל בְּרִיתְךָ שֶׁחָתַמְתָּ בִּבְשָׂרֵנוּ
וְעַל תּוֹרָתְךָ שֶׁלִּמַּדְתָּנוּ וְעַל חֻקֶּיךָ שֶׁהוֹדַעְתָּנוּ
וְעַל חַיִּים חֵן וָחֶסֶד שֶׁחוֹנַנְתָּנוּ
וְעַל אֲכִילַת מָזוֹן שָׁאַתָּה זָן וּמְפַרְנֵס אוֹתָנוּ תָּמִיד
בְּכָל יוֹם וּבְכָל עֵת וּבְכָל שָׁעָה.

וְעַל הַכֹּל יהוה אֱלֹהֵינוּ,
אֲנַחְנוּ מוֹדִים לָךְ וּמְבָרְכִים אוֹתָךְ
יִתְבָּרַךְ שִׁמְךָ בְּפִי כָּל חַי תָּמִיד לְעוֹלָם וָעֶד
כַּכָּתוּב: וְאָכַלְתָּ וְשָׂבָעְתָּ, וּבֵרַכְתָּ אֶת־יהוה אֱלֹהֶיךָ דברים ח
עַל־הָאָרֶץ הַטֹּבָה אֲשֶׁר נָתַן־לָךְ:
בָּרוּךְ אַתָּה יהוה, עַל הָאָרֶץ וְעַל הַמָּזוֹן.

רַחֵם נָא יהוה אֱלֹהֵינוּ
עַל יִשְׂרָאֵל עַמֶּךָ
וְעַל יְרוּשָׁלַיִם עִירֶךָ
וְעַל צִיּוֹן מִשְׁכַּן כְּבוֹדֶךָ
וְעַל מַלְכוּת בֵּית דָּוִד מְשִׁיחֶךָ
וְעַל הַבַּיִת הַגָּדוֹל וְהַקָּדוֹשׁ שֶׁנִּקְרָא שִׁמְךָ עָלָיו.
אֱלֹהֵינוּ, אָבִינוּ
רְעֵנוּ, זוּנֵנוּ, פַּרְנְסֵנוּ וְכַלְכְּלֵנוּ
וְהַרְוִיחֵנוּ, וְהַרְוַח לָנוּ
יהוה אֱלֹהֵינוּ מְהֵרָה מִכָּל צָרוֹתֵינוּ.
וְנָא אַל תַּצְרִיכֵנוּ, יהוה אֱלֹהֵינוּ
לֹא לִידֵי מַתְּנַת בָּשָׂר וָדָם וְלֹא לִידֵי הַלְוָאָתָם
כִּי אִם לְיָדְךָ הַמְּלֵאָה, הַפְּתוּחָה, הַקְּדוֹשָׁה וְהָרְחָבָה
שֶׁלֹּא נֵבוֹשׁ וְלֹא נִכָּלֵם לְעוֹלָם וָעֶד.

וְהִגַּדְתָּ

בשבת מוסיפים:

רְצֵה וְהַחֲלִיצֵנוּ
יהוה אֱלֹהֵינוּ, בְּמִצְוֹתֶיךָ
וּבְמִצְוַת יוֹם הַשְּׁבִיעִי
הַשַּׁבָּת הַגָּדוֹל וְהַקָּדוֹשׁ הַזֶּה
כִּי יוֹם זֶה גָּדוֹל וְקָדוֹשׁ הוּא לְפָנֶיךָ
לִשְׁבָּת בּוֹ, וְלָנוּחַ בּוֹ בְּאַהֲבָה כְּמִצְוַת רְצוֹנֶךָ
וּבִרְצוֹנְךָ הָנִיחַ לָנוּ, יהוה אֱלֹהֵינוּ
שֶׁלֹּא תְהֵא צָרָה וְיָגוֹן וַאֲנָחָה בְּיוֹם מְנוּחָתֵנוּ
וְהַרְאֵנוּ, יהוה אֱלֹהֵינוּ, בְּנֶחָמַת צִיּוֹן עִירֶךָ
וּבְבִנְיַן יְרוּשָׁלַיִם עִיר קָדְשֶׁךָ
כִּי אַתָּה הוּא בַּעַל הַיְשׁוּעוֹת וּבַעַל הַנֶּחָמוֹת.

אֱלֹהֵינוּ וֵאלֹהֵי אֲבוֹתֵינוּ
יַעֲלֶה וְיָבוֹא וְיַגִּיעַ, וְיֵרָאֶה וְיֵרָצֶה וְיִשָּׁמַע
וְיִפָּקֵד, וְיִזָּכֵר זִכְרוֹנֵנוּ וּפִקְדוֹנֵנוּ,
וְזִכְרוֹן אֲבוֹתֵינוּ
וְזִכְרוֹן מָשִׁיחַ בֶּן דָּוִד עַבְדֶּךָ וְזִכְרוֹן יְרוּשָׁלַיִם עִיר קָדְשֶׁךָ
וְזִכְרוֹן כָּל עַמְּךָ בֵּית יִשְׂרָאֵל

לְפָנֶיךָ, לִפְלֵיטָה לְטוֹבָה, לְחֵן וּלְחֶסֶד וּלְרַחֲמִים
לְחַיִּים וּלְשָׁלוֹם בְּיוֹם חַג הַמַּצּוֹת הַזֶּה.
זָכְרֵנוּ יהוה אֱלֹהֵינוּ בּוֹ לְטוֹבָה וּפָקְדֵנוּ בוֹ לִבְרָכָה
וְהוֹשִׁיעֵנוּ בוֹ לְחַיִּים טוֹבִים.
וּבִדְבַר יְשׁוּעָה וְרַחֲמִים חוּס וְחָנֵּנוּ וְרַחֵם עָלֵינוּ, וְהוֹשִׁיעֵנוּ
כִּי אֵלֶיךָ עֵינֵינוּ, כִּי אֵל מֶלֶךְ חַנּוּן וְרַחוּם אָתָּה.

וּבְנֵה יְרוּשָׁלַיִם עִיר הַקֹּדֶשׁ בִּמְהֵרָה בְיָמֵינוּ.
בָּרוּךְ אַתָּה יהוה, בּוֹנֶה בְרַחֲמָיו יְרוּשָׁלָיִם

אָמֵן.

בָּרוּךְ אַתָּה יהוה אֱלֹהֵינוּ מֶלֶךְ הָעוֹלָם
הָאֵל אָבִינוּ, מַלְכֵּנוּ, אַדִּירֵנוּ
בּוֹרְאֵנוּ, גּוֹאֲלֵנוּ, יוֹצְרֵנוּ, קְדוֹשֵׁנוּ
קְדוֹשׁ יַעֲקֹב רוֹעֵנוּ, רוֹעֵה יִשְׂרָאֵל
הַמֶּלֶךְ הַטּוֹב וְהַמֵּיטִיב לַכֹּל, שֶׁבְּכָל יוֹם וָיוֹם
הוּא הֵיטִיב, הוּא מֵיטִיב, הוּא יֵיטִיב לָנוּ
הוּא גְמָלָנוּ, הוּא גוֹמְלֵנוּ
הוּא יִגְמְלֵנוּ לָעַד
לְחֵן וּלְחֶסֶד וּלְרַחֲמִים
וּלְרֶוַח, הַצָּלָה וְהַצְלָחָה
בְּרָכָה וִישׁוּעָה
נֶחָמָה, פַּרְנָסָה וְכַלְכָּלָה
וְרַחֲמִים וְחַיִּים וְשָׁלוֹם וְכָל טוֹב
וּמִכָּל טוּב
לְעוֹלָם אַל יְחַסְּרֵנוּ.

הָרַחֲמָן הוּא יִמְלֹךְ עָלֵינוּ לְעוֹלָם וָעֶד.
הָרַחֲמָן הוּא יִתְבָּרַךְ בַּשָּׁמַיִם וּבָאָרֶץ.
הָרַחֲמָן הוּא יִשְׁתַּבַּח לְדוֹר דּוֹרִים
וְיִתְפָּאַר בָּנוּ לָעַד וּלְנֵצַח נְצָחִים
וְיִתְהַדַּר בָּנוּ לָעַד וּלְעוֹלְמֵי עוֹלָמִים.
הָרַחֲמָן הוּא יְפַרְנְסֵנוּ בְּכָבוֹד.
הָרַחֲמָן הוּא יִשְׁבֹּר עֻלֵּנוּ מֵעַל צַוָּארֵנוּ
וְהוּא יוֹלִיכֵנוּ קוֹמְמִיּוּת לְאַרְצֵנוּ.
הָרַחֲמָן הוּא יִשְׁלַח לָנוּ בְּרָכָה מְרֻבָּה בַּבַּיִת הַזֶּה
וְעַל שֻׁלְחָן זֶה שֶׁאָכַלְנוּ עָלָיו.
הָרַחֲמָן הוּא יִשְׁלַח לָנוּ
אֶת אֵלִיָּהוּ הַנָּבִיא זָכוּר לַטּוֹב
וִיבַשֶּׂר לָנוּ בְּשׂוֹרוֹת טוֹבוֹת
יְשׁוּעוֹת וְנֶחָמוֹת.

ברכת האורח:

יְהִי רָצוֹן שֶׁלֹּא יֵבוֹשׁ בַּעַל הַבַּיִת בָּעוֹלָם הַזֶּה, וְלֹא יִכָּלֵם לָעוֹלָם הַבָּא, וְיִצְלַח מְאֹד בְּכָל נְכָסָיו, וְיִהְיוּ נְכָסָיו וּנְכָסֵינוּ מֻצְלָחִים וּקְרוֹבִים לָעִיר, וְאַל יִשְׁלֹט שָׂטָן לֹא בְּמַעֲשֵׂה יָדָיו וְלֹא בְּמַעֲשֵׂה יָדֵינוּ. וְאַל יִזְדַּקֵּק לֹא לְפָנָיו וְלֹא לְפָנֵינוּ שׁוּם דְּבַר הִרְהוּר חֵטְא, עֲבֵירָה וְעָוֹן, מֵעַתָּה וְעַד עוֹלָם.

בעל הבית ובעלת הבית אומרים:

הָרַחֲמָן הוּא יְבָרֵךְ אוֹתִי

(וְאֶת אִשְׁתִּי / וְאֶת בַּעֲלִי / וְאֶת אָבִי מוֹרִי / וְאֶת אִמִּי מוֹרָתִי / וְאֶת זַרְעִי)

וְאֶת כָּל אֲשֶׁר לִי

ילדים האוכלים על שולחן הוריהם אומרים:

הָרַחֲמָן הוּא יְבָרֵךְ אֶת אָבִי מוֹרִי (בַּעַל הַבַּיִת הַזֶּה),
וְאֶת אִמִּי מוֹרָתִי (בַּעֲלַת הַבַּיִת הַזֶּה), אוֹתָם וְאֶת
בֵּיתָם וְאֶת זַרְעָם וְאֶת כָּל אֲשֶׁר לָהֶם

אורח אומר:

הָרַחֲמָן הוּא יְבָרֵךְ אֶת בַּעַל הַבַּיִת הַזֶּה
וְאֶת בַּעֲלַת הַבַּיִת הַזֶּה אוֹתָם וְאֶת בֵּיתָם
וְאֶת זַרְעָם וְאֶת כָּל אֲשֶׁר לָהֶם

אם יש אורחים נוספים, מוסיפים:

וְאֶת כָּל הַמְּסֻבִּין כָּאן
אוֹתָם וְאֶת בֵּיתָם וְאֶת זַרְעָם
וְאֶת כָּל אֲשֶׁר לָהֶם

אוֹתָֽנוּ וְאֶת כָּל אֲשֶׁר לָֽנוּ כְּמוֹ שֶׁנִּתְבָּֽרְכוּ אֲבוֹתֵֽינוּ
אַבְרָהָם יִצְחָק וְיַֽעֲקֹב, בַּכֹּל, מִכֹּל, כֹּל
כֵּן יְבָרֵךְ אוֹתָֽנוּ כֻּלָּֽנוּ יַֽחַד בִּבְרָכָה שְׁלֵמָה
וְנֹאמַר אָמֵן.

בַּמָּרוֹם יְלַמְּדוּ עֲלֵיהֶם וְעָלֵֽינוּ
זְכוּת שֶׁתְּהֵא לְמִשְׁמֶֽרֶת שָׁלוֹם
וְנִשָּׂא בְרָכָה מֵאֵת יהוה וּצְדָקָה
מֵאֱלֹהֵי יִשְׁעֵֽנוּ וְנִמְצָא חֵן וְשֵֽׂכֶל טוֹב
בְּעֵינֵי אֱלֹהִים וְאָדָם.

בשבת: הָרַחֲמָן הוּא יַנְחִילֵנוּ יוֹם שֶׁכֻּלּוֹ שַׁבָּת
וּמְנוּחָה לְחַיֵּי הָעוֹלָמִים.

הָרַחֲמָן הוּא יַנְחִילֵנוּ יוֹם שֶׁכֻּלּוֹ טוֹב.
הָרַחֲמָן הוּא יְזַכֵּנוּ לִימוֹת הַמָּשִׁיחַ
וּלְחַיֵּי הָעוֹלָם הַבָּא.

שמואל ב׳ כב מִגְדּוֹל יְשׁוּעוֹת מַלְכּוֹ
וְעֹשֶׂה־חֶסֶד לִמְשִׁיחוֹ
לְדָוִד וּלְזַרְעוֹ עַד־עוֹלָם:

עֹשֶׂה שָׁלוֹם בִּמְרוֹמָיו הוּא יַעֲשֶׂה שָׁלוֹם
עָלֵינוּ וְעַל כָּל יִשְׂרָאֵל
וְאִמְרוּ אָמֵן.

יראו אֶת־יהוה קְדֹשָׁיו כִּי־אֵין מַחְסוֹר לִירֵאָיו: תהלים לד
כְּפִירִים רָשׁוּ וְרָעֵבוּ
וְדֹרְשֵׁי יהוה לֹא־יַחְסְרוּ כָל־טוֹב:
הוֹדוּ לַיהוה כִּי־טוֹב, כִּי לְעוֹלָם חַסְדּוֹ: תהלים קיח
פּוֹתֵחַ אֶת־יָדֶךָ, וּמַשְׂבִּיעַ לְכָל־חַי רָצוֹן:
בָּרוּךְ הַגֶּבֶר אֲשֶׁר יִבְטַח בַּיהוה, וְהָיָה יהוה מִבְטַחוֹ: תהלים קמה
נַעַר הָיִיתִי גַּם־זָקַנְתִּי ירמיה יז
וְלֹא־רָאִיתִי צַדִּיק נֶעֱזָב, וְזַרְעוֹ מְבַקֶּשׁ־לָחֶם: תהלים לז
יהוה עֹז לְעַמּוֹ יִתֵּן, יהוה יְבָרֵךְ אֶת־עַמּוֹ בַשָּׁלוֹם: תהלים כט

ברכת המזון בנוסח עדות המזרח

המסובים: הַב (לַן) וְנִבְרִיךְ לְמַלְכָּא עִלָּאָה קַדִּישָׁא

המזמן: שָׁמַיִם

בִּרְשׁוּת מַלְכָּא עִלָּאָה קַדִּישָׁא
וּבִרְשׁוּת שַׁבָּת מַלְכְּתָא
וּבִרְשׁוּת יוֹמָא טָבָא קַדִּישָׁא
וּבִרְשׁוּת שִׁבְעָה אֻשְׁפִּיזִין עִלָּאִין קַדִּישִׁין
בִּרְשׁוּת מוֹרַי וְרַבּוֹתַי
וּבִרְשׁוּתְכֶם בִּרְשׁוּת שָׁמַיִם
נְבָרֵךְ (אֱלֹהֵינוּ) שֶׁאָכַלְנוּ מִשֶּׁלּוֹ.

המסובים: בָּרוּךְ (אֱלֹהֵינוּ) שֶׁאָכַלְנוּ מִשֶּׁלּוֹ וּבְטוּבוֹ חָיִינוּ.

המזמן: בָּרוּךְ (אֱלֹהֵינוּ)
שֶׁאָכַלְנוּ מִשֶּׁלּוֹ וּבְטוּבוֹ חָיִינוּ.

בָּרוּךְ הוּא וּבָרוּךְ שְׁמוֹ
וּבָרוּךְ זִכְרוֹ לְעוֹלְמֵי עַד.

בָּרוּךְ אַתָּה יְהֹוָה
אֱלֹהֵינוּ מֶלֶךְ הָעוֹלָם
(הַזָּנֵנוּ וְלֹא מִמַּעֲשֵׂינוּ, הַמְפַרְנְסֵנוּ וְלֹא מִצִּדְקוֹתֵינוּ, הַמַּעֲדִיף טוּבוֹ עָלֵינוּ)
(הָאֵל) הַזָּן אוֹתָנוּ
וְאֶת הָעוֹלָם כֻּלּוֹ בְּטוּבוֹ
בְּחֵן בְּחֶסֶד בְּרֶוַח וּבְרַחֲמִים רַבִּים
נֹתֵן לֶחֶם לְכָל־בָּשָׂר כִּי לְעוֹלָם חַסְדּוֹ:
וּבְטוּבוֹ הַגָּדוֹל, תָּמִיד לֹא חָסַר לָנוּ
וְאַל יֶחְסַר לָנוּ מָזוֹן תָּמִיד לְעוֹלָם וָעֶד
כִּי הוּא אֵל זָן וּמְפַרְנֵס לַכֹּל
וְשֻׁלְחָנוֹ עָרוּךְ לַכֹּל, וְהִתְקִין מִחְיָה וּמָזוֹן לְכָל בְּרִיּוֹתָיו

אֲשֶׁר בָּרָא בְּרַחֲמָיו וּבְרֹב חֲסָדָיו
כָּאָמוּר: פּוֹתֵחַ אֶת־יָדֶךָ, וּמַשְׂבִּיעַ לְכָל־חַי רָצוֹן:
בָּרוּךְ אַתָּה יְהוָה, הַזָּן (בְּרַחֲמָיו) אֶת הַכֹּל.
(עַל אַרְצֵנוּ וְעַל נַחֲלַת אֲבוֹתֵינוּ)
נוֹדֶה לְךָ, יְהוָה אֱלֹהֵינוּ
עַל שֶׁהִנְחַלְתָּ לַאֲבוֹתֵינוּ
אֶרֶץ חֶמְדָּה טוֹבָה וּרְחָבָה
בְּרִית וְתוֹרָה, חַיִּים וּמָזוֹן
עַל שֶׁהוֹצֵאתָנוּ מֵאֶרֶץ מִצְרַיִם
וּפְדִיתָנוּ מִבֵּית עֲבָדִים
וְעַל בְּרִיתְךָ שֶׁחָתַמְתָּ בִּבְשָׂרֵנוּ
וְעַל תּוֹרָתְךָ שֶׁלִּמַּדְתָּנוּ
וְעַל חֻקֵּי רְצוֹנָךְ שֶׁהוֹדַעְתָּנוּ
וְעַל חַיִּים וּמָזוֹן שֶׁאַתָּה זָן וּמְפַרְנֵס אוֹתָנוּ.
(וְ)עַל הַכֹּל, יְהוָה אֱלֹהֵינוּ
אֲנַחְנוּ מוֹדִים לָךְ וּמְבָרְכִים אֶת שְׁמָךְ
כָּאָמוּר: וְאָכַלְתָּ וְשָׂבָעְתָּ, וּבֵרַכְתָּ אֶת־יְהוָה אֱלֹהֶיךָ
עַל־הָאָרֶץ הַטֹּבָה אֲשֶׁר נָתַן־לָךְ:
בָּרוּךְ אַתָּה יְהוָה, עַל הָאָרֶץ וְעַל הַמָּזוֹן.

רַחֵם יְהֹוָה אֱלֹהֵינוּ
עָלֵינוּ וְעַל יִשְׂרָאֵל עַמֶּךָ
וְעַל יְרוּשָׁלַיִם עִירֶךָ
וְעַל הַר צִיּוֹן מִשְׁכַּן כְּבוֹדֶךָ
וְעַל הֵיכָלֶךָ וְעַל מְעוֹנֶךָ וְעַל דְּבִירֶךָ
וְעַל הַבַּיִת הַגָּדוֹל וְהַקָּדוֹשׁ שֶׁנִּקְרָא שִׁמְךָ עָלָיו
אָבִינוּ, רְעֵנוּ, זוּנֵנוּ, פַּרְנְסֵנוּ, כַּלְכְּלֵנוּ
הַרְוִיחֵנוּ, הַרְוַח לָנוּ מְהֵרָה מִכָּל צָרוֹתֵינוּ
וְאַל תַּצְרִיכֵנוּ, יְהֹוָה אֱלֹהֵינוּ
לִידֵי מַתְּנוֹת בָּשָׂר וָדָם
וְלֹא לִידֵי הַלְוָאָתָם
(שֶׁמַּתְּנָתָם מְעוּטָה וְחֶרְפָּתָם מְרֻבָּה)
אֶלָּא לְיָדְךָ הַמְּלֵאָה וְהָרְחָבָה, הָעֲשִׁירָה וְהַפְּתוּחָה.
יְהִי רָצוֹן שֶׁלֹּא נֵבוֹשׁ בָּעוֹלָם הַזֶּה
וְלֹא נִכָּלֵם לָעוֹלָם הַבָּא
וּמַלְכוּת בֵּית דָּוִד מְשִׁיחָךְ
תַּחֲזִירֶנָּה לִמְקוֹמָהּ בִּמְהֵרָה בְיָמֵינוּ.

בשבת מוסיפים

רְצֵה: וְהַחֲלִיצֵנוּ, יְהוָה אֱלֹהֵינוּ, בְּמִצְוֹתֶיךָ
וּבְמִצְוַת יוֹם הַשְּׁבִיעִי
הַשַּׁבָּת הַגָּדוֹל וְהַקָּדוֹשׁ הַזֶּה
כִּי יוֹם גָּדוֹל וְקָדוֹשׁ הוּא מִלְּפָנֶיךָ.
נִשְׁבֹּת בּוֹ וְנָנוּחַ בּוֹ (וְנִתְעַנֵּג בּוֹ)
כְּמִצְוַת חֻקֵּי רְצוֹנָךְ.
וְאַל תְּהִי צָרָה וְיָגוֹן בְּיוֹם מְנוּחָתֵנוּ
וְהַרְאֵנוּ בְּנֶחָמַת צִיּוֹן בִּמְהֵרָה בְיָמֵינוּ
כִּי אַתָּה הוּא בַּעַל הַנֶּחָמוֹת.
וַהֲגַם שֶׁאָכַלְנוּ וְשָׁתִינוּ
חָרְבַּן בֵּיתְךָ הַגָּדוֹל וְהַקָּדוֹשׁ לֹא שָׁכַחְנוּ.
אַל תִּשְׁכָּחֵנוּ לָנֶצַח וְאַל תִּזְנָחֵנוּ לָעַד
כִּי אֵל מֶלֶךְ גָּדוֹל וְקָדוֹשׁ אָתָּה.

עד כאן.

אֱלֹהֵינוּ וֵאלֹהֵי אֲבוֹתֵינוּ

יַעֲלֶה וְיָבוֹא, יַגִּיעַ יֵרָאֶה וְיֵרָצֶה יִשָּׁמַע
יִפָּקֵד וְיִזָּכֵר זִכְרוֹנֵנוּ וְזִכְרוֹן אֲבוֹתֵינוּ

זִכְרוֹן יְרוּשָׁלַיִם עִירָךְ
וְזִכְרוֹן מָשִׁיחַ בֶּן דָּוִד עַבְדָּךְ
וְזִכְרוֹן כָּל עַמְּךָ בֵּית יִשְׂרָאֵל
לְפָנֶיךָ, לִפְלֵיטָה לְטוֹבָה
לְחֵן וּלְחֶסֶד וּלְרַחֲמִים (לְחַיִּים טוֹבִים וּלְשָׁלוֹם)
בְּיוֹם חַג הַמַּצּוֹת הַזֶּה
בְּיוֹם טוֹב מִקְרָא קֹדֶשׁ הַזֶּה
לְרַחֵם בּוֹ עָלֵינוּ וּלְהוֹשִׁיעֵנוּ.
זָכְרֵנוּ יְהֹוָה אֱלֹהֵינוּ בּוֹ לְטוֹבָה
וּפָקְדֵנוּ בוֹ לִבְרָכָה
וְהוֹשִׁיעֵנוּ בוֹ לְחַיִּים טוֹבִים
בִּדְבַר יְשׁוּעָה וְרַחֲמִים.
חוּס וְחָנֵּנוּ וַחֲמֹל וְרַחֵם עָלֵינוּ, וְהוֹשִׁיעֵנוּ
כִּי אֵלֶיךָ עֵינֵינוּ
כִּי אֵל מֶלֶךְ חַנּוּן וְרַחוּם אָתָּה.

וְתִבְנֶה יְרוּשָׁלַיִם עִירְךָ בִּמְהֵרָה בְיָמֵינוּ.
בָּרוּךְ אַתָּה יְהֹוָה
בּוֹנֵה (בְרַחֲמָיו בִּנְיַן) יְרוּשָׁלָיִם. אָמֵן.
(בְּחַיֵּינוּ וּבְחַיֵּי כָּל קְהַל בֵּית יִשְׂרָאֵל
תִּבָּנֶה עִיר צִיּוֹן בְּרִנָּה
וְתִכּוֹן עֲבוֹדַת הַקֹּדֶשׁ בִּירוּשָׁלַיִם
וְאַרְמוֹן עַל מִשְׁפָּטוֹ יֵשֵׁב בְּקָרוֹב כְּבָרִאשׁוֹנָה)

בָּרוּךְ אַתָּה יְהֹוָה, אֱלֹהֵינוּ מֶלֶךְ הָעוֹלָם
(לָעַד) הָאֵל אָבִינוּ, מַלְכֵּנוּ, אַדִּירֵנוּ
בּוֹרְאֵנוּ, גּוֹאֲלֵנוּ, קְדוֹשֵׁנוּ, קְדוֹשׁ יַעֲקֹב
רוֹעֵנוּ, רוֹעֵה יִשְׂרָאֵל
הַמֶּלֶךְ הַטּוֹב וְהַמֵּטִיב לַכֹּל
שֶׁבְּכָל יוֹם וָיוֹם
הוּא הֵיטִיב לָנוּ, הוּא מֵטִיב לָנוּ, הוּא יֵיטִיב לָנוּ
הוּא גְמָלָנוּ, הוּא גוֹמְלֵנוּ, הוּא יִגְמְלֵנוּ לָעַד
חֵן וָחֶסֶד וְרַחֲמִים, וְרֶוַח וְהַצָּלָה וְכָל טוֹב.

הָרַחֲמָן הוּא יִשְׁתַּבַּח עַל כִּסֵּא כְבוֹדוֹ.

הָרַחֲמָן הוּא יִשְׁתַּבַּח בַּשָּׁמַיִם וּבָאָרֶץ.

הָרַחֲמָן הוּא יִשְׁתַּבַּח בָּנוּ לְדוֹר דּוֹרִים.

הָרַחֲמָן הוּא קֶרֶן לְעַמּוֹ יָרִים.

הָרַחֲמָן הוּא יִתְפָּאַר בָּנוּ לְנֵצַח נְצָחִים.

הָרַחֲמָן הוּא יְפַרְנְסֵנוּ בְּכָבוֹד וְלֹא בְּבִזּוּי (בְּהֶתֵּר וְלֹא בְּאִסּוּר)
בְּנַחַת וְלֹא בְצַעַר (בְּרֶוַח וְלֹא בְצִמְצוּם).

הָרַחֲמָן הוּא יִתֵּן שָׁלוֹם בֵּינֵינוּ.

הָרַחֲמָן הוּא יִשְׁלַח בְּרָכָה רְוָחָה וְהַצְלָחָה בְּכָל מַעֲשֵׂה יָדֵינוּ.

הָרַחֲמָן הוּא יַצְלִיחַ אֶת דְּרָכֵינוּ.

הָרַחֲמָן הוּא יִשְׁבֹּר עֹל הַגּוֹיִם מְהֵרָה מֵעַל צַוָּארֵינוּ.

הָרַחֲמָן הוּא יוֹלִיכֵנוּ מְהֵרָה קוֹמְמִיּוּת לְאַרְצֵנוּ.

הָרַחֲמָן הוּא יְרַפְּאֵנוּ רְפוּאָה שְׁלֵמָה
רְפוּאַת הַנֶּפֶשׁ וּרְפוּאַת הַגּוּף.

הָרַחֲמָן הוּא יִפְתַּח לָנוּ אֶת יָדוֹ הָרְחָבָה.

הָרַחֲמָן הוּא יְבָרֵךְ כָּל אֶחָד וְאֶחָד מִמֶּנּוּ בִּשְׁמוֹ הַגָּדוֹל
כְּמוֹ שֶׁנִּתְבָּרְכוּ אֲבוֹתֵינוּ (הַקְּדוֹשִׁים וְהַטְּהוֹרִים)
אַבְרָהָם יִצְחָק וְיַעֲקֹב
בַּכֹּל, מִכֹּל, כֹּל
כֵּן יְבָרֵךְ אוֹתָנוּ יַחַד בְּרָכָה שְׁלֵמָה
וְכֵן יְהִי רָצוֹן וְנֹאמַר אָמֵן.

הָרַחֲמָן הוּא יִפְרֹשׂ עָלֵינוּ סֻכַּת שְׁלוֹמוֹ.

בשבת: הָרַחֲמָן הוּא יַנְחִילֵנוּ עוֹלָם שֶׁכֻּלּוֹ שַׁבָּת
וּמְנוּחָה לְחַיֵּי הָעוֹלָמִים.

הָרַחֲמָן הוּא יִטַּע תּוֹרָתוֹ וְאַהֲבָתוֹ בְּלִבֵּנוּ
וְתִהְיֶה יִרְאָתוֹ עַל פָּנֵינוּ לְבִלְתִּי נֶחֱטָא
וְיִהְיוּ כָּל מַעֲשֵׂינוּ לְשֵׁם שָׁמַיִם.

אורח אומר:

הָרַחֲמָן הוּא יְבָרֵךְ אֶת הַשֻּׁלְחָן הַזֶּה שֶׁאָכַלְנוּ עָלָיו וִיסַדֵּר בּוֹ כָּל מַעֲדַנֵּי עוֹלָם, וְיִהְיֶה כְּשֻׁלְחָנוֹ שֶׁל אַבְרָהָם אָבִינוּ, כָּל רָעֵב מִמֶּנּוּ יֹאכַל וְכָל צָמֵא מִמֶּנּוּ יִשְׁתֶּה, וְאַל יֶחְסַר מִמֶּנּוּ כָּל טוּב לָעַד וּלְעוֹלְמֵי עוֹלָמִים, אָמֵן.

הָרַחֲמָן הוּא יְבָרֵךְ אֶת בַּעַל הַבַּיִת הַזֶּה וּבַעַל הַסְּעֻדָּה הַזֹּאת, הוּא וּבָנָיו וְאִשְׁתּוֹ וְכָל אֲשֶׁר לוֹ, בְּבָנִים שֶׁיִּחְיוּ וּבִנְכָסִים שֶׁיִּרְבּוּ. בָּרֵךְ יְהֹוָה חֵילוֹ וּפֹעַל יָדָיו תִּרְצֶה: וְיִהְיוּ נְכָסָיו וּנְכָסֵינוּ מֻצְלָחִים וּקְרוֹבִים לָעִיר, וְאַל יִזְדַּקֵּק לְפָנָיו וְלֹא לְפָנֵינוּ שׁוּם דְּבַר חֵטְא וְהִרְהוּר עָוֹן. וְיִהְיֶה שָׂשׂ וְשָׂמֵחַ כָּל הַיָּמִים, בְּעֹשֶׁר וְכָבוֹד, מֵעַתָּה וְעַד עוֹלָם. לֹא יֵבוֹשׁ בָּעוֹלָם הַזֶּה וְלֹא יִכָּלֵם לָעוֹלָם הַבָּא. אָמֵן כֵּן יְהִי רָצוֹן.

הָרַחֲמָן הוּא יְחַיֵּינוּ וִיזַכֵּנוּ וִיקָרְבֵנוּ לִימוֹת הַמָּשִׁיחַ וּלְבִנְיַן בֵּית הַמִּקְדָּשׁ וּלְחַיֵּי הָעוֹלָם הַבָּא.

מִגְדּוֹל יְשׁוּעוֹת מַלְכּוֹ
וְעֹשֶׂה־חֶסֶד לִמְשִׁיחוֹ לְדָוִד וּלְזַרְעוֹ
עַד־עוֹלָם:
כְּפִירִים רָשׁוּ וְרָעֵבוּ
וְדֹרְשֵׁי יְהֹוָה לֹא־יַחְסְרוּ כָל־טוֹב:
נַעַר הָיִיתִי גַּם־זָקַנְתִּי
וְלֹא־רָאִיתִי צַדִּיק נֶעֱזָב
וְזַרְעוֹ מְבַקֶּשׁ־לָחֶם:
כָּל־הַיּוֹם חוֹנֵן וּמַלְוֶה, וְזַרְעוֹ לִבְרָכָה:
מַה שֶּׁאָכַלְנוּ יִהְיֶה לְשָׂבְעָה
וּמַה שֶּׁשָּׁתִינוּ יִהְיֶה לִרְפוּאָה
וּמַה שֶּׁהוֹתַרְנוּ יִהְיֶה לִבְרָכָה

כִּדְכְתִיב:
וַיִּתֵּן לִפְנֵיהֶם וַיֹּאכְלוּ וַיּוֹתִרוּ כִּדְבַר יְהוָה:
בְּרוּכִים אַתֶּם לַיהוָה, עֹשֵׂה שָׁמַיִם וָאָרֶץ:
בָּרוּךְ הַגֶּבֶר אֲשֶׁר יִבְטַח בַּיהוָה
וְהָיָה יְהוָה מִבְטַחוֹ:
יְהוָה עֹז לְעַמּוֹ יִתֵּן
יְהוָה יְבָרֵךְ אֶת־עַמּוֹ בַשָּׁלוֹם:

עוֹשֶׂה שָׁלוֹם בִּמְרוֹמָיו
הוּא בְּרַחֲמָיו יַעֲשֶׂה שָׁלוֹם עָלֵינוּ
וְעַל כָּל עַמּוֹ יִשְׂרָאֵל, וְאִמְרוּ אָמֵן.

הִנְנִי מוּכָן וּמְזֻמָּן לְקַיֵּם מִצְוַת כּוֹס שְׁלִישִׁי שֶׁל אַרְבַּע כּוֹסוֹת
לְשֵׁם יִחוּד קֻדְשָׁא בְּרִיךְ הוּא וּשְׁכִינְתֵּהּ עַל יְדֵי הַהוּא טָמִיר וְנֶעְלָם בְּשֵׁם כָּל יִשְׂרָאֵל.

בָּרוּךְ אַתָּה יהוה
אֱלֹהֵינוּ מֶלֶךְ הָעוֹלָם
בּוֹרֵא פְּרִי הַגָּפֶן.

שותים כוס שלישי בהסבת שמאל.

כוס שלישית
כנגד רחל אימנו

מוזגים כוסו של אליהו, פותחים את הדלת ואומרים:

שְׁפֹךְ חֲמָתְךָ אֶל־הַגּוֹיִם תהלים עט
אֲשֶׁר לֹא־יְדָעוּךָ
וְעַל מַמְלָכוֹת
אֲשֶׁר בְּשִׁמְךָ לֹא קָרָאוּ:
כִּי אָכַל אֶת־יַעֲקֹב
וְאֶת־נָוֵהוּ הֵשַׁמּוּ:

שְׁפָךְ־עֲלֵיהֶם זַעְמֶךָ תהלים סט
וַחֲרוֹן אַפְּךָ יַשִּׂיגֵם:
תִּרְדֹּף בְּאַף וְתַשְׁמִידֵם איכה ג
מִתַּחַת שְׁמֵי יהוה:

שפוך חמתך

מפגש עם השכינה

שכינה עמוסת מתנות, התקבלי?

לרגע אחד בליל הסדר את חייבת להרגיש התרגשות אדירה, כותב הרב וולבה. וכשזה קורה, דעי שהקב"ה עכשיו נכנס אלייך הביתה. הרב וולבה קורא לזה "היימישקייט", רגע של קִרבה משפחתית מדהימה – מתי? לפי המקובלים זה קורה כשפותחים את הדלת ב"**שְׁפֹךְ חֲמָתְךָ**". ברגע הזה השכינה נכנסת עמוסת מתנות וברכות להרעיף על הבית שלך. לרגע הזה חיכית.

עכשיו, עכשיו את קוטפת את כל הברכות – לך, לאהובייך, לעם ישראל. רגע חד־פעמי.

בואי נלמד קבלה ופרקי דרבי אליעזר. מה קורה בליל הסדר? בתאריך הזה ממש, לפני אלפי אלפי שנים, יצחק קורא לעשיו: **בני, הלילה הזה עליונים אומרים שירה. הַלַּיְלָה הַזֶּה אוֹצְרוֹת טְלָלִים נִפְתָּחִים. עֲשֵׂה לִי מַטְעַמִּים בַּעֲבוּר תְּבָרֶכְךָ נַפְשִׁי.**[190]

וְרִבְקָה שֹׁמַעַת. והיא קוראת ליעקב ואומרת לו: **בני, הלילה הזה עליונים אומרים שירה! אוצרות טללים נפתחים! עשה מטעמים לאביך, שיברך אותך!**

היא לוקחת שני גדיי עיזים, **חַד גַּדְיָא חַד גַּדְיָא.** היא מלבישה את עורותיהם על חלקת צווארו וזרועותיו של יעקב ומזרזת אותו: רוץ מהר, ילד שלי. או שאתה גונב את האפיקומן הזה, או שהחמצנו לדורות.

דוחפת אותו פנימה וקורעת את השמיים בתפילות, ואבא יצחק, עיוור לדרמה המתחוללת (אימא יודעת מה שאבא לא יודע ולא ידע לעולם), מברך אותו. איזו ברכה הוא מקבל? **וְיִתֶּן לְךָ הָאֱלֹקִים מִטַּל הַשָּׁמַיִם וּמִשְׁמַנֵּי הָאָרֶץ, וְרֹב דָּגָן וְתִירֹשׁ: יַעַבְדוּךָ עַמִּים...**

הדלת נפתחת. זה הרגע של פתיחת הדלת ב"שפוך חמתך". יעקב מסתתר מאחורי הדלת. עשיו נכנס. רגע של סכנה גדולה וזה קורה בכל שנה בכל בית יהודי בליל הסדר. והוא אומר: **יָקֻם אָבִי.** הכנתי לך מטעמים. **הֲלֹא אָצַלְתָּ לִּי בְּרָכָה?**[191]

בָּא אָחִיךָ בְּמִרְמָה וַיִּקַּח בִּרְכָתֶךָ, יצחק אומר.

אבל לי, לא שמרת שום ברכה?

לא. נתתי לו הכול, **וּלְכָה אֵפוֹא מָה אֶעֱשֶׂה בְּנִי?**[192]

רגע נורא. באותו הרגע מוריד עשיו שלוש דמעות והן מקטרגות עלינו עד עצם היום הזה. זה רגע שבו לשונאים שלנו יש כוח. זו כבר תופעה, הפיגועים של טרום פסח.

רבקה עומדת. **אין עמידה אלא תפילה.**[193] אבל גם **לֹא אֶחָד בִּלְבַד עָמַד.** שני כוחות אדירים עומדים זה מול זה: דמעתו של עשיו ומנגד, כנסת ישראל. **וְהִיא שֶׁעָמְדָה,** היא עומדת במטבח, אימא רבקה, ומתחננת: **שֶׁלֹּא אֶחָד בִּלְבַד עָמַד עָלֵינוּ לְכַלּוֹתֵנוּ!** הוא לא אחד בלבד, ריבונו של עולם. הוא תאום. גם עשיו בתמונה. אחיו התאום **עָמַד עָלֵינוּ לְכַלּוֹתֵנוּ. הצילנו מידם!**[194]

מי יעמוד יותר?

דמעות עשיו מקטרגות עלינו ב"שפוך חמתך". לכן, ברגע הזה, ממש ברגע הזה, כותב הפרקי דרבי אליעזר, תצעקי: **שְׁפֹךְ חֲמָתְךָ אֶל הַגּוֹיִם אֲשֶׁר לֹא יְדָעוּךָ וְעַל מַמְלָכוֹת אֲשֶׁר בְּשִׁמְךָ לֹא קָרָאוּ.** אל תטעה, אבא. אל תאמין לעשיו. יצחק טעה, אבל רבקה ידעה: יעקב לא גזל אותו – זה הוא **אָכַל אֶת יַעֲקֹב!** המשנה הנעלבת של השונאים שלנו, "אכלו לי שתו לי", קיבלה כוח אבל לא, זו טעות אופטית, זה פייק. **וְאֶת נָוֵהוּ הֵשַׁמּוּ** – בית המקדש שלך שומם, בגללם. **שְׁפָךְ עֲלֵיהֶם זַעְמֶךָ וַחֲרוֹן אַפְּךָ יַשִּׂיגֵם. תִּרְדֹּף בְּאַף וְתַשְׁמִידֵם מִתַּחַת שְׁמֵי ה'.**[195] זו לא תקינות פוליטית אבל זאת הברכה שלנו!

וְהִגַּדְרְתָּ

הרגע של פתיחת הדלת הוא גורלי. מאחורי הדלת – יעקב אבינו. בתוך הבית – יצחק, מברך ומברך ומברך. השכינה נכנסת ומרעיפה שפע מדהים על הבית הזה. מה צריך בבית הזה – זיווג? קחו. פרנסה? קחו. בריאות? קחו. שלום? שמחה? קחו![196]

זה מיסטי, זה לא מנומס, אבל הברכות שייכות לך, רק תבקשי. רגע של קיבול תפילות מדהים. שכינה נכנסת לבית. ברגע הזה, בנות, כל אחת יכולה לגנוב ברכות שלא מיועדות לה בכלל, לקבל דברים מחוץ למזל שלה, כי בלילה הזה קיבלנו, עם ישראל, ברכות ש(לכאורה) לא היו מיועדות לנו. עת רצון עליונה.

הַלֵּל

מוזגים כוס רביעי וגומרים עליו את ההלל:

תהלים קטו

לֹא לָנוּ יהוה, לֹא לָנוּ
כִּי־לְשִׁמְךָ תֵּן כָּבוֹד, עַל־חַסְדְּךָ עַל־אֲמִתֶּךָ:
לָמָּה יֹאמְרוּ הַגּוֹיִם אַיֵּה־נָא אֱלֹהֵיהֶם:
וֵאלֹהֵינוּ בַשָּׁמָיִם, כֹּל אֲשֶׁר־חָפֵץ עָשָׂה:
עֲצַבֵּיהֶם כֶּסֶף וְזָהָב, מַעֲשֵׂה יְדֵי אָדָם:
פֶּה־לָהֶם וְלֹא יְדַבֵּרוּ, עֵינַיִם לָהֶם וְלֹא יִרְאוּ:
אָזְנַיִם לָהֶם וְלֹא יִשְׁמָעוּ, אַף לָהֶם וְלֹא יְרִיחוּן:
יְדֵיהֶם וְלֹא יְמִישׁוּן, רַגְלֵיהֶם וְלֹא יְהַלֵּכוּ
לֹא־יֶהְגּוּ בִּגְרוֹנָם:
כְּמוֹהֶם יִהְיוּ עֹשֵׂיהֶם, כֹּל אֲשֶׁר־בֹּטֵחַ בָּהֶם:
יִשְׂרָאֵל בְּטַח בַּיהוה, עֶזְרָם וּמָגִנָּם הוּא:
בֵּית אַהֲרֹן בִּטְחוּ בַיהוה, עֶזְרָם וּמָגִנָּם הוּא:
יִרְאֵי יהוה בִּטְחוּ בַיהוה, עֶזְרָם וּמָגִנָּם הוּא:

יהוה זְכָרָנוּ יְבָרֵךְ
יְבָרֵךְ אֶת־בֵּית יִשְׂרָאֵל, יְבָרֵךְ אֶת־בֵּית אַהֲרֹן:
יְבָרֵךְ יִרְאֵי יהוה, הַקְּטַנִּים עִם־הַגְּדֹלִים:
יֹסֵף יהוה עֲלֵיכֶם, עֲלֵיכֶם וְעַל־בְּנֵיכֶם:
בְּרוּכִים אַתֶּם לַיהוה, עֹשֵׂה שָׁמַיִם וָאָרֶץ:
הַשָּׁמַיִם שָׁמַיִם לַיהוה, וְהָאָרֶץ נָתַן לִבְנֵי־אָדָם:
לֹא הַמֵּתִים יְהַלְלוּ־יָהּ, וְלֹא כָּל־יֹרְדֵי דוּמָה:
וַאֲנַחְנוּ נְבָרֵךְ יָהּ, מֵעַתָּה וְעַד־עוֹלָם

הַלְלוּיָהּ:

תהלים קטז

אָהַבְתִּי, כִּי־יִשְׁמַע יהוה, אֶת־קוֹלִי תַּחֲנוּנָי:
כִּי־הִטָּה אָזְנוֹ לִי, וּבְיָמַי אֶקְרָא:
אֲפָפוּנִי חֶבְלֵי־מָוֶת, וּמְצָרֵי שְׁאוֹל מְצָאוּנִי
צָרָה וְיָגוֹן אֶמְצָא:
וּבְשֵׁם־יהוה אֶקְרָא, אָנָּה יהוה מַלְּטָה נַפְשִׁי:
חַנּוּן יהוה וְצַדִּיק, וֵאלֹהֵינוּ מְרַחֵם:
שֹׁמֵר פְּתָאִים יהוה, דַּלּוֹתִי וְלִי יְהוֹשִׁיעַ:
שׁוּבִי נַפְשִׁי לִמְנוּחָיְכִי, כִּי־יהוה גָּמַל עָלָיְכִי:
כִּי חִלַּצְתָּ נַפְשִׁי מִמָּוֶת אֶת־עֵינִי מִן־דִּמְעָה
אֶת־רַגְלִי מִדֶּחִי:
אֶתְהַלֵּךְ לִפְנֵי יהוה, בְּאַרְצוֹת הַחַיִּים:
הֶאֱמַנְתִּי כִּי אֲדַבֵּר, אֲנִי עָנִיתִי מְאֹד:
אֲנִי אָמַרְתִּי בְחָפְזִי, כָּל־הָאָדָם כֹּזֵב:

מָה־אָשִׁיב לַיהוה

כָּל־תַּגְמוּלוֹהִי עָלָי:

כּוֹס־יְשׁוּעוֹת אֶשָּׂא, וּבְשֵׁם יהוה אֶקְרָא:

נְדָרַי לַיהוה אֲשַׁלֵּם, נֶגְדָה־נָּא לְכָל־עַמּוֹ:

יָקָר בְּעֵינֵי יהוה, הַמָּוְתָה לַחֲסִידָיו:

אָנָּה יהוה כִּי־אֲנִי עַבְדֶּךָ, אֲנִי־עַבְדְּךָ בֶּן־אֲמָתֶךָ, פִּתַּחְתָּ לְמוֹסֵרָי:

לְךָ־אֶזְבַּח זֶבַח תּוֹדָה, וּבְשֵׁם יהוה אֶקְרָא:

נְדָרַי לַיהוה אֲשַׁלֵּם, נֶגְדָה־נָּא לְכָל־עַמּוֹ:

בְּחַצְרוֹת בֵּית יהוה, בְּתוֹכֵכִי יְרוּשָׁלָםִ

הַלְלוּיָהּ:

הַלְלוּ

תהלים קיז

אֶת־יהוה כָּל־גּוֹיִם, שַׁבְּחוּהוּ כָּל־הָאֻמִּים:
כִּי גָבַר עָלֵינוּ חַסְדּוֹ, וֶאֱמֶת־יהוה לְעוֹלָם

הַלְלוּיָהּ:

תהלים קיח

הוֹדוּ לַיהוה כִּי־טוֹב כִּי לְעוֹלָם חַסְדּוֹ:
יֹאמַר־נָא יִשְׂרָאֵל כִּי לְעוֹלָם חַסְדּוֹ:
יֹאמְרוּ־נָא בֵית־אַהֲרֹן כִּי לְעוֹלָם חַסְדּוֹ:
יֹאמְרוּ־נָא יִרְאֵי יהוה כִּי לְעוֹלָם חַסְדּוֹ:

מִן־הַמֵּצַר קָרָאתִי יָּהּ
עָנָנִי בַמֶּרְחָב יָהּ:

יהוה לִי לֹא אִירָא, מַה־יַּעֲשֶׂה לִי אָדָם:
יהוה לִי בְּעֹזְרָי, וַאֲנִי אֶרְאֶה בְשֹׂנְאָי:
טוֹב לַחֲסוֹת בַּיהוה, מִבְּטֹחַ בָּאָדָם:
טוֹב לַחֲסוֹת בַּיהוה, מִבְּטֹחַ בִּנְדִיבִים:
כָּל־גּוֹיִם סְבָבוּנִי, בְּשֵׁם יהוה כִּי אֲמִילַם:
סַבּוּנִי גַם־סְבָבוּנִי, בְּשֵׁם יהוה כִּי אֲמִילַם:
סַבּוּנִי כִדְבֹרִים, דֹּעֲכוּ כְּאֵשׁ קוֹצִים
בְּשֵׁם יהוה כִּי אֲמִילַם:
דָּחֹה דְחִיתַנִי לִנְפֹּל, וַיהוה עֲזָרָנִי:
עָזִּי וְזִמְרָת יָהּ, וַיְהִי־לִי לִישׁוּעָה:
קוֹל רִנָּה וִישׁוּעָה בְּאָהֳלֵי צַדִּיקִים, יְמִין יהוה עֹשָׂה חָיִל:
יְמִין יהוה רוֹמֵמָה, יְמִין יהוה עֹשָׂה חָיִל:
לֹא־אָמוּת כִּי־אֶחְיֶה, וַאֲסַפֵּר מַעֲשֵׂי יָהּ:
יַסֹּר יִסְּרַנִּי יָּהּ, וְלַמָּוֶת לֹא נְתָנָנִי:
פִּתְחוּ־לִי שַׁעֲרֵי־צֶדֶק, אָבֹא־בָם אוֹדֶה יָהּ:
זֶה־הַשַּׁעַר לַיהוה, צַדִּיקִים יָבֹאוּ בוֹ:

אוֹדְךָ כִּי עֲנִיתָנִי, וַתְּהִי־לִי לִישׁוּעָה:

אוֹדְךָ כִּי עֲנִיתָנִי, וַתְּהִי־לִי לִישׁוּעָה:

אֶבֶן מָאֲסוּ הַבּוֹנִים, הָיְתָה לְרֹאשׁ פִּנָּה:

אֶבֶן מָאֲסוּ הַבּוֹנִים, הָיְתָה לְרֹאשׁ פִּנָּה:

מֵאֵת יהוה הָיְתָה זֹּאת, הִיא נִפְלָאת בְּעֵינֵינוּ:

מֵאֵת יהוה הָיְתָה זֹּאת, הִיא נִפְלָאת בְּעֵינֵינוּ:

זֶה־הַיּוֹם עָשָׂה יהוה, נָגִילָה וְנִשְׂמְחָה בוֹ:

זֶה־הַיּוֹם עָשָׂה יהוה, נָגִילָה וְנִשְׂמְחָה בוֹ:

אָנָּא יהוה הוֹשִֽׁיעָה נָא׃
אָנָּא יהוה הוֹשִֽׁיעָה נָא׃
אָנָּא יהוה הַצְלִיחָה נָא׃
אָנָּא יהוה הַצְלִיחָה נָא׃

בָּרוּךְ הַבָּא בְּשֵׁם יהוה, בֵּרַכְנוּכֶם מִבֵּית יהוה:

בָּרוּךְ הַבָּא בְּשֵׁם יהוה, בֵּרַכְנוּכֶם מִבֵּית יהוה:

אֵל יהוה וַיָּאֶר לָנוּ
אִסְרוּ־חַג בַּעֲבֹתִים עַד־קַרְנוֹת הַמִּזְבֵּחַ:

אֵל יהוה וַיָּאֶר לָנוּ, אִסְרוּ־חַג בַּעֲבֹתִים עַד־קַרְנוֹת הַמִּזְבֵּחַ:

אֵלִי אַתָּה וְאוֹדֶךָּ, אֱלֹהַי אֲרוֹמְמֶךָּ:

אֵלִי אַתָּה וְאוֹדֶךָּ, אֱלֹהַי אֲרוֹמְמֶךָּ:

הוֹדוּ לַיהוה כִּי־טוֹב, כִּי לְעוֹלָם חַסְדּוֹ:

הוֹדוּ לַיהוה כִּי־טוֹב, כִּי לְעוֹלָם חַסְדּוֹ:

יְהַלְלוּךָ

יהוה אֱלֹהֵינוּ כָּל מַעֲשֶׂיךָ
וַחֲסִידֶיךָ צַדִּיקִים עוֹשֵׂי רְצוֹנֶךָ
וְכָל עַמְּךָ בֵּית יִשְׂרָאֵל
בְּרִנָּה יוֹדוּ
וִיבָרְכוּ וִישַׁבְּחוּ
וִיפָאֲרוּ וִירוֹמְמוּ וְיַעֲרִיצוּ
וְיַקְדִּישׁוּ וְיַמְלִיכוּ אֶת שִׁמְךָ מַלְכֵּנוּ
כִּי לְךָ טוֹב לְהוֹדוֹת וּלְשִׁמְךָ נָאֶה לְזַמֵּר
כִּי מֵעוֹלָם וְעַד עוֹלָם
אַתָּה אֵל.

הלל הגדול:

תהלים קלו

הוֹדוּ

לַיהוה
כִּי־טוֹב

כִּי לְעוֹלָם חַסְדּוֹ:

הוֹדוּ לֵאלֹהֵי הָאֱלֹהִים כִּי לְעוֹלָם חַסְדּוֹ:
הוֹדוּ לַאֲדֹנֵי הָאֲדֹנִים כִּי לְעוֹלָם חַסְדּוֹ:
לְעֹשֵׂה נִפְלָאוֹת גְּדֹלוֹת לְבַדּוֹ כִּי לְעוֹלָם חַסְדּוֹ:
לְעֹשֵׂה הַשָּׁמַיִם בִּתְבוּנָה כִּי לְעוֹלָם חַסְדּוֹ:
לְרֹקַע הָאָרֶץ עַל־הַמָּיִם כִּי לְעוֹלָם חַסְדּוֹ:
לְעֹשֵׂה אוֹרִים גְּדֹלִים כִּי לְעוֹלָם חַסְדּוֹ:
אֶת־הַשֶּׁמֶשׁ לְמֶמְשֶׁלֶת בַּיּוֹם כִּי לְעוֹלָם חַסְדּוֹ:
אֶת־הַיָּרֵחַ וְכוֹכָבִים
לְמֶמְשְׁלוֹת בַּלָּיְלָה כִּי לְעוֹלָם חַסְדּוֹ:
לְמַכֵּה מִצְרַיִם בִּבְכוֹרֵיהֶם כִּי לְעוֹלָם חַסְדּוֹ:
וַיּוֹצֵא יִשְׂרָאֵל מִתּוֹכָם כִּי לְעוֹלָם חַסְדּוֹ:
בְּיָד חֲזָקָה וּבִזְרוֹעַ נְטוּיָה כִּי לְעוֹלָם חַסְדּוֹ:
לְגֹזֵר יַם־סוּף לִגְזָרִים כִּי לְעוֹלָם חַסְדּוֹ:
וְהֶעֱבִיר יִשְׂרָאֵל בְּתוֹכוֹ כִּי לְעוֹלָם חַסְדּוֹ:
וְנִעֵר פַּרְעֹה וְחֵילוֹ בְיַם־סוּף כִּי לְעוֹלָם חַסְדּוֹ:

הָעֲבוֹדָה הַזֹּאת לָכֶם

בקשי לעולם
לא להתעייף
מלהלל את הבריאה
המופלאה שלנו,
שאין בה דופי.

לְמוֹלִיךְ עַמּוֹ בַּמִּדְבָּר כִּי לְעוֹלָם חַסְדּוֹ:
לְמַכֵּה מְלָכִים גְּדֹלִים כִּי לְעוֹלָם חַסְדּוֹ:
וַיַּהֲרֹג מְלָכִים אַדִּירִים כִּי לְעוֹלָם חַסְדּוֹ:
לְסִיחוֹן מֶלֶךְ הָאֱמֹרִי כִּי לְעוֹלָם חַסְדּוֹ:
וּלְעוֹג מֶלֶךְ הַבָּשָׁן כִּי לְעוֹלָם חַסְדּוֹ:
וְנָתַן אַרְצָם לְנַחֲלָה כִּי לְעוֹלָם חַסְדּוֹ:
נַחֲלָה לְיִשְׂרָאֵל עַבְדּוֹ כִּי לְעוֹלָם חַסְדּוֹ:
שֶׁבְּשִׁפְלֵנוּ זָכַר לָנוּ כִּי לְעוֹלָם חַסְדּוֹ:
וַיִּפְרְקֵנוּ מִצָּרֵינוּ כִּי לְעוֹלָם חַסְדּוֹ:
נֹתֵן לֶחֶם לְכָל־בָּשָׂר כִּי לְעוֹלָם חַסְדּוֹ:
הוֹדוּ לְאֵל הַשָּׁמָיִם כִּי לְעוֹלָם חַסְדּוֹ:

ברכת השיר

נִשְׁמַת

כָּל חַי תְּבָרֵךְ אֶת שִׁמְךָ, יהוה אֱלֹהֵינוּ
וְרוּחַ כָּל בָּשָׂר תְּפָאֵר וּתְרוֹמֵם זִכְרְךָ מַלְכֵּנוּ תָּמִיד
מִן הָעוֹלָם וְעַד הָעוֹלָם אַתָּה אֵל.
וּמִבַּלְעָדֶיךָ אֵין לָנוּ מֶלֶךְ
גּוֹאֵל וּמוֹשִׁיעַ, פּוֹדֶה וּמַצִּיל וּמְפַרְנֵס וְעוֹנֶה וּמְרַחֵם
בְּכָל עֵת צָרָה וְצוּקָה
אֵין לָנוּ מֶלֶךְ עוֹזֵר וְסוֹמֵךְ אֶלָּא אָתָּה.
אֱלֹהֵי הָרִאשׁוֹנִים וְהָאַחֲרוֹנִים
אֱלוֹהַּ כָּל בְּרִיּוֹת
אֲדוֹן כָּל תּוֹלָדוֹת הַמְהֻלָּל בְּרֹב הַתִּשְׁבָּחוֹת
הַמְנַהֵג עוֹלָמוֹ בְּחֶסֶד וּבְרִיּוֹתָיו בְּרַחֲמִים.
וַיהוה עֵר
הִנֵּה לֹא יָנוּם וְלֹא יִישָׁן
הַמְעוֹרֵר יְשֵׁנִים וְהַמֵּקִיץ נִרְדָּמִים
וְהַמֵּשִׂיחַ אִלְּמִים וְהַמַּתִּיר אֲסוּרִים

וְהַסּוֹמֵךְ נוֹפְלִים וְהַזּוֹקֵף כְּפוּפִים וְהַמְפַעְנֵחַ נֶעְלָמִים
וּלְךָ לְבַדְּךָ אֲנַחְנוּ מוֹדִים
וְאִלּוּ פִינוּ מָלֵא שִׁירָה כַּיָּם
וּלְשׁוֹנֵנוּ רִנָּה כַּהֲמוֹן גַּלָּיו
וְשִׂפְתוֹתֵינוּ שֶׁבַח כְּמֶרְחֲבֵי רָקִיעַ
וְעֵינֵינוּ מְאִירוֹת כַּשֶּׁמֶשׁ וְכַיָּרֵחַ
וְיָדֵינוּ פְרוּשׂוֹת כְּנִשְׁרֵי שָׁמָיִם
וְרַגְלֵינוּ קַלּוֹת כָּאַיָּלוֹת
אֵין אֲנַחְנוּ מַסְפִּיקִים לְהוֹדוֹת לְךָ
יהוה אֱלֹהֵינוּ וֵאלֹהֵי אֲבוֹתֵינוּ
וּלְבָרֵךְ אֶת שִׁמְךָ, מַלְכֵּנוּ
עַל אַחַת מֵאָלֶף אֶלֶף אַלְפֵי אֲלָפִים וְרִבֵּי רְבָבוֹת פְּעָמִים
הַטּוֹבוֹת, נִסִּים וְנִפְלָאוֹת שֶׁעָשִׂיתָ עִם אֲבוֹתֵינוּ וְעִמָּנוּ
מִלְּפָנִים מִמִּצְרַיִם גְּאַלְתָּנוּ, יהוה אֱלֹהֵינוּ
וּמִבֵּית עֲבָדִים פְּדִיתָנוּ
בְּרָעָב זַנְתָּנוּ וּבְשָׂבָע כִּלְכַּלְתָּנוּ

מֵחֶרֶב הִצַּלְתָּנוּ וּמִדֶּבֶר מִלַּטְתָּנוּ
וּמֵחֳלָיִים רָעִים וְרַבִּים וְנֶאֱמָנִים דִּלִּיתָנוּ.
עַד הֵנָּה עֲזָרוּנוּ רַחֲמֶיךָ וְלֹא עֲזָבוּנוּ חֲסָדֶיךָ, יהוה אֱלֹהֵינוּ
וְאַל תִּטְּשֵׁנוּ, יהוה אֱלֹהֵינוּ, לָנֶצַח.
עַל כֵּן אֵבָרִים שֶׁפִּלַּגְתָּ בָּנוּ
וְרוּחַ וּנְשָׁמָה שֶׁנָּפַחְתָּ בְּאַפֵּנוּ
וְלָשׁוֹן אֲשֶׁר שַׂמְתָּ בְּפִינוּ
הֵן הֵם יוֹדוּ וִיבָרְכוּ וִישַׁבְּחוּ וִיפָאֲרוּ וִישׁוֹרְרוּ
וִירוֹמְמוּ וְיַעֲרִיצוּ וְיַקְדִּישׁוּ וְיַמְלִיכוּ
אֶת שִׁמְךָ מַלְכֵּנוּ תָּמִיד
כִּי כָל פֶּה לְךָ יוֹדֶה, וְכָל לָשׁוֹן לְךָ תִשָּׁבַע
וְכָל עַיִן לְךָ תְצַפֶּה
וְכָל בֶּרֶךְ לְךָ תִכְרַע, וְכָל קוֹמָה לְפָנֶיךָ תִשְׁתַּחֲוֶה
וְכָל הַלְּבָבוֹת יִירָאוּךָ, וְכָל קֶרֶב וּכְלָיוֹת יְזַמְּרוּ לִשְׁמֶךָ

כַּדָּבָר שֶׁכָּתוּב

כָּל עַצְמֹתַי תֹּאמַרְנָה יהוה — תהלים לה

מִי כָמוֹךָ

מַצִּיל עָנִי מֵחָזָק מִמֶּנּוּ, וְעָנִי וְאֶבְיוֹן מִגֹּזְלוֹ:

שַׁוְעַת עֲנִיִּים אַתָּה תִשְׁמַע — דברים י

צַעֲקַת הַדַּל תַּקְשִׁיב וְתוֹשִׁיעַ.

מִי יִדְמֶה לָּךְ וּמִי יִשְׁוֶה לָּךְ וּמִי יַעֲרָךְ לָךְ

הָאֵל הַגָּדוֹל, הַגִּבּוֹר וְהַנּוֹרָא — בראשית יד

אֵל עֶלְיוֹן, קֹנֵה שָׁמַיִם וָאָרֶץ:

נְהַלֶּלְךָ וּנְשַׁבֵּחֲךָ וּנְפָאֶרְךָ וּנְבָרֵךְ אֶת שֵׁם קָדְשֶׁךָ

כָּאָמוּר

לְדָוִד בָּרְכִי נַפְשִׁי אֶת־יהוה — תהלים קג

וְכָל־קְרָבַי אֶת־שֵׁם קָדְשׁוֹ:

הָאֵל בְּתַעֲצוּמוֹת עֻזֶּךָ
הַגָּדוֹל בִּכְבוֹד שְׁמֶךָ
הַגִּבּוֹר לָנֶצַח
וְהַנּוֹרָא בְּנוֹרְאוֹתֶיךָ

הַמֶּלֶךְ הַיּוֹשֵׁב עַל כִּסֵּא.
רָם וְנִשָּׂא
שׁוֹכֵן עַד מָרוֹם וְקָדוֹשׁ שְׁמוֹ

וְכָתוּב
רַנְּנוּ צַדִּיקִים בַּיהוה, לַיְשָׁרִים נָאוָה תְהִלָּה: תהלים לג

בְּפִי יְשָׁרִים תִּתְרוֹמָם
וּבְשִׂפְתֵי צַדִּיקִים תִּתְבָּרַךְ
וּבִלְשׁוֹן חֲסִידִים תִּתְקַדָּשׁ
וּבְקֶרֶב קְדוֹשִׁים תִּתְהַלָּל

וְהִגַּדְרְתָּ

וּבְמַקְהֲלוֹת רִבְבוֹת עַמְּךָ בֵּית יִשְׂרָאֵל
בְּרִנָּה יִתְפָּאַר שִׁמְךָ מַלְכֵּנוּ בְּכָל דּוֹר וָדוֹר
שֶׁכֵּן חוֹבַת כָּל הַיְצוּרִים לְפָנֶיךָ
יהוה אֱלֹהֵינוּ וֵאלֹהֵי אֲבוֹתֵינוּ

לְהוֹדוֹת, לְהַלֵּל, לְשַׁבֵּחַ, לְפָאֵר, לְרוֹמֵם
לְהַדֵּר וּלְנַצֵּחַ, לְבָרֵךְ לְעַלֵּה וּלְקַלֵּס
עַל כָּל דִּבְרֵי שִׁירוֹת וְתִשְׁבְּחוֹת,
דָּוִד בֶּן יִשַׁי
עַבְדְּךָ מְשִׁיחֶךָ.

וּבְכֵן יִשְׁתַּבַּח שִׁמְךָ לָעַד מַלְכֵּנוּ
הָאֵל, הַמֶּלֶךְ, הַגָּדוֹל וְהַקָּדוֹשׁ
בַּשָּׁמַיִם וּבָאָרֶץ
כִּי לְךָ נָאֶה, יהוה אֱלֹהֵינוּ וֵאלֹהֵי אֲבוֹתֵינוּ
שִׁיר וּשְׁבָחָה, הַלֵּל וְזִמְרָה, עֹז וּמֶמְשָׁלָה
נֶצַח, גְּדֻלָּה וּגְבוּרָה
תְּהִלָּה וְתִפְאֶרֶת, קְדֻשָּׁה וּמַלְכוּת
בְּרָכוֹת וְהוֹדָאוֹת לְשִׁמְךָ הַגָּדוֹל וְהַקָּדוֹשׁ
וּמֵעוֹלָם וְעַד עוֹלָם אַתָּה אֵל.
בָּרוּךְ אַתָּה יהוה
אֵל מֶלֶךְ גָּדוֹל וּמְהֻלָּל בַּתִּשְׁבָּחוֹת
אֵל הַהוֹדָאוֹת, אֲדוֹן הַנִּפְלָאוֹת
בּוֹרֵא כָּל הַנְּשָׁמוֹת, רִבּוֹן כָּל הַמַּעֲשִׂים
הַבּוֹחֵר בְּשִׁירֵי זִמְרָה
מֶלֶךְ, יָחִיד אֵל, חַי הָעוֹלָמִים.

הלל

מפגש עם אומרי הלל הקדומים

זוכרות שרבי אליעזר ורבי עקיבא התווכחו על מספר המכות, ואנחנו דיברנו על לפרט את הנס? זה עכשיו, בהלל.

מעשה ממלך עניו

בסיפורי מעשיות ניגאל

סיפורי רבי נחמן

מַעֲשֶׂה בְּמֶלֶךְ אֶחָד וְהָיָה לוֹ חָכָם. אָמַר הַמֶּלֶךְ לְהֶחָכָם: בַּאֲשֶׁר שֶׁיֵּשׁ מֶלֶךְ שֶׁחוֹתֵם עַצְמוֹ שֶׁהוּא גִּבּוֹר גָּדוֹל וְאִישׁ אֱמֶת וְעָנָו [...] וַאֲנִי רוֹצֶה שֶׁתָּבִיא אֵלַי הַפַּאטְרֶעט [דמות דיוקן] שֶׁל אוֹתוֹ הַמֶּלֶךְ, כִּי יֵשׁ לְהַמֶּלֶךְ כָּל הַפַּאטְרֶעטִין שֶׁל כָּל הַמְּלָכִים, וְהַפַּאטְרֶעט שֶׁלּוֹ לֹא נִמְצָא אֵצֶל שׁוּם מֶלֶךְ, כִּי הוּא נִסְתָּר מִבְּנֵי אָדָם, כִּי הוּא יוֹשֵׁב תַּחַת כִּלָּה [וילון] וְהוּא רָחוֹק מִבְּנֵי מְדִינָתוֹ.

הָלַךְ הֶחָכָם אֶל הַמְּדִינָה. אָמַר הֶחָכָם בְּדַעְתּוֹ שֶׁצָּרִיךְ לוֹ לֵידַע מַהוּת הַמְּדִינָה. וְעַל יְדֵי מָה יֵדַע הַמַּהוּת שֶׁל הַמְּדִינָה? עַל יְדֵי הַקַּאטָאוֶויש שֶׁל הַמְּדִינָה [הַיְנוּ עִנְיְנֵי צְחוֹק, שֶׁקּוֹרִין קַאטָאוֶויש]. כִּי כְּשֶׁצְּרִיכִים לֵידַע דָּבָר צְרִיכִים לֵידַע הַקַּאטָאוֶויש שֶׁל אוֹתוֹ הַדָּבָר [...]

וְהֵבִין בְּהַקַּאטָאוִישׁ שֶׁהַמְּדִינָה כֻּלָּהּ מְלֵאָה שְׁקָרִים מִתְּחִלָּה וְעַד סוֹף, כִּי רָאָה שֶׁעוֹשִׂין צְחוֹק אֵיךְ מְאַנִּים וּמַטְעִים בְּנֵי אָדָם בְּמַשָּׂא וּמַתָּן [...] וְהֵבִין הֶחָכָם בְּאוֹתוֹ הַצְּחוֹק שֶׁהַמְּדִינָה כֻּלָּהּ מְלֵאָה שְׁקָרִים וְרַמָּאוּת וְאֵין בָּהּ שׁוּם אֱמֶת.

וְהָלַךְ וְנָשָׂא וְנָתַן בְּהַמְּדִינָה [...] עַד שֶׁבָּא אֶל הַמֶּלֶךְ בְּעַצְמוֹ. וּכְשֶׁבָּא אֶל הַמֶּלֶךְ עָנָה וְאָמַר: עַל מִי אַתָּה מֶלֶךְ? שֶׁהַמְּדִינָה מְלֵאָה שְׁקָרִים כֻּלָּהּ מִתְּחִלָּה וְעַד סוֹף וְאֵין בָּהּ שׁוּם אֱמֶת! וְהִתְחִיל לְסַפֵּר כָּל הַשְּׁקָרִים שֶׁל הַמְּדִינָה. וּכְשֶׁהַמֶּלֶךְ שָׁמַע דְּבָרָיו הִרְכִּין אָזְנָיו אֵצֶל הַוִּילוֹן לִשְׁמֹעַ דְּבָרָיו, כִּי הָיָה תָּמוּהַּ לְהַמֶּלֶךְ שֶׁיִּמָּצֵא אִישׁ שֶׁיּוֹדֵעַ מִכָּל הַשְּׁקָרִים שֶׁל הַמְּדִינָה [...]

עָנָה וְאָמַר (הֶחָכָם הַנַּ"ל): וְהָיָה רָאוּי לוֹמַר שֶׁגַּם הַמֶּלֶךְ כְּמוֹתָם שֶׁהוּא אוֹהֵב שֶׁקֶר כְּמוֹ הַמְּדִינָה. אַךְ מִזֶּה אֲנִי רוֹאֶה אֵיךְ אַתָּה אִישׁ אֱמֶת. וּבִשְׁבִיל זֶה אַתָּה רָחוֹק מֵהֶם מֵחֲמַת שֶׁאֵין אַתָּה יָכוֹל לִסְבֹּל הַשֶּׁקֶר שֶׁל הַמְּדִינָה. וְהִתְחִיל לְשַׁבֵּחַ הַמֶּלֶךְ מְאֹד מְאֹד. וְהַמֶּלֶךְ, מֵחֲמַת שֶׁהָיָה עָנָו מְאֹד, וּבִמְקוֹם גְּדֻלָּתוֹ שָׁם עַנְוְתָנוּתוֹ, כִּי כֵן דֶּרֶךְ הֶעָנָו שֶׁבְּכָל מַה שֶּׁמְּשַׁבְּחִין וּמְגַדְּלִין אוֹתוֹ יוֹתֵר נַעֲשֶׂה קָטָן וְעָנָו יוֹתֵר, וּמֵחֲמַת גֹּדֶל הַשֶּׁבַח שֶׁל הֶחָכָם שֶׁשִּׁבַּח וְגִדֵּל אֶת הַמֶּלֶךְ, בָּא הַמֶּלֶךְ בַּעֲנִיווּת וְקַטְנוּת מְאֹד עַד שֶׁנַּעֲשָׂה אַיִן מַמָּשׁ, וְלֹא הָיָה יָכוֹל לְהִתְאַפֵּק וְהִשְׁלִיךְ אֶת הַוִּילוֹן לִרְאוֹת אֶת אוֹתוֹ הֶחָכָם, מִי הוּא זֶה שֶׁהוּא יוֹדֵעַ וּמֵבִין כָּל זֹאת, וְנִתְגַּלָּה פָּנָיו. וְרָאָה אוֹתוֹ הֶחָכָם, וְהֵבִיא הַפַּאטְרֶעט שֶׁלּוֹ אֶל הַמֶּלֶךְ.

המלך קורא לאהוב שלו, החכם, ואומר לו: יש לי דיוקנאות של כל המלכים בעולם מלבד אחד. אתה יכול להביא לי תמונה של אותו מלך? והאהוב הולך למדינה של המלך הזה, מדינה של שקרנים ורמאים, אנשים ציניים, אנשי עוולה. הוא מחפש את המלך שלהם, ומגלה שהמלך מסתתר מאחורי וילון.

והאיש החכם הזה הולך לווילון ומספר למלך על כל השחיתות, הרוע והשקר שבמדינה שלו. אבל זה לא עוזר. המלך עדיין מסתתר. מלדבר עוול כל הזמן לא יגלה המלך את דיוקנו.

והחכם מבין: רגע. אם המלך הזה מכוסה בווילון, סימן שהוא כל מה שהמדינה הזאת לא. ניסיתי לומר מה רע במדינת השקר הזאת, וזה לא גרם לגילוי של המלך. אז מה עכשיו? עכשיו אני אתחיל להגיד מה טוב אצלו.

והוא מתחיל להלל ולשבח ולשבח ולהלל ולהלל עוד ועוד, ובעודו משבח, המלך מתקרב לווילון עוד ועוד עד שפתאום הווילון יורד ומי מתגלה? המלך.

כל זמן שהחכם פורט בפיו את מגרעות המדינה השקרנית ומערכת המשפט המסואבת שלה, אין מפגש עם המלך. הוא אכן חכם, אלה אכן פניה של הארץ. עיתון לאנשים חושבים. אבל המלך עדיין נסתר מאוד.

ואז החכם חושב: אולי ננסה אלטרנטיבה אחרת? הרי להלל את הדברים הנכונים זו עדות לכך שאנחנו מבינים היטב את הרוע שיש להיבדל ממנו! **מַצְרֵף לַכֶּסֶף וְכוּר לַזָּהָב וְאִישׁ לְפִי מַהֲלָלוֹ.**[197] אמור לי מה אתה מהלל ואומר לך מי אתה. והווילון עולה.

הווילון מוסר בדיוק בשלב שמתואר בחז״ל כ"**וְהַלַּיְלָא פָּקַע אִיגָּרָא**". אומרים הלל, והגג פוקע! והרב הוטנר יבכר להסביר שההלל כולל את הכל; **אֲסַפְּרָה כָּל תְּהִלָּתֶיךָ**, כותב דוד המלך בתהילים. הכל הוא כולל ולכן, מפקיע את כל גבולות הזמן והמקום. אין מחיצות עכשיו. אנחנו במפגש בלתי אמצעי עם המלך.

◆◆◆

הלל, ויעוף הגג

אכלנו, היגדנו ויש סיכוי שכולם עייפים אבל אל תוותרו על אמירת הַלל. אומרים את כל ההלל בליל הסדר, "הלל גמור" – גימטרייה ש־די, שמו של ה' כשהוא מְשַׁדֵּד מערכות, משנה את הטבע. ואומנם, זו שירה מופלאה ובעלת מסוגלות להביס את האויבים המושבעים (האנושיים) של עַם ישראל.

וַיְהִי בַּלַּיְלָה הַהוּא. המדרש מספר על סנחריב מלך אשור שרצה לעלות על ירושלים בערב פסח. **והיה רַבְשָׁקֵה שם** (רבשקה היה שר בכיר אצל סנחריב). **הלך והציץ על פתח החומה של ירושלים ושמע אותם קוראים הַלל.**

אמר לסנחריב: לך וחזור לאחוריך.

למה?

שאלוקיה של אומה זו עסוק להיות עושה להם ניסים בלילה הזאת כשהם אומרים הַלֵל.

והיה סנחריב מְבַזֶה ואומר: בשביל העיר הזאת, הקטנה, אני מייגע כל הצבא הזה? ואמר לחילותיו: לינו הלילה ובשחרית אנו נוטלין אותה אבן־אבן, והולכים.

מה עשה הקב"ה – **וַיֵּצֵא מַלְאַךְ ה' וַיַּךְ בְּמַחֲנֵה אַשּׁוּר. ואותו הלילה, ליל הפסח היה ונעשה הנס הזה** על ידי **חִזקיה, מבני בניה של לאה,**[198] בעצם ההלל הנפלא והעוצמתי ששרו בני ישראל בשולחן הסדר. **וַיַּשְׁכִּימוּ בַבֹּקֶר וְהִנֵּה כֻלָּם פְּגָרִים מֵתִים.**[199]

מחנה סנחריב מובס על ידי שירה. ודאי לא חשבת שהלל זה נשק. אבל הוא קטלני. מי יודע כמה מנהרות הוא ממוטט. שירי!

הִנְנִי מוּכָן וּמְזֻמָּן לְקַיֵּם מִצְוַת כּוֹס רְבִיעִי שֶׁל אַרְבַּע כּוֹסוֹת.
לְשֵׁם יִחוּד קֻדְשָׁא בְּרִיךְ הוּא וּשְׁכִינְתֵּהּ עַל יְדֵי הַהוּא טָמִיר וְנֶעְלָם בְּשֵׁם כָּל יִשְׂרָאֵל.

בָּרוּךְ אַתָּה יהוה
אֱלֹהֵינוּ מֶלֶךְ הָעוֹלָם
בּוֹרֵא פְּרִי הַגָּפֶן.

שותים בהסבת שמאל.

כוס רביעית
כנגד לאה אימנו

בָּרוּךְ אַתָּה יהוה אֱלֹהֵינוּ מֶלֶךְ הָעוֹלָם
עַל הַגֶּפֶן וְעַל פְּרִי הַגֶּפֶן
וְעַל תְּנוּבַת הַשָּׂדֶה
וְעַל אֶרֶץ חֶמְדָּה טוֹבָה וּרְחָבָה
שֶׁרָצִיתָ וְהִנְחַלְתָּ לַאֲבוֹתֵינוּ
לֶאֱכֹל מִפִּרְיָהּ וְלִשְׂבֹּעַ מִטּוּבָהּ.

רַחֵם נָא יהוה אֱלֹהֵינוּ עַל יִשְׂרָאֵל עַמֶּךָ
וְעַל יְרוּשָׁלַיִם עִירֶךָ וְעַל צִיּוֹן מִשְׁכַּן כְּבוֹדֶךָ
וְעַל מִזְבְּחֶךָ וְעַל הֵיכָלֶךָ.
וּבְנֵה יְרוּשָׁלַיִם עִיר הַקֹּדֶשׁ בִּמְהֵרָה בְיָמֵינוּ
וְהַעֲלֵנוּ לְתוֹכָהּ וְשַׂמְּחֵנוּ בְּבִנְיָנָהּ
וְנֹאכַל מִפִּרְיָהּ וְנִשְׂבַּע מִטּוּבָהּ
וּנְבָרֶכְךָ עָלֶיהָ בִּקְדֻשָּׁה וּבְטָהֳרָה.

בשבת: וּרְצֵה וְהַחֲלִיצֵנוּ בְּיוֹם הַשַּׁבָּת הַזֶּה
וְשַׂמְּחֵנוּ בְּיוֹם חַג הַמַּצּוֹת הַזֶּה
כִּי אַתָּה יהוה טוֹב וּמֵטִיב לַכֹּל, וְנוֹדֶה לְּךָ
עַל הָאָרֶץ וְעַל פְּרִי גַפְנָהּ / אם היין מחו״ל: הַגָּפֶן/.
בָּרוּךְ אַתָּה יהוה
עַל הָאָרֶץ וְעַל פְּרִי גַפְנָהּ / אם היין מחו״ל: הַגָּפֶן/.

נִרְצָה

מי מרוצה?

הסתכלי סביבך. האם האנשים שלצידך נראים מרוצים?
דעי לך, כשאת רק מחכה שהאורחים ילכו (״לכו! נגמר הסדר, לכו!״)
והם יושבים בשיא הכיף ואוכלים כל מיני (בעצם חז״ל אסרו לאכול
אחרי האפיקומן, כי טעם המצה צריך להישאר בפה[200]),
ברגעים האלה הקב״ה מרוצה מליל הסדר שלכם עד לשמיים.

גם את. מגיע לך להיות מרוצה.

הָעֲבוֹדָה הַזֹּאת לָכֶם

בקשי להאמין
שמרוצים מאיתנו עכשיו בשמיים.

בקשי שנתרצה זה לזה.

שתְּהֵא הַשָּׁעָה הַזֹּאת
שְׁעַת רַחֲמִים וְעֵת רָצוֹן.
לַשָּׁנָה הַבָּאָה בִּירוּשָׁלַיִם הַבְּנוּיָה.

חֲסַל סִדּוּר פֶּסַח כְּהִלְכָתוֹ
כְּכָל מִשְׁפָּטוֹ וְחֻקָּתוֹ
כַּאֲשֶׁר זָכִינוּ לְסַדֵּר אוֹתוֹ, כֵּן נִזְכֶּה לַעֲשׂוֹתוֹ
זָךְ שׁוֹכֵן מְעוֹנָה, קוֹמֵם קְהַל עֲדַת מִי מָנָה
קָרֵב נַהֵל נִטְעֵי כַנָּה
פְּדוּיִם לְצִיּוֹן בְּרִנָּה.

לַשָּׁנָה הַבָּאָה

בִּירוּשָׁלָיִם הַבְּנוּיָה.

ילדה של אבא

ואני, הכיסא הריק שלי שמור לאבא.

כל השבוע החולף מצאתי את עצמי מדברת עליה בחמלה גדולה, על האבהות. המשתדלת הזו, הלא תמיד מוערכת. האבא שתמיד יהיה בעינינו "קטן מדי" או גדול מכדי שנעניין אותו. אבל באמת, אילו אבות מסורים יש כאן.

אחת מעסקות השבויים היותר שנויה במחלוקת הייתה העיסקה לשחרור גלעד שליט תמורת מחבלים רבים. אביו, נעם שליט, שהפך עולמות לשיחרורו, נפטר ממש בערב פסח. אני זוכרת שנשאלתי מדוע לא הזכרתי אותו בשיעוריי, את האבא שהתמסר ללא גבולות. וחשבתי, אולי מפני שזה כל מה שהוא היה. אביו. אביו. אך ורק אביו.

ואז אולי הבנתי לראשונה את המשמעות העמוקה של הזמן הזה, חג האביב. הזמן שיצעק את צעקת האבהות שלפיה ככל שעסקת שחרור תאבד מהלגיטימיות שלה, כך תקבל האבהות את הלגיטימיות הטוטאלית שלה.

ככל שיפדה אב את בנו ביותר מכדי דמיו, כך תתפרש האהבה הזו כאהבה "שלא כסדר", בלשונו של רבי נחמן, כי אבא לא בסדר. אבא חושב בקטן.

גם אותנו פדה ה' ממצרים בדיוק כך, ביותר מכדי דמינו. המלאכים עצמם מחו על העסקה הזו ואמרו לפניו: "הם לא שווים את זה! הם שווים, כמעט לגמרי, למצרים עצמם! **הללו עובדי עבודה זרה והללו עובדי עבודה זרה!**".[201]

אני אוהבת את ההתנגדות המלאכית הזו. בכל פעם שהיא מופיעה בחז"ל, זה כדי להראות בדיוק את זה, איך אבא לא בסדר, איך הוא בורא אדם אף **שכולו שקרים וכולו קטטה**,[202] איך הוא נושא לנו פנים, מפלה אותנו לטובה ללא הצדקה, איך אוהב הקב"ה את ילדיו ומשליך אמת ארצה ומלאכים בוכים מעולם אחר.[203]

וכך יגיע באביב אבא קטן, אולי הכי גדול שיש, ויאמר ללא בושה: **וְהִפְלֵיתִי**.[204] מפני שזה **בְּנִי בְכֹרִי יִשְׂרָאֵל**.[205] עסקה לא לגיטימית, להיות אביו על מלא, להיות אביב על מלא. "אביב" עבורי יהיה אב מוקטן, כשם שעציץ, יהיה עץ מוקטן...

את האבא המפלה הזה שלי אני מבקשת שוב בחורים ובסדקים, מדליקה לו נר, מדי ליל סדר. את האבא הגדול שלי אני מבקשת בשבת הגדול. אבא שלי הייקה, שהמילים השגורות בפיו היו תמיד "Alles ist in ordnung", הכול בסדר, אבל עבורי, הוא היה מפר את ציווייה החד־משמעיים של אימא, זו שכולה סדר. וממש לפני פסח, כשאימא הבהיקה את המרפסת, החליט אבא להסביר לי את האביב. והוא מצייר בטוש ארטליין, על רצפת המרפסת הנוצצת,

שעון שמש ובו המעלות שדרכן עוברים האור והצל במשך היום... כך הוא מהלך השמש באביב, הוא הסביר לי, לעיניה המזוועזעות של אימא... והייתי אז בת שלו, בת חורין, מפלה שוב שלא בצדק את אימא הטובה, לרעה.

מייד אחר כך עלינו אני והוא לקַו 12 משכונות בית וגן, היישר לבית הכנסת "זהרי חמה" מול שוק מחנה יהודה, שם הראה לי את שעון השמש ההוא, העתיק, ואז אני הייתי כמו שמש בעולם, הייתי כמו ציפור נודדת חופשייה, והוא היה לי מלך, לעולם.[206]

כך צייר לי אבא את האביב, גם כשידעתי ביני לביני שזה בֶּנִינִי,[207] ושקר ש"החיים יפים" תמיד, אבל זו אני ולא מלאך, ולכן אבא לקח אמת והשליכה ארצה וכך פדה אותי פעם אחר פעם ביותר מכדי דמיי ואמר לי **בְּדָמַיִךְ חֲיִי**[208] ואמר לי בדמייך חיי.

את מלחמתו של האבא הזה, האבא הגדול הזה שטרוף טורף לי, אני מבקשת לשיר בפסגת ליל הסדר. כשתקרת הלב שלי פוקעת, אני שרה בדיוק בניגון שלו את "חד גדיא" ויודעת שהפיוט הזה לא ישיר את שובו של הגדי שנטרף שוב ושוב ושוב, כי אם את שובו של אבא, שקנה באהבה אינסופית גדי בשני זוזים ובא חתול ואכל לו, וכלב שנשך לו ומקל שהיכה ואש ששרפה לו ומים שכיבו לו ושור ששתה לו ומלאך המוות שהרג לו ושוחט ששחט לו ואתה אבא.

ואני אבקש לפדות את האבא הזה, שאכלו לו ושתו לו, ביותר מכדי דמיו אני מבקשת לפדות אותו, ביותר ממה שהיה באמת, במה שאני מדמה שהיה, והאיש הזה הולך וגדול ככל שהוא נפטר ואין מי שיפלה אותי עוד ואין לי מי שיצייר לי שעון שמש וייתן לחורף שיש לי בלב באבי אביו.

בימים האלה אני שרה לך אבא. זוכרת את הגדי שהגדת לבתך בכזו התרגשות, זוכרת את העולמות שהזזת עבורי בתרי זוזי, מסביר לי דברים מסובכים בהרבה יותר מכדי ימיי.

אני רוצה להשיב לך בגדול, אני רוצה להשיב את לֵב הָאָבוֹת כולם עַל בָּנִים ולב בנות על אביהן.[209] כל האבות, גדולים כקטנים.

חג שמח לך, אבא שלי. חד כתער, **חד בְּדָרָא**, חד גדיא, חג גדיא.

מילה על השירים והפיוטים של ליל הסדר

"כי לו נאה כי לו יאה", "די דיינו" וכו' – נשים לא חייבות, ואולי היית מעדיפה להשיב את הסדר על כנו, אבל השירים האלה משאירים את הקב"ה אצלך בבית. באופן טבעי הוא כל השנה מרוחק; **יוֹשֵׁב בַּשָּׁמַיִם יִשְׂחָק.**[210] אבל בשירים הוא **יוֹשֵׁב תְּהִלּוֹת יִשְׂרָאֵל.**[211] ה' יושב איתך בשולחן הסדר.[212]

וגם אלה רגעים גבוהים מאוד. "חד גדיא" ו"אחד מי יודע" מסמנים ייחוד ("אחד") של חתן וכלה![213] ומה קורה כששרים – **פָּקַע אִגְרָא.**[214] הגג מתפקע, אין גג עכשיו, אין חלונות, אין דלתות. זה את והוא והוא ואת בלי מחיצות. ורואֶה בצערך הכי קטנטן. ומחלק לך ישועות.

◆◆◆

הרב מוצפי כותב: **נוהגים לומר פיוט חד גדיא, המיוחס לרבנו אלעזר מגרמייזא, בעל ספר הרוקח, גדול תקופתו. ורמוז בו סדר האירועים שהיו לישראל במהלך הדורות, עד ביאת הגואל במהרה בימינו.**

ומעשה שהיה באדם אחד שהתלוצץ על פיוט זה ופער פיו, שכל האומרים אותו הם טיפשים ועוסקים בהבלים. וקם אחד מהקהל ונידהו. והסכים מרן שהנידוי תקף, כי פיוט זה הוא גאולה ונחת רוח לכל השנה כולה. אין לזלזל בשירים של סוף הסדר, יש בהם כוח.

מה זה חד גדיא? מה זה אחד מי יודע?

"חד גדיא" הוא הגדי הזה. "גד" = מזל. המצרים האמינו ב"גד", במזל. ואנחנו – מאמינים בגְּדִ־י, עם יו"ד, שם ה'. מאמינים בריבונו של עולם. וקל מאוד להתבלבל. אני שומעת דרשנים מאוד גדולים שמדברים על אמונה בה' כעל גורל, כעל מזל: "אם זה יקרה לך – זה יקרה לך, נשמה". בדור הניו אייג' בקלות אתה עובד כוכבים ומזלות, יותר מאי־פעם.

וה' אומר: נשמה, לא משנה מה עברת, אפשר להתחיל מאל"ף.

ראו את הגדי הזה של חג גדיא, איך הוא נבלע ונבלע ונבלע בהשתלשלות טראגית. מה יהיה? איפה הגדי? והרב מוצפי ידבר על חד גדיא כעל **משל נסתר ונפלא.** בסופה של שרשרת המזון הזאת הקב"ה שוחט את מלאך

המוות, ומי חוזר – מֶהההההּ. שובו של הגדי.

וגם את חוזרת הלילה הזה, הלילה הזה.

ובשיר הבא, אחד מי יודע, מבינים שכל הפרטים המבהילים האלה הם חלק מסיפור אחד. ומאחורי כל זה יש אחד, **אֶחָד אֱ־לֹהֵינוּ**. ויש אחד, חד גדיא. חכה, ילד.

וַאֲתָא הַקָּדוֹשׁ בָּרוּךְ הוּא, וְשָׁחַט לְמַלְאַךְ הַמָּוֶת. זו יכולת אלוקית בלעדית לשחוט את המוות ולהחזיר לחיים, להתחיל מאל"ף. ולכן ההפטרה בחג הפסח מדברת על העצמות היבשות שקמות בתחיית המתים. את זה אין בכוחו של שום מזל לעשות.

לכן כל אחד ייתן ליבו להתבונן, גם ב"חד גדיא" וגם ב"אחד מי יודע", וכתוב בכתב חידה כדי לסלק עין הרע ומקטרגים. היו קוראים את השירים האלה על גבי קלף ממש, ויש בהם כדי לנחם אנשים שבורי לב ועצובים ולהביא נחמה ללבבות, לבל יתייאשו מן הגאולה. כי יש לנו הבטחות שנגיע במהרה לגאולתנו ולפדות נפשנו. וכשאומרים המזמור הזה, מלמדים סנגוריה על ישראל: זכות לוחות הברית, זכות שלושה אבות, זכות ברית מילה, זכות חַסְדֵי ה' כִּי לֹא תָמְנוּ.[215]

בחוץ לארץ אומרים פיוט זה רק בלילה הראשון של פסח.

וּבְכֵן וַיְהִי בַּחֲצִי הַלַּיְלָה

אָז רֹב נִסִּים הִפְלֵאתָ בַּלַּיְלָה
בְּרֹאשׁ אַשְׁמוּרוֹת זֶה הַלַּיְלָה
גֵּר צֶדֶק נִצַּחְתּוֹ, כְּנֶחֱלַק לוֹ לַיְלָה — בראשית יד
וַיְהִי בַּחֲצִי הַלַּיְלָה

דַּנְתָּ מֶלֶךְ גְּרָר בַּחֲלוֹם הַלַּיְלָה — בראשית כ
הִפְחַדְתָּ אֲרַמִּי בְּאֶמֶשׁ לַיְלָה — בראשית לא
וַיִּשְׂרָאֵל יָשַׁר לָאֵל, וַיּוּכַל לוֹ לַיְלָה — בראשית לב
וַיְהִי בַּחֲצִי הַלַּיְלָה

זֶרַע בְּכוֹרֵי פַתְרוֹס מָחַצְתָּ בַּחֲצִי הַלַּיְלָה — שמות יב
חֵילָם לֹא מָצְאוּ בְּקוּמָם בַּלַּיְלָה — שם
טִיסַת נְגִיד חֲרֹשֶׁת סִלִּיתָ בְּכוֹכְבֵי לַיְלָה — שופטים ה
וַיְהִי בַּחֲצִי הַלַּיְלָה

יָעַץ מְחָרֵף לְנוֹפֵף אִוּוּי, הוֹבַשְׁתָּ פְגָרָיו בַּלַּיְלָה ישעיה י
כָּרַע בֵּל וּמַצָּבוֹ בְּאִישׁוֹן לַיְלָה ישעיה מו
לְאִישׁ חֲמוּדוֹת נִגְלָה רָז חֲזוֹת לַיְלָה דניאל ה

וַיְהִי בַּחֲצִי הַלַּיְלָה

מִשְׁתַּכֵּר בִּכְלֵי קֹדֶשׁ נֶהֱרַג בּוֹ בַּלַּיְלָה שם
נוֹשַׁע מִבּוֹר אֲרָיוֹת, פּוֹתֵר בִּעֲתוּתֵי לַיְלָה דניאל ו
שִׂנְאָה נָטַר אֲגָגִי, וְכָתַב סְפָרִים בַּלַּיְלָה אסתר ג

וַיְהִי בַּחֲצִי הַלַּיְלָה

עוֹרַרְתָּ נִצְחֲךָ עָלָיו בְּנֶדֶד שְׁנַת לַיְלָה אסתר ו ילקוט שמעוני אסתר תתרנ״ח
פּוּרָה תִדְרוֹךְ לְשׁוֹמֵר מַה מִלַּיְלָה ישעיה סג
צָרַח כַּשּׁוֹמֵר, וְשָׂח אָתָא בֹקֶר וְגַם לַיְלָה ישעיה כא

וַיְהִי בַּחֲצִי הַלַּיְלָה

קָרֵב יוֹם אֲשֶׁר הוּא לֹא יוֹם וְלֹא לַיְלָה — זכריה יד

רָם הוֹדַע כִּי לְךָ הַיּוֹם אַף לְךָ הַלַּיְלָה — תהלים עד

שׁוֹמְרִים הַפְקֵד לְעִירְךָ כָּל הַיּוֹם וְכָל הַלַּיְלָה — ישעיה סב

תָּאִיר כְּאוֹר יוֹם חֶשְׁכַת לַיְלָה — זכריה יד, תהלים עז

וַיְהִי בַּחֲצִי הַלַּיְלָה

בחוץ לארץ אומרים פיוט זה רק בלילה השני של פסח.

וּבְכֵן וַאֲמַרְתֶּם זֶבַח פֶּסַח

אֹמֶץ גְּבוּרוֹתֶיךָ הִפְלֵאתָ בַּפֶּסַח שמות ד-יד
בְּרֹאשׁ כָּל מוֹעֲדוֹת נִשֵּׂאתָ פֶּסַח ויקרא כג
גִּלִּיתָ לְאֶזְרָחִי חֲצוֹת לֵיל פֶּסַח ב״ר מג, ג
וַאֲמַרְתֶּם זֶבַח פֶּסַח

דְּלָתָיו דָּפַקְתָּ כְּחֹם הַיּוֹם בַּפֶּסַח בראשית יח
הִסְעִיד נוֹצְצִים עֻגוֹת מַצּוֹת בַּפֶּסַח שם
וְאֶל הַבָּקָר, רָץ זֵכֶר לְשׁוֹר עֵרֶךְ פֶּסַח שם
וַאֲמַרְתֶּם זֶבַח פֶּסַח

זֹעֲמוּ סְדוֹמִים, וְלֹהֲטוּ בָּאֵשׁ בַּפֶּסַח בראשית יט
חֻלַּץ לוֹט מֵהֶם, וּמַצּוֹת אָפָה בְּקֵץ פֶּסַח שם
טִאטֵאתָ אַדְמַת מֹף וְנֹף בְּעָבְרְךָ בַּפֶּסַח שמות יב
וַאֲמַרְתֶּם זֶבַח פֶּסַח

שמות כט יָהּ, רֹאשׁ כָּל אוֹן מָחַצְתָּ בְּלֵיל שִׁמּוּר פֶּסַח
שמות יג כַּבִּיר, עַל בֵּן בְּכוֹר פָּסַחְתָּ בְּדַם פֶּסַח
שמות כד לְבִלְתִּי תֵּת מַשְׁחִית לָבֹא בִּפְתָחַי בַּפֶּסַח
וַאֲמַרְתֶּם זֶבַח פֶּסַח

יהושע ו מְסֻגֶּרֶת סֻגָּרָה בְּעִתּוֹתֵי פֶּסַח
שופטים ז נִשְׁמְדָה מִדְיָן בִּצְלִיל שְׂעוֹרֵי עֹמֶר פֶּסַח
מלכים ב׳ יט שֹׂרְפוּ מִשְׁמַנֵּי פּוּל וְלוּד, בִּיקַד יְקוֹד פֶּסַח
וַאֲמַרְתֶּם זֶבַח פֶּסַח

ישעיה י עוֹד הַיּוֹם בְּנֹב לַעֲמֹד, עַד גָּעָה עוֹנַת פֶּסַח
דניאל ה פַּס יַד כָּתְבָה לְקַעֲקֵעַ צוּל בַּפֶּסַח
שם צָפֹה הַצָּפִית עָרוֹךְ הַשֻּׁלְחָן בַּפֶּסַח
וַאֲמַרְתֶּם זֶבַח פֶּסַח

קָהָל כִּנְּסָה הֲדַסָּה, צוֹם לְשַׁלֵּשׁ בַּפֶּסַח אסתר
רֹאשׁ מִבֵּית רָשָׁע מָחַצְתָּ בְּעֵץ חֲמִשִּׁים בַּפֶּסַח אסתר
שְׁתֵּי אֵלֶּה, רֶגַע תָּבִיא לְעוּצִית בַּפֶּסַח ישעיה
תָּעֹז יָדְךָ, תָּרוּם יְמִינְךָ, כְּלֵיל הִתְקַדֵּשׁ חַג פֶּסַח שמות

וַאֲמַרְתֶּם זֶבַח פֶּסַח

כִּי לוֹ נָאֶה, כִּי לוֹ יָאֶה

אַדִּיר בִּמְלוּכָה בָּחוּר כַּהֲלָכָה גְּדוּדָיו יֹאמְרוּ לוֹ
לְךָ וּלְךָ, לְךָ כִּי לְךָ, לְךָ אַף לְךָ, לְךָ יהוה הַמַּמְלָכָה

כִּי לוֹ נָאֶה, כִּי לוֹ יָאֶה

דָּגוּל בִּמְלוּכָה הָדוּר כַּהֲלָכָה וָתִיקָיו יֹאמְרוּ לוֹ
לְךָ וּלְךָ, לְךָ כִּי לְךָ, לְךָ אַף לְךָ, לְךָ יהוה הַמַּמְלָכָה

כִּי לוֹ נָאֶה, כִּי לוֹ יָאֶה

זַכַּאי בִּמְלוּכָה חָסִין כַּהֲלָכָה טַפְסְרָיו יֹאמְרוּ לוֹ
לְךָ וּלְךָ, לְךָ כִּי לְךָ, לְךָ אַף לְךָ, לְךָ יהוה הַמַּמְלָכָה

כִּי לוֹ נָאֶה, כִּי לוֹ יָאֶה

יָחִיד בִּמְלוּכָה כַּבִּיר כַּהֲלָכָה לִמּוּדָיו יֹאמְרוּ לוֹ
לְךָ וּלְךָ, לְךָ כִּי לְךָ, לְךָ אַף לְךָ, לְךָ יהוה הַמַּמְלָכָה

כִּי לוֹ נָאֶה, כִּי לוֹ יָאֶה

מֶלֶךְ בִּמְלוּכָה נוֹרָא כַּהֲלָכָה סְבִיבָיו יֹאמְרוּ לוֹ
לְךָ וּלְךָ, לְךָ כִּי לְךָ, לְךָ אַף לְךָ, לְךָ יהוה הַמַּמְלָכָה

כִּי לוֹ נָאֶה, כִּי לוֹ יָאֶה

עָנָו בִּמְלוּכָה פּוֹדֶה כַּהֲלָכָה צַדִּיקָיו יֹאמְרוּ לוֹ
לְךָ וּלְךָ, לְךָ כִּי לְךָ, לְךָ אַף לְךָ, לְךָ יהוה הַמַּמְלָכָה

כִּי לוֹ נָאֶה, כִּי לוֹ יָאֶה

קָדוֹשׁ בִּמְלוּכָה רַחוּם כַּהֲלָכָה שִׁנְאַנָּיו יֹאמְרוּ לוֹ
לְךָ וּלְךָ, לְךָ כִּי לְךָ, לְךָ אַף לְךָ, לְךָ יהוה הַמַּמְלָכָה

כִּי לוֹ נָאֶה, כִּי לוֹ יָאֶה

תַּקִּיף בִּמְלוּכָה תּוֹמֵךְ כַּהֲלָכָה תְּמִימָיו יֹאמְרוּ לוֹ
לְךָ וּלְךָ, לְךָ כִּי לְךָ, לְךָ אַף לְךָ, לְךָ יהוה הַמַּמְלָכָה

כִּי לוֹ נָאֶה
כִּי לוֹ יָאֶה

אַדִּיר הוּא

יִבְנֶה בֵּיתוֹ בְּקָרוֹב

בִּמְהֵרָה בִּמְהֵרָה

בְּיָמֵינוּ בְּקָרוֹב

אֵל בְּנֵה   אֵל בְּנֵה

בְּנֵה בֵּיתְךָ בְּקָרוֹב

בָּחוּר הוּא   גָּדוֹל הוּא   דָּגוּל הוּא

הָדוּר הוּא   וָתִיק הוּא   זַכַּאי הוּא

חָסִיד הוּא   טָהוֹר הוּא   יָחִיד הוּא

כַּבִּיר הוּא   לָמוּד הוּא   מֶלֶךְ הוּא

נוֹרָא הוּא   סַגִּיב הוּא   עִזּוּז הוּא

פּוֹדֶה הוּא   צַדִּיק הוּא   קָדוֹשׁ הוּא

רַחוּם הוּא   שַׁדַּי הוּא   תַּקִּיף הוּא

יִבְנֶה בֵּיתוֹ בְּקָרוֹב
בִּמְהֵרָה בִּמְהֵרָה,
בְּיָמֵינוּ בְּקָרוֹב
אֵל בְּנֵה אֵל בְּנֵה
בְּנֵה בֵּיתְךָ בְּקָרוֹב

אֶחָד מִי יוֹדֵעַ
אֶחָד אֲנִי יוֹדֵעַ
אֶחָד אֱלֹהֵינוּ שֶׁבַּשָּׁמַיִם
וּבָאָרֶץ

שְׁנַיִם מִי יוֹדֵעַ
שְׁנַיִם אֲנִי יוֹדֵעַ
שְׁנֵי לוּחוֹת הַבְּרִית
אֶחָד אֱלֹהֵינוּ שֶׁבַּשָּׁמַיִם וּבָאָרֶץ

שְׁלוֹשָׁה מִי יוֹדֵעַ
שְׁלוֹשָׁה אֲנִי יוֹדֵעַ
שְׁלוֹשָׁה אָבוֹת
שְׁנֵי לוּחוֹת הַבְּרִית
אֶחָד אֱלֹהֵינוּ שֶׁבַּשָּׁמַיִם וּבָאָרֶץ

אַרְבַּע מִי יוֹדֵעַ
אַרְבַּע אֲנִי יוֹדֵעַ
אַרְבַּע אִמָּהוֹת
שְׁלוֹשָׁה אָבוֹת שְׁנֵי לוּחוֹת הַבְּרִית
אֶחָד אֱלֹהֵינוּ שֶׁבַּשָּׁמַיִם וּבָאָרֶץ

חֲמִשָּׁה מִי יוֹדֵעַ
חֲמִשָּׁה אֲנִי יוֹדֵעַ
חֲמִשָּׁה חֻמְשֵׁי תוֹרָה
אַרְבַּע אִמָּהוֹת
שְׁלוֹשָׁה אָבוֹת
שְׁנֵי לוּחוֹת הַבְּרִית
אֶחָד אֱלֹהֵינוּ שֶׁבַּשָּׁמַיִם וּבָאָרֶץ

שִׁשָּׁה מִי יוֹדֵעַ
שִׁשָּׁה אֲנִי יוֹדֵעַ
שִׁשָּׁה סִדְרֵי מִשְׁנָה
חֲמִשָּׁה חֻמְשֵׁי תוֹרָה
אַרְבַּע אִמָּהוֹת שְׁלוֹשָׁה אָבוֹת
שְׁנֵי לוּחוֹת הַבְּרִית
אֶחָד אֱלֹהֵינוּ שֶׁבַּשָּׁמַיִם וּבָאָרֶץ

שִׁבְעָה מִי יוֹדֵעַ
שִׁבְעָה אֲנִי יוֹדֵעַ
שִׁבְעָה יְמֵי שַׁבַּתָּא
שִׁשָּׁה סִדְרֵי מִשְׁנָה
חֲמִשָּׁה חֻמְשֵׁי תוֹרָה
אַרְבַּע אִמָּהוֹת   שְׁלוֹשָׁה אָבוֹת
שְׁנֵי לוּחוֹת הַבְּרִית
אֶחָד אֱלֹהֵינוּ שֶׁבַּשָּׁמַיִם וּבָאָרֶץ

שְׁמוֹנָה מִי יוֹדֵעַ
שְׁמוֹנָה אֲנִי יוֹדֵעַ
שְׁמוֹנָה יְמֵי מִילָה
שִׁבְעָה יְמֵי שַׁבַּתָּא   שִׁשָּׁה סִדְרֵי מִשְׁנָה
חֲמִשָּׁה חֻמְשֵׁי תוֹרָה   אַרְבַּע אִמָּהוֹת
שְׁלוֹשָׁה אָבוֹת   שְׁנֵי לוּחוֹת הַבְּרִית
אֶחָד אֱלֹהֵינוּ שֶׁבַּשָּׁמַיִם וּבָאָרֶץ

תִּשְׁעָה מִי יוֹדֵעַ
תִּשְׁעָה אֲנִי יוֹדֵעַ
תִּשְׁעָה יַרְחֵי לֵדָה
שְׁמוֹנָה יְמֵי מִילָה שִׁבְעָה יְמֵי שַׁבַּתָּא
שִׁשָּׁה סִדְרֵי מִשְׁנָה חֲמִשָּׁה חֻמְשֵׁי תוֹרָה
אַרְבַּע אִמָּהוֹת שְׁלוֹשָׁה אָבוֹת
שְׁנֵי לוּחוֹת הַבְּרִית אֶחָד אֱלֹהֵינוּ שֶׁבַּשָּׁמַיִם וּבָאָרֶץ

עֲשָׂרָה מִי יוֹדֵעַ
עֲשָׂרָה אֲנִי יוֹדֵעַ
עֲשָׂרָה דִבְּרַיָּא
תִּשְׁעָה יַרְחֵי לֵדָה שְׁמוֹנָה יְמֵי מִילָה
שִׁבְעָה יְמֵי שַׁבַּתָּא שִׁשָּׁה סִדְרֵי מִשְׁנָה
חֲמִשָּׁה חֻמְשֵׁי תוֹרָה אַרְבַּע אִמָּהוֹת
שְׁלוֹשָׁה אָבוֹת שְׁנֵי לוּחוֹת הַבְּרִית
אֶחָד אֱלֹהֵינוּ שֶׁבַּשָּׁמַיִם וּבָאָרֶץ

אַחַד עָשָׂר מִי יוֹדֵעַ

אַחַד עָשָׂר אֲנִי יוֹדֵעַ

אַחַד עָשָׂר כּוֹכְבַיָּא

עֲשָׂרָה דִבְּרַיָּא תִּשְׁעָה יַרְחֵי לֵדָה

שְׁמוֹנָה יְמֵי מִילָה שִׁבְעָה יְמֵי שַׁבְּתָא

שִׁשָּׁה סִדְרֵי מִשְׁנָה חֲמִשָּׁה חֻמְשֵׁי תוֹרָה

אַרְבַּע אִמָּהוֹת שְׁלוֹשָׁה אָבוֹת

שְׁנֵי לוּחוֹת הַבְּרִית

אֶחָד אֱלֹהֵינוּ שֶׁבַּשָּׁמַיִם וּבָאָרֶץ

שְׁנֵים עָשָׂר מִי יוֹדֵעַ

שְׁנֵים עָשָׂר אֲנִי יוֹדֵעַ

שְׁנֵים עָשָׂר שִׁבְטַיָּא

אַחַד עָשָׂר כּוֹכְבַיָּא עֲשָׂרָה דִבְּרַיָּא

תִּשְׁעָה יַרְחֵי לֵדָה שְׁמוֹנָה יְמֵי מִילָה

שִׁבְעָה יְמֵי שַׁבַּתָּא שִׁשָּׁה סִדְרֵי מִשְׁנָה

חֲמִשָּׁה חֻמְשֵׁי תוֹרָה אַרְבַּע

אִמָּהוֹת שְׁלוֹשָׁה אָבוֹת

שְׁנֵי לוּחוֹת הַבְּרִית

אֶחָד אֱלֹהֵינוּ שֶׁבַּשָּׁמַיִם וּבָאָרֶץ

שְׁלוֹשָׁה עָשָׂר מִי יוֹדֵעַ
שְׁלוֹשָׁה עָשָׂר אֲנִי יוֹדֵעַ
שְׁלוֹשָׁה עָשָׂר מִדַּיָּא
שְׁנֵים עָשָׂר שִׁבְטַיָּא
אַחַד עָשָׂר כּוֹכְבַיָּא
עֲשָׂרָה דִבְּרַיָּא
תִּשְׁעָה יַרְחֵי לֵדָה
שְׁמוֹנָה יְמֵי מִילָה
שִׁבְעָה יְמֵי שַׁבְּתָא
שִׁשָּׁה סִדְרֵי מִשְׁנָה
חֲמִשָּׁה חֻמְשֵׁי תוֹרָה
אַרְבַּע אִמָּהוֹת
שְׁלוֹשָׁה אָבוֹת
שְׁנֵי לוּחוֹת הַבְּרִית

אֶחָד

אֱלֹהֵינוּ
שֶׁבַּשָּׁמַיִם
וּבָאָרֶץ

חַד גַּדְיָא חַד גַּדְיָא

דִּזְבַן אַבָּא בִּתְרֵי זוּזֵי
חַד גַּדְיָא חַד גַּדְיָא

וַאֲתָא שׁוּנְרָא וְאָכְלָה לְגַדְיָא
דִּזְבַן אַבָּא בִּתְרֵי זוּזֵי
חַד גַּדְיָא חַד גַּדְיָא

וַאֲתָא כַלְבָּא וְנָשַׁךְ לְשׁוּנְרָא
דְּאָכְלָה לְגַדְיָא
דִּזְבַן אַבָּא בִּתְרֵי זוּזֵי
חַד גַּדְיָא חַד גַּדְיָא

וַאֲתָא חֻטְרָא וְהִכָּה לְכַלְבָּא
דְּנָשַׁךְ לְשׁוּנְרָא דְּאָכְלָה לְגַדְיָא
דִּזְבַן אַבָּא בִּתְרֵי זוּזֵי
חַד גַּדְיָא חַד גַּדְיָא

וַאֲתָא נוּרָא וְשָׂרַף לְחֻטְרָא דְּהִכָּה לְכַלְבָּא
דְּנָשַׁךְ לְשׁוּנְרָא דְּאָכְלָה לְגַדְיָא
דִּזְבַן אַבָּא בִּתְרֵי זוּזֵי
חַד גַּדְיָא חַד גַּדְיָא

וַאֲתָא מַיָּא וְכָבָה לְנוּרָא
דְּשָׂרַף לְחֻטְרָא דְּהִכָּה לְכַלְבָּא
דְּנָשַׁךְ לְשׁוּנְרָא דְּאָכְלָה לְגַדְיָא
דִּזְבַן אַבָּא בִּתְרֵי זוּזֵי
חַד גַּדְיָא חַד גַּדְיָא

וַאֲתָא תוֹרָא וְשָׁתָה לְמַיָּא
דְּכָבָה לְנוּרָא דְּשָׂרַף לְחֻטְרָא
דְּהִכָּה לְכַלְבָּא דְּנָשַׁךְ לְשׁוּנְרָא
דְּאָכְלָה לְגַדְיָא
דִּזְבַן אַבָּא בִּתְרֵי זוּזֵי
חַד גַּדְיָא חַד גַּדְיָא

וַאֲתָא הַשּׁוֹחֵט וְשָׁחַט לְתוֹרָא
דְּשָׁתָא לְמַיָּא
דְּכָבָה לְנוּרָא דְּשָׂרַף לְחֻטְרָא
דְּהִכָּה לְכַלְבָּא
דְּנָשַׁךְ לְשׁוּנְרָא
דְּאָכְלָה לְגַדְיָא
דִּזְבַן אַבָּא בִּתְרֵי זוּזֵי
חַד גַּדְיָא חַד גַּדְיָא

וַאֲתָא מַלְאַךְ הַמָּוֶת
וְשָׁחַט לְשׁוֹחֵט דְּשָׁחַט לְתוֹרָא
דְּשָׁתָא לְמַיָּא דְּכָבָה לְנוּרָא
דְּשָׂרַף לְחֻטְרָא דְּהִכָּה לְכַלְבָּא
דְּנָשַׁךְ לְשׁוּנְרָא דְּאָכְלָה לְגַדְיָא
דִּזְבַן אַבָּא בִּתְרֵי זוּזֵי
חַד גַּדְיָא חַד גַּדְיָא

וַאֲתָא

הַקָּדוֹשׁ בָּרוּךְ הוּא

וְשָׁחַט לְמַלְאַךְ הַמָּוֶת
דְּשָׁחַט לְשׁוֹחֵט דְּשָׁחַט לְתוֹרָא
דְּשָׁתָא לְמַיָּא דְּכָבָה לְנוּרָא
דְּשָׂרַף לְחֻטְרָא דְּהִכָּה לְכַלְבָּא
דְּנָשַׁךְ לְשׁוּנְרָא דְּאָכְלָה לְגַדְיָא
דִּזְבַן אַבָּא בִּתְרֵי זוּזֵי
חַד גַּדְיָא חַד גַּדְיָא

שיר השירים

מפגש עם האהוב

בהיסטוריה היהודית בשעת חצות הלילה של ליל הסדר, נתן שלמה המלך את שיר השירים לעם ישראל. שיר השירים הוא קומדיה של טעויות. הוא דופק בדלת, היא לא יודעת שהיא צריכה לפתוח, היא רצה אחריו והוא נעלם לה בשווקים וברחובות. שיר השירים מלא דלתות, חלונות ופתחים: **דּוֹדִי שָׁלַח יָדוֹ מִן הַחֹר.**[216] **כַּפּוֹת הַמַּנְעוּל.**[217] **מַשְׁגִּיחַ מִן הַחֲלֹּנוֹת.**[218] **פִּתְחִי לִי, אֲחֹתִי רַעְיָתִי יוֹנָתִי תַמָּתִי.**[219] כל השנה אנחנו דופקים על דלתות לא נכונות, אומר הרב הוטנר. וכל השנה הקב״ה מגיע עם שקים של ישועות לחלונות הלא־נכונים, כביכול. ובליל הסדר? אין דלתות, אין חלונות, ואין קירות. אין מקום לטעויות. **פקע איגרא** – הגג עף! אין גג. אין מחיצה. אין דלתות, אין חלונות, אין מנעולים, אין ידיות. אין ״פִּתְחִי לִי, רַעְיָתִי״. כל המכשולים מפני האהבה סרים מהדרך. חיבור של שמיים וארץ, כולם ביחד. הלילה נפגשים, אין שלא.[220]

בסיפורי מעשיות ניגאל

סיפורי רבי נחמן

מעשה מאבדת בת מלך

עָנָה וְאָמַר: בַּדֶּרֶךְ סִפַּרְתִּי מַעֲשֶׂה, שֶׁכָּל מִי שֶׁהָיָה שׁוֹמְעָהּ, הָיָה לוֹ הִרְהוּר תְּשׁוּבָה וְזוֹ הִיא:

מַעֲשֶׂה בְּמֶלֶךְ אֶחָד, שֶׁהָיוּ לוֹ שִׁשָּׁה בָּנִים וּבַת אַחַת וְאוֹתָהּ הַבַּת הָיְתָה חֲשׁוּבָה בְּעֵינָיו מְאֹד, וְהָיָה מְחַבְּבָהּ בְּיוֹתֵר וְהָיָה מְשַׁעֲשֵׁעַ עִמָּהּ מְאֹד.

פַּעַם אַחַת הָיָה מִתְוַעֵד עִמָּהּ בְּיַחַד בְּאֵיזֶה יוֹם וְנַעֲשָׂה בְּרֹגֶז עָלֶיהָ, וְנִזְרְקָה מִפִּיו דִּבּוּר: שֶׁהַלֹּא טוֹב יִקַּח אוֹתָךְ (דֶּער נִיט גוּטֶער זָאל דִיךְ נֶעמֶען).

בַּלַּיְלָה הָלְכָה לְחַדְרָהּ, וּבַבֹּקֶר לֹא יָדְעוּ הֵיכָן הִיא וְהָיָה אָבִיהָ מְצַעֵר מְאֹד וְהָלַךְ לְבַקְּשָׁהּ אָנֶה וָאָנָה.

עָמַד הַשֵּׁנִי לַמַּלְכוּת, מֵחֲמַת שֶׁרָאָה שֶׁהַמֶּלֶךְ מִצְטַעֵר מְאֹד, וּבִקֵּשׁ, שֶׁיִּתְּנוּ לוֹ מְשָׁרֵת וְסוּס וּמָעוֹת עַל הוֹצָאוֹת, וְהָלַךְ לְבַקְּשָׁהּ וְהָיָה מְבַקְּשָׁהּ מְאֹד זְמַן מְרֻבֶּה מְאֹד עַד שֶׁמְּצָאָהּ (עַתָּה מְסַפֵּר אֵיךְ בִּקְשָׁהּ עַד שֶׁמְּצָאָהּ) וְהָיָה הוֹלֵךְ אָנֶה וָאָנָה זְמַן רַב וּבַמִּדְבָּרִיּוֹת וּבַשָּׂדוֹת וּבַיְּעָרִים וְהָיָה מְבַקְּשָׁהּ זְמַן רַב מְאֹד וְהָיָה הוֹלֵךְ בַּמִּדְבָּר, וְרָאָה שְׁבִיל אֶחָד מִן הַצַּד, וְהָיָה מְיַשֵּׁב עַצְמוֹ: בַּאֲשֶׁר שֶׁאֲנִי הוֹלֵךְ כָּל כָּךְ זְמַן רַב בַּמִּדְבָּר וְאֵינִי יָכוֹל לְמָצְאָהּ, אֵלֵךְ בַּשְּׁבִיל הַזֶּה, אוּלַי אָבוֹא לִמְקוֹם יִשּׁוּב; וְהָיָה הוֹלֵךְ זְמַן רַב.

אַחַר כָּךְ רָאָה מִבְצָר (שֶׁקּוֹרִין שְׁלָאס), וְכַמָּה חֲיָלוֹת הָיוּ עוֹמְדִים שָׁם סְבִיבוֹ.

וְהַמִּבְצָר הָיָה נָאֶה וּמְתֻקָּן וּמְסֻדָּר מְאֹד עִם הַחֲיָלוֹת, וְהָיָה מִתְיָרֵא מִפְּנֵי הַחֲיָלוֹת, פֶּן לֹא יַנִּיחוּהוּ לִכְנֹס וְהָיָה מְיַשֵּׁב עַצְמוֹ: אֵלֵךְ וַאֲנַסֶּה וְהִשְׁאִיר הַסּוּס וְהָלַךְ לְהַמִּבְצָר, וְהָיוּ מַנִּיחִים אוֹתוֹ, וְלֹא עִכְּבוּהוּ כְּלָל וְהָיָה הוֹלֵךְ מֵחֶדֶר לְחֶדֶר בְּלִי עִכּוּב, וּבָא לְפַלְטִין אֶחָד וְרָאָה, שֶׁיָּשַׁב שָׁם הַמֶּלֶךְ בַּעֲטָרָה, וְכַמָּה חֲיָלוֹת שָׁם וְכַמָּה מְשׁוֹרְרִים בְּכֵלִים לְפָנָיו, וְהָיָה שָׁם נָאֶה וְיָפֶה מְאֹד, וְהַמֶּלֶךְ וְשׁוּם אֶחָד מֵהֶם לֹא שְׁאָלוּהוּ כְּלָל.

וְרָאָה שָׁם מַעֲדַנִּים וּמַאֲכָלִים טוֹבִים, וְעָמַד וְאָכַל וְהָלַךְ וְשָׁכַב בְּזָוִית לִרְאוֹת מַה נַּעֲשֶׂה שָׁם, וְרָאָה שֶׁהַמֶּלֶךְ צִוָּה לְהָבִיא הַמַּלְכָּה וְהָלְכוּ לְהָבִיא אוֹתָהּ, וְהָיָה שָׁם רַעַשׁ גָּדוֹל וְשִׂמְחָה גְּדוֹלָה, וְהַמְשׁוֹרְרִים הָיוּ מְזַמְּרִים וּמְשׁוֹרְרִים מְאֹד, כַּאֲשֶׁר שֶׁהֵבִיאוּ אֶת הַמַּלְכָּה וְהֶעֱמִידוּ לָהּ כִּסֵּא וְהוֹשִׁיבוּהָ אֶצְלוֹ, וְהִיא הָיְתָה הַבַּת מֶלֶךְ הַנַּ"ל, וְהוּא (הַיְנוּ הַשֵּׁנִי לַמַּלְכוּת) רָאָה וְהִכִּירָהּ.

אַחַר כָּךְ הֵצִיצָה הַמַּלְכָּה וְרָאֲתָה אֶחָד, שֶׁשּׁוֹכֵב בְּזָוִית וְהִכִּירָה אוֹתוֹ.

וְעָמְדָה מִכִּסְאָהּ וְהָלְכָה לְשָׁם וְנָגְעָה בּוֹ וְשָׁאֲלָה אוֹתוֹ: הַאַתָּה מַכִּיר אוֹתִי? וְהֵשִׁיב לָהּ: הֵן, אֲנִי מַכִּיר אוֹתָךְ; אַתְּ הִיא הַבַּת מֶלֶךְ שֶׁנֶּאֶבְדָה וְשָׁאַל אוֹתָהּ: הָאֵיךְ בָּאת לְכָאן? וְהֵשִׁיבָה: בַּאֲשֶׁר שֶׁאָבִי הַמֶּלֶךְ נִזְרַק מִפִּיו דִּבּוּר הַנַּ"ל, וְכָאן, הַמָּקוֹם הַזֶּה, הוּא לֹא טוֹב וְסִפֵּר לָהּ, שֶׁאָבִיהָ מִצְטַעֵר מְאֹד וְשֶׁהוּא מְבַקְּשָׁהּ כַּמָּה שָׁנִים וְשָׁאַל אוֹתָהּ: אֵיךְ אֲנִי יָכוֹל לְהוֹצִיא אוֹתָךְ? וְאָמְרָה לוֹ שֶׁאִי־אֶפְשָׁר לְךָ לְהוֹצִיא אוֹתִי כִּי אִם כְּשֶׁתִּהְיֶה בּוֹחֵר לְךָ מָקוֹם וְתִהְיֶה יוֹשֵׁב שָׁם שָׁנָה אַחַת, וְכָל הַשָּׁנָה תִּתְגַּעְגֵּעַ אַחֲרַי לְהוֹצִיא אוֹתִי, וּבְכָל זְמַן שֶׁיִּהְיֶה לְךָ פְּנַאי, תִּהְיֶה רַק מִתְגַּעְגֵּעַ וּמְבַקֵּשׁ וּמְצַפֶּה לְהוֹצִיא אוֹתִי וְתִהְיֶה מִתְעַנֶּה, וּבַיּוֹם הָאַחֲרוֹן מֵהַשָּׁנָה תִּהְיֶה מִתְעַנֶּה וְלֹא תִּישַׁן כָּל הַמֵּעֵת לְעֵת וְהָלַךְ וְעָשָׂה כֵּן.

וּבְסוֹף הַשָּׁנָה בַּיּוֹם הָאַחֲרוֹן הָיָה מִתְעַנֶּה, וְלֹא הָיָה יָשֵׁן וְעָמַד וְהָלַךְ לְשָׁם וְהָיָה רוֹאֶה אִילָן, וְעָלָיו גְּדֵלִים תַּפּוּחִים נָאִים מְאֹד וְהָיָה מִתְאַוֶּה לְעֵינָיו מְאֹד, וְעָמַד וְאָכַל מִשָּׁם, וְתֵכֶף שֶׁאָכַל הַתַּפּוּחַ, נָפַל וַחֲטָפוֹ שֵׁנָה, וְהָיָה יָשֵׁן זְמַן מְרֻבֶּה מְאֹד וְהָיָה הַמְשָׁרֵת מְנַעֵר אוֹתוֹ, וְלֹא הָיָה נֵעוֹר כְּלָל אַחַר כָּךְ הֵקִיץ מִשְּׁנָתוֹ וְשָׁאַל לְהַמְשָׁרֵת: הֵיכָן אֲנִי בָּעוֹלָם? וְסִפֵּר לוֹ הַמַּעֲשֶׂה (הַיְנוּ הַמְשָׁרֵת סִפֵּר לְהַשֵּׁנִי לַמֶּלֶךְ הַמַּעֲשֶׂה וְאָמַר לוֹ) שֶׁאַתָּה יָשֵׁן זְמַן מְרֻבֶּה מְאֹד זֶה כַּמָּה שָׁנִים, וַאֲנִי הָיִיתִי מִתְפַּרְנֵס מֵהַפֵּרוֹת וְהָיָה מִצַּעֵר עַצְמוֹ מְאֹד.

וְהָלַךְ לְשָׁם וּמָצָא אוֹתָהּ וְהָיְתָה מִצְטַעֶרֶת לְפָנָיו מְאֹד, כִּי אִלּוּ בָּאתָ בְּאוֹתוֹ הַיּוֹם, הָיִיתָ מוֹצִיא אוֹתִי מִכָּאן, וּבִשְׁבִיל יוֹם אֶחָד אִבַּדְתָּ אָמְנָם שֶׁלֹּא לֶאֱכֹל הוּא דָּבָר קָשֶׁה מְאֹד, בִּפְרָט בַּיּוֹם הָאַחֲרוֹן, אָז מִתְגַּבֵּר הַיֵּצֶר הָרַע מְאֹד (הַיְנוּ שֶׁהַבַּת מֶלֶךְ אָמְרָה לוֹ, שֶׁעַתָּה תָּקֵל עָלָיו הָאַזְהָרָה וְלֹא יִהְיֶה מֻזְהָר שֶׁלֹּא לֶאֱכֹל, כִּי הוּא דָּבָר קָשֶׁה לַעֲמֹד בּוֹ וְכוּ') בְּכֵן תָּשׁוּב לִבְחֹר לְךָ מָקוֹם, וְתֵשֵׁב גַּם כֵּן שָׁנָה, כַּנַּ"ל, וּבַיּוֹם הָאַחֲרוֹן תִּהְיֶה רַשַּׁאי לֶאֱכֹל, רַק שֶׁלֹּא תִּישַׁן וְלֹא תִשְׁתֶּה יַיִן כְּדֵי שֶׁלֹּא תִּישַׁן, כִּי הָעִקָּר הוּא הַשֵּׁנָה וְהָלַךְ וְעָשָׂה כֵּן.

בַּיּוֹם הָאַחֲרוֹן הָיָה הוֹלֵךְ לְשָׁם וְרָאָה מַעְיָן הוֹלֵךְ וְהַמַּרְאֶה - אָדֹם וְהָרֵיחַ - שֶׁל יַיִן וְשָׁאַל אֶת הַמְשָׁרֵת: הֲרָאִיתָ שֶׁזֶּה מַעְיָן, וְרָאוּי שֶׁיִּהְיֶה בּוֹ מַיִם וְהַמַּרְאֶה - אֲדַמְדַּמִּית וְהָרֵיחַ - שֶׁל יַיִן? וְהָלַךְ וְטָעַם מֵהַמַּעְיָן וְנָפַל וְיָשַׁן מִיָּד כַּמָּה שָׁנִים עַד שִׁבְעִים שָׁנָה,

וְהָיוּ הוֹלְכִין חֲיָלוֹת רַבּוֹת עִם הַשַּׁיָּךְ לָהֶם, מַה שֶּׁנּוֹסֵעַ אַחֲרֵיהֶם (שֶׁקּוֹרִין אוֹבּאזִין) וְהַמְשָׁרֵת הִטְמִין עַצְמוֹ מֵחֲמַת הַחֲיָלוֹת אַחַר כָּךְ הָלְכָה מֶרְכָּבָה וַעֲגָלוֹת צָב, וְשָׁם יָשְׁבָה הַבַּת מֶלֶךְ וְעָמְדָה שָׁם אֶצְלוֹ, וְיָרְדָה וְיָשְׁבָה אֶצְלוֹ וְהִכִּירָה אוֹתוֹ וְהָיְתָה מְנַעֶרֶת אוֹתוֹ מְאֹד, וְלֹא נִנְעַר וְהִתְחִילָה לְקַבֵּל עָלָיו אֲשֶׁר כַּמָּה וְכַמָּה יְגִיעוֹת וְטִרְחוֹת גְּדוֹלוֹת מְאֹד שֶׁהָיוּ לוֹ זֶה כַּמָּה וְכַמָּה שָׁנִים כְּדֵי לְהוֹצִיא אוֹתִי, וּבִשְׁבִיל אוֹתוֹ הַיּוֹם שֶׁהָיָה יָכוֹל לְהוֹצִיאֵנִי וְאִבְּדוֹ, וְהָיְתָה בּוֹכָה מְאֹד עַל זֶה, כִּי יֵשׁ רַחֲמָנוּת גָּדוֹל עָלָיו וְעָלַי, שֶׁכָּל כָּךְ זְמַן שֶׁאֲנִי כָּאן, וְאֵינִי יָכוֹל לָצֵאת אַחַר כָּךְ לָקְחָה פַּאטְשֵׁיילֶע [מטפחת] מֵעַל רֹאשָׁהּ וְכָתְבָה עָלָיו בַּדְּמָעוֹת שֶׁלָּהּ וְהִנִּיחָה אֶצְלוֹ וְעָמְדָה וְיָשְׁבָה בְּמֶרְכַּבְתָּהּ, וְנָסְעָה מִשָּׁם אַחַר כָּךְ הֵקִיץ וְשָׁאַל אֶת הַמְשָׁרֵת: הֵיכָן אֲנִי בָּעוֹלָם? וְסִפֵּר לוֹ כָּל הַמַּעֲשֶׂה, וְשֶׁחֲיָלוֹת רַבּוֹת הָלְכוּ שָׁם, וְשֶׁהָיְתָה כָּאן מֶרְכָּבָה הַנַּ"ל, וְשֶׁהָיְתָה בּוֹכָה עָלָיו וְהָיְתָה צוֹעֶקֶת שֶׁיֵּשׁ רַחֲמָנוּת עָלָיו וְעָלֶיהָ כַּנַּ"ל בְּתוֹךְ כָּךְ הֵצִיץ וְרָאָה, שֶׁהַפַּאטְשֵׁילֶע מֻנַּחַת אֶצְלוֹ וְשָׁאַל: מֵאַיִן זֶה? וְהֵשִׁיב לוֹ, שֶׁהִיא כָּתְבָה עָלָיו בְּהַדְּמָעוֹת וּלְקָחָהּ וְהֵרִים אוֹתָהּ כְּנֶגֶד הַשֶּׁמֶשׁ, וְהִתְחִיל לִרְאוֹת הָאוֹתִיּוֹת, וְקָרָא מַה שֶּׁכָּתוּב שָׁם כָּל קַבְלָתָהּ וְצַעֲקָתָהּ, כַּנַּ"ל, וְשֶׁכְּעֵת אֵינֶנָּהּ שָׁם בַּמִּבְצָר הַנַּ"ל, כִּי אִם שֶׁיְּבַקֵּשׁ הַר שֶׁל זָהָב וּמִבְצָר שֶׁל מַרְגָּלִיּוֹת, שָׁם תִּמְצָאֵנִי.

וְהִשְׁאִיר אֶת הַמְשָׁרֵת וְהִנִּיחוֹ, וְהָלַךְ לְבַדּוֹ לְבַקְּשָׁהּ וְהָלַךְ כַּמָּה שָׁנִים לְבַקְּשָׁהּ, וְיִשֵּׁב עַצְמוֹ, שֶׁבְּוַדַּאי בַּיִּשּׁוּב לֹא נִמְצָא הַר שֶׁל זָהָב וּמִבְצָר שֶׁל מַרְגָּלִיּוֹת, כִּי הוּא בָּקִי בְּמַפַּת הָעוֹלָם (שֶׁקּוֹרִין לַאנְד קַארְט) וְעַל כֵּן אֵלֵךְ אֶל הַמִּדְבָּרִיּוֹת וְהָלַךְ לְבַקְּשָׁהּ בַּמִּדְבָּרִיּוֹת כַּמָּה וְכַמָּה שָׁנִים.

אַחַר כָּךְ רָאָה אָדָם גָּדוֹל מְאֹד, שֶׁאֵינוֹ (גֶּדֶר) אֱנוֹשִׁי כְּלָל שֶׁיִּהְיֶה אָדָם גָּדוֹל כָּל כָּךְ וְנָשָׂא אִילָן גָּדוֹל, שֶׁבַּיִּשּׁוּב אֵינוֹ נִמְצָא אִילָן גָּדוֹל כָּזֶה, וְאוֹתוֹ הָאִישׁ שָׁאַל אוֹתוֹ: מִי אַתָּה? וְאָמַר לוֹ: אֲנִי אָדָם וְתָמַהּ וְאָמַר, שֶׁזֶּה כָּל כָּךְ זְמַן שֶׁאֲנִי בְּהַמִּדְבָּר, וְלֹא רָאִיתִי מֵעוֹלָם בְּכָאן אָדָם וְסִפֵּר לוֹ כָּל הַמַּעֲשֶׂה הַנַּ"ל וְשֶׁהוּא מְבַקֵּשׁ הַר שֶׁל זָהָב וּמִבְצָר שֶׁל מַרְגָּלִיּוֹת. אָמַר לוֹ: בְּוַדַּאי אֵינוֹ בַּנִּמְצָא כְּלָל, וְדָחָה אוֹתוֹ וְאָמַר לוֹ, שֶׁהִשִּׁיאוּ אֶת דַּעְתּוֹ בְּדָבָר שְׁטוּת, כִּי בְּוַדַּאי אֵינוֹ נִמְצָא כְּלָל וְהִתְחִיל לִבְכּוֹת מְאֹד (הַיְנוּ הַשֵּׁנִי לַמַּלְכוּת בָּכָה מְאֹד וְאָמַר), כִּי בְּוַדַּאי בְּהֶכְרֵחַ הוּא נִמְצָא בְּאֵיזֶה מָקוֹם, וְהוּא דָּחָה אוֹתוֹ (הַיְנוּ הָאָדָם הַמְשֻׁנֶּה שֶׁפָּגַע דָּחָה אוֹתוֹ בִּדְבָרָיו וְאָמַר) כִּי בְּוַדַּאי דְּבַר שְׁטוּת אָמְרוּ לְפָנָיו וְהוּא אָמַר (הַיְנוּ הַשֵּׁנִי לַמַּלְכוּת), שֶׁבְּוַדַּאי יֵשׁ.

אָמַר לוֹ (הָאָדָם הַמְשֻׁנֶּה לְהַשֵּׁנִי לַמַּלְכוּת): לְדַעְתִּי הִיא שְׁטוּת, אַךְ מֵחֲמַת שֶׁאַתָּה מִתְעַקֵּשׁ, הִנֵּה אֲנִי מְמֻנֶּה עַל כָּל הַחַיּוֹת, אֶעֱשֶׂה לְמַעַנְךָ וְאֶקְרָא לְכָל הַחַיּוֹת, כִּי הֵם רָצִים אֶת כָּל הָעוֹלָם, אוּלַי תֵּדַע אַחַת מֵהֶם מֵהַר וּמִבְצָר, כַּנַּ"ל, וְקָרָא אֶת כֻּלָּם מִקָּטָן וְעַד גָּדוֹל כָּל מִינֵי הַחַיּוֹת וְשָׁאַל אוֹתָם, וְכֻלָּם הֵשִׁיבוּ, שֶׁלֹּא רָאוּ וְאָמַר לוֹ: רְאֵה שֶׁשְּׁטוּת סִפְּרוּ לְפָנֶיךָ; אִם תִּשְׁמַע, שׁוּב לַאֲחוֹרֶיךָ, כִּי בְּוַדַּאי לֹא תִּמְצָא, כִּי אֵינֶנּוּ בָּעוֹלָם וְהוּא הִפְצִיר מְאֹד וְאָמַר, שֶׁבְּהֶכְרֵחַ הוּא בַּנִּמְצָא בְּוַדַּאי אָמַר לוֹ

(הָאָדָם הַמְשֻׁנֶּה לְהַשֵּׁנִי לַמַּלְכוּת): הִנֵּה בַּמִּדְבָּר נִמְצָא שָׁם אָחִי, וְהוּא מְמֻנֶּה עַל כָּל הָעוֹפוֹת, וְאוּלַי יוֹדְעִים הֵם מֵחֲמַת שֶׁהֵם פּוֹרְחִים בָּאֲוִיר בִּגְבוֹהַּ, אוּלַי רָאוּ הַר וּמִבְצָר הַנַּ"ל, וְתֵלֵךְ אֵלָיו וְתֹאמַר לוֹ, שֶׁאֲנִי שְׁלַחְתִּי אוֹתְךָ אֵלָיו.

וְהָלַךְ כַּמָּה וְכַמָּה שָׁנִים לְבַקְּשׁוֹ וּמָצָא שׁוּב אָדָם גָּדוֹל מְאֹד כַּנַּ"ל, וְנָשָׂא גַּם כֵּן אִילָן גָּדוֹל כַּנַּ"ל וְשָׁאַל אוֹתוֹ גַּם כֵּן כַּנַּ"ל, וְהֵשִׁיב לוֹ כָּל הַמַּעֲשֶׂה וְשֶׁאָחִיו שְׁלָחוֹ אֵלָיו וְהוּא דָּחָה אוֹתוֹ גַּם כֵּן, כִּי בְּוַדַּאי אֵינוֹ בְּנִמְצָא וְהוּא הִפְצִיר אוֹתוֹ גַּם כֵּן וְאָמַר לוֹ (הָאָדָם הַזֶּה לְהַשֵּׁנִי לַמַּלְכוּת): הִנֵּה אֲנִי מְמֻנֶּה עַל כָּל הָעוֹפוֹת; אֶקְרָא אוֹתָם, אוּלַי יוֹדְעִים הֵם וְקָרָא כָּל הָעוֹפוֹת וְשָׁאַל אֶת כֻּלָּם מִקָּטָן וְעַד גָּדוֹל, וְהֵשִׁיבוּ, שֶׁאֵינָם יוֹדְעִים מֵהַר וּמִבְצָר הַנַּ"ל אָמַר לוֹ: הֲלֹא אַתָּה רוֹאֶה שֶׁבְּוַדַּאי אֵינֶנּוּ בָּעוֹלָם, אִם תִּשְׁמַע לִי, שׁוּב לַאֲחוֹרֶיךָ, כִּי בְּוַדַּאי אֵינֶנּוּ וְהוּא (הַיְנוּ הַשֵּׁנִי לַמַּלְכוּת) הִפְצִיר אוֹתוֹ וְאָמַר, שֶׁבְּוַדַּאי יֶשְׁנוֹ בָּעוֹלָם.

אָמַר לוֹ (הָאָדָם הַב' הַזֶּה לְהַשֵּׁנִי לַמַּלְכוּת): לְהַלָּן בַּמִּדְבָּר נִמְצָא שָׁם אָחִי, שֶׁמְּמֻנֶּה עַל כָּל הָרוּחוֹת, וְהֵם רָצִים כָּל הָעוֹלָם, אוּלַי יוֹדְעִים הֵם וְהָלַךְ כַּמָּה וְכַמָּה שָׁנִים לְבַקֵּשׁ וּמָצָא אָדָם גָּדוֹל גַּם כֵּן כַּנַּ"ל, וְנָשָׂא גַּם כֵּן אִילָן גָּדוֹל כַּנַּ"ל וְשָׁאַל אוֹתוֹ גַּם כֵּן כַּנַּ"ל, וְהֵשִׁיב לוֹ כָּל הַמַּעֲשֶׂה כַּנַּ"ל, וְדָחָה אוֹתוֹ גַּם כֵּן וְהוּא הִפְצִיר אוֹתוֹ גַּם כֵּן וְאָמַר לוֹ (הָאָדָם הַשְּׁלִישִׁי הַזֶּה לְהַשֵּׁנִי לַמַּלְכוּת): שֶׁלְּמַעֲנוֹ יִקְרָא שֶׁיָּבוֹאוּ כָּל הָרוּחוֹת וְיִשְׁאַל אוֹתָם וְקָרָא אוֹתָם, וּבָאוּ כָּל הָרוּחוֹת, וְשָׁאַל אֶת כֻּלָּם, וְלֹא יָדְעוּ שׁוּם אֶחָד מֵהֶם מֵהַר וּמִבְצָר הַנַּ"ל וְאָמַר לוֹ (הָאָדָם הַשְּׁלִישִׁי לְהַשֵּׁנִי לַמַּלְכוּת): הֲלֹא אַתָּה רוֹאֶה שֶׁשְּׁטוּת סִפְּרוּ לְפָנֶיךָ וְהִתְחִיל לִבְכּוֹת מְאֹד וְאָמַר: אֲנִי יוֹדֵעַ שֶׁיֶּשְׁנוֹ בְּוַדַּאי בְּתוֹךְ כָּךְ רָאָה שֶׁבָּא עוֹד רוּחַ אֶחָד וְכָעַס עָלָיו הַמְמֻנֶּה הַנַּ"ל: מַדּוּעַ נִתְאַחַרְתָּ לָבוֹא? הֲלֹא גָּזַרְתִּי, שֶׁיָּבוֹאוּ כָּל הָרוּחוֹת, וְלָמָּה לֹא בָּאתָ עִמָּהֶם? הֵשִׁיב לוֹ, שֶׁנִּתְעַכַּבְתִּי מֵחֲמַת שֶׁהָיִיתִי צָרִיךְ לָשֵׂאת בַּת מַלְכָּה אֶל הַר שֶׁל זָהָב וּמִבְצָר שֶׁל מַרְגָּלִיּוֹת וְשָׂמַח מְאֹד וְשָׁאַל הַמְמֻנֶּה אֶת הָרוּחַ: מַה יָּקָר שָׁם (הַיְנוּ אֵיזֶה דְּבָרִים הֵם שָׁם בְּיֹקֶר וּבַחֲשִׁיבוּת), וְאָמַר לוֹ, שֶׁכָּל הַדְּבָרִים הֵם שָׁם בְּיֹקֶר גָּדוֹל וְאָמַר הַמְמֻנֶּה עַל הָרוּחוֹת לְהַשֵּׁנִי לַמַּלְכוּת: בַּאֲשֶׁר שֶׁזֶּה זְמַן גָּדוֹל כָּל כָּךְ שֶׁאַתָּה מְבַקְשָׁהּ וְכַמָּה יְגִיעוֹת שֶׁהָיוּ לְךָ, וְאוּלַי יִהְיֶה לְךָ עַתָּה מְנִיעָה מֵחֲמַת מָמוֹן, עַל כֵּן אֲנִי נוֹתֵן לְךָ כְּלִי, כְּשֶׁתּוֹשִׁיט יָדְךָ לְתוֹכָהּ תְּקַבֵּל מִשָּׁם מָעוֹת וְגָזַר עַל הָרוּחַ הַנַּ"ל, שֶׁיּוֹלִיךְ אוֹתוֹ לְשָׁם וּבָא הָרוּחַ סְעָרָה וְנָשָׂא אוֹתוֹ לְשָׁם, וְהֵבִיא אוֹתוֹ אֶל הַשַּׁעַר, וְהָיוּ עוֹמְדִים שָׁם חֲיָלוֹת, שֶׁלֹּא הִנִּיחוּ לִכְנֹס אֶל הָעִיר וְהוֹשִׁיט יָדוֹ אֶל הַכְּלִי, וְלָקַח מָעוֹת, וְשִׁחֵד אוֹתָם, וְנִכְנַס לְתוֹךְ הָעִיר וְהָיְתָה עִיר נָאָה.

וְהָלַךְ אֶל גְּבִיר וְשָׂכַר לוֹ מְזוֹנוֹת, כִּי צָרִיךְ לִשְׁהוֹת שָׁם, כִּי צָרִיךְ לָשׂוּם שֵׂכֶל וְחָכְמָה לְהוֹצִיאָהּ וְאֵיךְ שֶׁהוֹצִיאָהּ לֹא סִפֵּר - וּבַסּוֹף הוֹצִיאָהּ.

שיר השירים – שיר הרדיפה והבריחה והייאוש, הַכּוּנִי פְּצָעוּנִי, אבל אז, מְצָאֻנִי הַשֹּׁמְרִים, ליל השימורים הגיע, והוֹצִיאָהּ אֵיךְ שֶׁהוֹצִיאָהּ! ברוכה הבאה הביתה בת מלך, כמה חיכינו לך!

אישה מְשוחררת? לא מספיק... אישה מְשַחררת!

שיר השירים הוא פסגה. הוא גרנד פינאלה, חתימה מופלאה. ואת מוצאת את עצמך עם גיבורת שיר השירים, משוטטת בשווקים וברחובות.

מְצָאֻנִי הַשֹּׁמְרִים הַסֹּבְבִים בָּעִיר, הִכּוּנִי, פְצָעוּנִי. מה לך ברחובות? שואלים אותך בכעס. איך יצאת ככה?

ואת יודעת שעכשיו הרחוב הפך להיות המרחב הביתי. והבית הוא הרחוב. ליל נפילת מחיצות. אז למה אתם מכים אותי, למה אתם פוצעים אותי? בכל מקום שאני נמצאת אני רוצה בית. גם כשאתם רואים אותי ברחוב, אני מחפשת בית.

ואני רוצה לומר לקב"ה את ההגדה שלי: **אִם תִּמְצְאוּ אֶת דּוֹדִי, מַה תַּגִּידוּ לוֹ? שֶׁחוֹלַת אַהֲבָה אָנִי.** ורש"י: **בשביל אהבתו – נחליתי.** אני בכזה צער, ואני מבינה שהצער שלי קשור לאהבה שהיא גדולה ממני.

אז תגידו לו עוד משהו, לקב"ה: **בְּרַח, דּוֹדִי, וּדְמֵה לְךָ לִצְבִי אוֹ לְעֹפֶר הָאַיָּלִים עַל הָרֵי בְשָׂמִים.**[221]

בסוף ליל הסדר קורה דבר מדהים. כל הזמן את בטוחה שאת הכלואה, את זו שאין לה בית. ובסוף ליל הסדר, כשנופלות המחיצות, את מבינה שה"איכה" הגדול הוא על ה': **הַגִּידָה לִּי, שֶׁאָהֲבָה נַפְשִׁי – אֵיכָה תִרְעֶה? אֵיכָה תַּרְבִּיץ בַּצָּהֳרָיִם?** את מבינה שכשהוא יחזור הביתה, גם לך יהיה בית. שכשמשהו כללי מאוד בעולם יסתדר, גם הסיפור הקטן שלך יסתדר.

וכל התפילות שלך מקבלות ממד חדש. את אומרת לו: **בְּרַח, דּוֹדִי.** כל הזמן חשבתי שזו אני שרוצה חירות, שזו אני שרוצה לברוח, אבל זה בעצם אתה שכלוא. אתה חייב להגיע שוב להר המוריה – **"לא אבוא בירושלים של מעלה, עד אבוא לירושלים של מטה".**[222] אתה **מֶלֶךְ אָסוּר** (קשור) **בָּרְהָטִים.**[223]

ואת אומרת לו: אני מקדישה לך את כל הצער שהיה לי השנה, כל הייסורים, כל הקושי. אני משלמת כופר, **אֶשְׁכֹּל הַכֹּפֶר דּוֹדִי לִי,** ובלבד שתצא לחירות. אם זה ישחרר אותך ותחזור הביתה לְהָרֵי בְשָׂמִים, שווה לי. למה – כי אני קדושה מעונה? כי אני קורבן? לא. כי הבנתי שכשמשהו יתרפא בצערך, הצער שלי יירפא מאליו. הסיפור שלי סוף סוף יגיע לסיומו הטוב. תחזור הביתה, ריבונו של עולם. משחררת אותך.

זו נפילת המחיצות האולטימטיבית של חצות הלילה בליל הסדר. את יוצאת לחירות – מעצמך. האם את מבינה שזו שעת רצון שאין כמותה ושעלייך לבקש על משהו גדול בהרבה עכשיו? **בְּרַח**, דּוֹדִי. הסוהרת היפה פותחת לו בשמלה לבנה את השער. חזור הביתה. אתה יכול לחזור הביתה, מלכי.

זה מדהים. זו יציאה לחירות. יציאה לחירות זו הבנה שאת יכולה לגאול מישהו אחר. שעבוד זה אין־אונות; "אני לא יכולה לעזור לאף אחד, אין לי מה לתת". ופתאום את בת חורין, את משחררת עבדים. את לא עבד משוחרר. את הופכת מאישה משוחררת לאישה משחררת. זה מהפך מהמם. **בְּרַח, דּוֹדִי, וּדְמֵה לְךָ לִצְבִי אוֹ לְעֹפֶר הָאַיָּלִים עַל הָרֵי בְשָׂמִים. סבּ! דְּמֵה לְךָ, דודי, לִצְבִי** – למה? כי הצבי, כשהוא רץ־רץ־רץ אל חייו, הוא מביט לאחור. אני יודעת שכאשר אתה תרוץ הביתה, כביכול, ריבונו של עולם, לא תשכח אותי. אתה תביט לאחור ותראה אותי גם. ותזכור אותי. ותיקח אותי הביתה.

באותה עת, כותב האור החיים הקדוש, יוצאת בת קול ואומרת: **אַשְׁרֵיךְ אֶרֶץ, שֶׁמַּלְכֵּךְ בֶּן חוֹרִים.**[224]

ארץ זו אישה. אשריך, ארץ, שמלכך בן חורין. זה דיבור מדהים. השחרור של המלוכה מתאפשר על ידי האנשים הפשוטים. הם מאפשרים למלך לפעול.

אין סיום מהמם יותר מזה לליל הסדר. לצאת מעצמי ולהתפלל על מישהו אחר, זו באמת החירות. לדעת לצאת מכאב מאוד פרטי. או, בעברית, להיות לעַם.

זו הכוס החמישית; **וְלָקַחְתִּי אֶתְכֶם לִי לְעָם.**[225] זה המסר של ליל הסדר: את לא לבד. את עַם. את אֵם. **הִנֵּה מַלְכֵּךְ יָבוֹא לָךְ, צַדִּיק וְנוֹשָׁע.**[226] הוא נושע לא פחות ממך.

הָעֲבוֹדָה הַזֹּאת לָכֶם

בשיר השירים בקשי
שלא תברח האהבה.

בקשי שתדלג גם
על מה שנראה לנו כהרים,

בקשי שנפתח לה דלת.

בקשי על אֲחֹתֵנוּ,
שֶׁיְּדֻבַּר בָּהּ סוף־סוף,

בקשי להיות
בְעֵינָיו כְּמוֹצְאֵת שָׁלוֹם.

שִׁיר הַשִּׁירִים

א שִׁיר הַשִּׁירִים אֲשֶׁר לִשְׁלֹמֹה: יִשָּׁקֵנִי מִנְּשִׁיקוֹת פִּיהוּ כִּי־טוֹבִים דֹּדֶיךָ מִיָּיִן:
לְרֵיחַ שְׁמָנֶיךָ טוֹבִים שֶׁמֶן תּוּרַק שְׁמֶךָ עַל־כֵּן עֲלָמוֹת אֲהֵבוּךָ: מָשְׁכֵנִי אַחֲרֶיךָ
נָּרוּצָה הֱבִיאַנִי הַמֶּלֶךְ חֲדָרָיו נָגִילָה וְנִשְׂמְחָה בָּךְ נַזְכִּירָה דֹדֶיךָ מִיַּיִן מֵישָׁרִים
אֲהֵבוּךָ: שְׁחוֹרָה אֲנִי וְנָאוָה בְּנוֹת יְרוּשָׁלָםִ כְּאָהֳלֵי קֵדָר כִּירִיעוֹת
שְׁלֹמֹה: אַל־תִּרְאוּנִי שֶׁאֲנִי שְׁחַרְחֹרֶת שֶׁשְּׁזָפַתְנִי הַשָּׁמֶשׁ בְּנֵי אִמִּי נִחֲרוּ־בִי
שָׂמֻנִי נֹטֵרָה אֶת־הַכְּרָמִים כַּרְמִי שֶׁלִּי לֹא נָטָרְתִּי: הַגִּידָה לִּי שֶׁאָהֲבָה נַפְשִׁי
אֵיכָה תִרְעֶה אֵיכָה תַּרְבִּיץ בַּצָּהֳרָיִם שַׁלָּמָה אֶהְיֶה כְּעֹטְיָה עַל עֶדְרֵי חֲבֵרֶיךָ:
אִם־לֹא תֵדְעִי לָךְ הַיָּפָה בַּנָּשִׁים צְאִי־לָךְ בְּעִקְבֵי הַצֹּאן וּרְעִי אֶת־גְּדִיֹּתַיִךְ עַל
מִשְׁכְּנוֹת הָרֹעִים: לְסֻסָתִי בְּרִכְבֵי פַרְעֹה דִּמִּיתִיךְ רַעְיָתִי: נָאווּ
לְחָיַיִךְ בַּתֹּרִים צַוָּארֵךְ בַּחֲרוּזִים: תּוֹרֵי זָהָב נַעֲשֶׂה־לָּךְ עִם נְקֻדּוֹת הַכָּסֶף:
עַד־שֶׁהַמֶּלֶךְ בִּמְסִבּוֹ נִרְדִּי נָתַן רֵיחוֹ: צְרוֹר הַמֹּר ׀ דּוֹדִי לִי בֵּין שָׁדַי יָלִין:
אֶשְׁכֹּל הַכֹּפֶר ׀ דּוֹדִי לִי בְּכַרְמֵי עֵין גֶּדִי: הִנָּךְ יָפָה רַעְיָתִי הִנָּךְ יָפָה
עֵינַיִךְ יוֹנִים: הִנְּךָ יָפֶה דוֹדִי אַף נָעִים אַף־עַרְשֵׂנוּ רַעֲנָנָה: קֹרוֹת בָּתֵּינוּ אֲרָזִים
ב רחיטנו בְּרוֹתִים: אֲנִי חֲבַצֶּלֶת הַשָּׁרוֹן שׁוֹשַׁנַּת הָעֲמָקִים: כְּשׁוֹשַׁנָּה בֵּין הַחוֹחִים רָהִיטֵנוּ
כֵּן רַעְיָתִי בֵּין הַבָּנוֹת: כְּתַפּוּחַ בַּעֲצֵי הַיַּעַר כֵּן דּוֹדִי בֵּין הַבָּנִים בְּצִלּוֹ חִמַּדְתִּי

וְיָשַׁבְתִּי וּפִרְיוֹ מָתוֹק לְחִכִּי: הֱבִיאַנִי אֶל־בֵּית הַיָּיִן וְדִגְלוֹ עָלַי אַהֲבָה: סַמְּכוּנִי
בָּאֲשִׁישׁוֹת רַפְּדוּנִי בַּתַּפּוּחִים כִּי־חוֹלַת אַהֲבָה אָנִי: שְׂמֹאלוֹ תַּחַת לְרֹאשִׁי
וִימִינוֹ תְּחַבְּקֵנִי: הִשְׁבַּעְתִּי אֶתְכֶם בְּנוֹת יְרוּשָׁלַםִ בִּצְבָאוֹת אוֹ בְּאַיְלוֹת הַשָּׂדֶה
אִם־תָּעִירוּ ׀ וְאִם־תְּעוֹרְרוּ אֶת־הָאַהֲבָה עַד שֶׁתֶּחְפָּץ: קוֹל דּוֹדִי
הִנֵּה־זֶה בָּא מְדַלֵּג עַל־הֶהָרִים מְקַפֵּץ עַל־הַגְּבָעוֹת: דּוֹמֶה דוֹדִי לִצְבִי אוֹ
לְעֹפֶר הָאַיָּלִים הִנֵּה־זֶה עוֹמֵד אַחַר כָּתְלֵנוּ מַשְׁגִּיחַ מִן־הַחַלֹּנוֹת מֵצִיץ מִן־
הַחֲרַכִּים: עָנָה דוֹדִי וְאָמַר לִי קוּמִי לָךְ רַעְיָתִי יָפָתִי וּלְכִי־לָךְ: כִּי־הִנֵּה הַסְּתָו
עָבָר הַגֶּשֶׁם חָלַף הָלַךְ לוֹ: הַנִּצָּנִים נִרְאוּ בָאָרֶץ עֵת הַזָּמִיר הִגִּיעַ וְקוֹל הַתּוֹר
נִשְׁמַע בְּאַרְצֵנוּ: הַתְּאֵנָה חָנְטָה פַגֶּיהָ וְהַגְּפָנִים ׀ סְמָדַר נָתְנוּ רֵיחַ קוּמִי לְכִי לָךְ
רַעְיָתִי יָפָתִי וּלְכִי־לָךְ: יוֹנָתִי בְּחַגְוֵי הַסֶּלַע בְּסֵתֶר הַמַּדְרֵגָה הַרְאִינִי
אֶת־מַרְאַיִךְ הַשְׁמִיעִנִי אֶת־קוֹלֵךְ כִּי־קוֹלֵךְ עָרֵב וּמַרְאֵיךְ נָאוֶה: אֶחֱזוּ־
לָנוּ שׁוּעָלִים שֻׁעָלִים קְטַנִּים מְחַבְּלִים כְּרָמִים וּכְרָמֵינוּ סְמָדַר: דּוֹדִי לִי וַאֲנִי
לוֹ הָרֹעֶה בַּשּׁוֹשַׁנִּים: עַד שֶׁיָּפוּחַ הַיּוֹם וְנָסוּ הַצְּלָלִים סֹב דְּמֵה־לְךָ דוֹדִי לִצְבִי
אוֹ לְעֹפֶר הָאַיָּלִים עַל־הָרֵי בָתֶר: עַל־מִשְׁכָּבִי בַּלֵּילוֹת בִּקַּשְׁתִּי ג
אֵת שֶׁאָהֲבָה נַפְשִׁי בִּקַּשְׁתִּיו וְלֹא מְצָאתִיו: אָקוּמָה נָּא וַאֲסוֹבְבָה בָעִיר
בַּשְּׁוָקִים וּבָרְחֹבוֹת אֲבַקְשָׁה אֵת שֶׁאָהֲבָה נַפְשִׁי בִּקַּשְׁתִּיו וְלֹא מְצָאתִיו:
מְצָאוּנִי הַשֹּׁמְרִים הַסֹּבְבִים בָּעִיר אֵת שֶׁאָהֲבָה נַפְשִׁי רְאִיתֶם: כִּמְעַט
שֶׁעָבַרְתִּי מֵהֶם עַד שֶׁמָּצָאתִי אֵת שֶׁאָהֲבָה נַפְשִׁי אֲחַזְתִּיו וְלֹא אַרְפֶּנּוּ עַד־
שֶׁהֲבֵיאתִיו אֶל־בֵּית אִמִּי וְאֶל־חֶדֶר הוֹרָתִי: הִשְׁבַּעְתִּי אֶתְכֶם בְּנוֹת יְרוּשָׁלַםִ
בִּצְבָאוֹת אוֹ בְּאַיְלוֹת הַשָּׂדֶה אִם־תָּעִירוּ ׀ וְאִם־תְּעוֹרְרוּ אֶת־הָאַהֲבָה עַד
שֶׁתֶּחְפָּץ: מִי זֹאת עֹלָה מִן־הַמִּדְבָּר כְּתִימֲרוֹת עָשָׁן מְקֻטֶּרֶת מוֹר
וּלְבוֹנָה מִכֹּל אַבְקַת רוֹכֵל: הִנֵּה מִטָּתוֹ שֶׁלִּשְׁלֹמֹה שִׁשִּׁים גִּבֹּרִים סָבִיב לָהּ
מִגִּבֹּרֵי יִשְׂרָאֵל: כֻּלָּם אֲחֻזֵי חֶרֶב מְלֻמְּדֵי מִלְחָמָה אִישׁ חַרְבּוֹ עַל־יְרֵכוֹ מִפַּחַד
בַּלֵּילוֹת: אַפִּרְיוֹן עָשָׂה לוֹ הַמֶּלֶךְ שְׁלֹמֹה מֵעֲצֵי הַלְּבָנוֹן: עַמּוּדָיו
עָשָׂה כֶסֶף רְפִידָתוֹ זָהָב מֶרְכָּבוֹ אַרְגָּמָן תּוֹכוֹ רָצוּף אַהֲבָה מִבְּנוֹת יְרוּשָׁלָםִ:

צְאֶינָה ׀ וּרְאֶינָה בְּנוֹת צִיּוֹן בַּמֶּלֶךְ שְׁלֹמֹה בָּעֲטָרָה שֶׁעִטְּרָה־לּוֹ אִמּוֹ בְּיוֹם
ד חֲתֻנָּתוֹ וּבְיוֹם שִׂמְחַת לִבּוֹ: הִנָּךְ יָפָה רַעְיָתִי הִנָּךְ יָפָה עֵינַיִךְ יוֹנִים
מִבַּעַד לְצַמָּתֵךְ שַׂעְרֵךְ כְּעֵדֶר הָעִזִּים שֶׁגָּלְשׁוּ מֵהַר גִּלְעָד: שִׁנַּיִךְ כְּעֵדֶר הַקְּצוּבוֹת
שֶׁעָלוּ מִן־הָרַחְצָה שֶׁכֻּלָּם מַתְאִימוֹת וְשַׁכֻּלָה אֵין בָּהֶם: כְּחוּט הַשָּׁנִי שִׂפְתוֹתַיִךְ
וּמִדְבָּרֵיךְ נָאוֶה כְּפֶלַח הָרִמּוֹן רַקָּתֵךְ מִבַּעַד לְצַמָּתֵךְ: כְּמִגְדַּל דָּוִיד צַוָּארֵךְ בָּנוּי
לְתַלְפִּיּוֹת אֶלֶף הַמָּגֵן תָּלוּי עָלָיו כֹּל שִׁלְטֵי הַגִּבֹּרִים: שְׁנֵי שָׁדַיִךְ כִּשְׁנֵי עֳפָרִים
תְּאוֹמֵי צְבִיָּה הָרוֹעִים בַּשּׁוֹשַׁנִּים: עַד שֶׁיָּפוּחַ הַיּוֹם וְנָסוּ הַצְּלָלִים אֵלֶךְ לִי אֶל־
הַר הַמּוֹר וְאֶל־גִּבְעַת הַלְּבוֹנָה: כֻּלָּךְ יָפָה רַעְיָתִי וּמוּם אֵין בָּךְ: אִתִּי
מִלְּבָנוֹן כַּלָּה אִתִּי מִלְּבָנוֹן תָּבוֹאִי תָּשׁוּרִי ׀ מֵרֹאשׁ אֲמָנָה מֵרֹאשׁ שְׂנִיר וְחֶרְמוֹן
מִמְּעֹנוֹת אֲרָיוֹת מֵהַרְרֵי נְמֵרִים: לִבַּבְתִּנִי אֲחֹתִי כַלָּה לִבַּבְתִּנִי באחד מֵעֵינַיִךְ בְּאַחַת
בְּאַחַד עֲנָק מִצַּוְּרֹנָיִךְ: מַה־יָּפוּ דֹדַיִךְ אֲחֹתִי כַלָּה מַה־טֹּבוּ דֹדַיִךְ מִיַּיִן וְרֵיחַ
שְׁמָנַיִךְ מִכָּל־בְּשָׂמִים: נֹפֶת תִּטֹּפְנָה שִׂפְתוֹתַיִךְ כַּלָּה דְּבַשׁ וְחָלָב תַּחַת לְשׁוֹנֵךְ
וְרֵיחַ שַׂלְמֹתַיִךְ כְּרֵיחַ לְבָנוֹן: גַּן ׀ נָעוּל אֲחֹתִי כַלָּה גַּל נָעוּל מַעְיָן
חָתוּם: שְׁלָחַיִךְ פַּרְדֵּס רִמּוֹנִים עִם פְּרִי מְגָדִים כְּפָרִים עִם־נְרָדִים: נֵרְדְּ ׀ וְכַרְכֹּם
קָנֶה וְקִנָּמוֹן עִם כָּל־עֲצֵי לְבוֹנָה מֹר וַאֲהָלוֹת עִם כָּל־רָאשֵׁי בְשָׂמִים: מַעְיַן
גַּנִּים בְּאֵר מַיִם חַיִּים וְנֹזְלִים מִן־לְבָנוֹן: עוּרִי צָפוֹן וּבוֹאִי תֵימָן הָפִיחִי גַנִּי יִזְּלוּ
ה בְשָׂמָיו יָבֹא דוֹדִי לְגַנּוֹ וְיֹאכַל פְּרִי מְגָדָיו: בָּאתִי לְגַנִּי אֲחֹתִי כַלָּה אָרִיתִי מוֹרִי
עִם־בְּשָׂמִי אָכַלְתִּי יַעְרִי עִם־דִּבְשִׁי שָׁתִיתִי יֵינִי עִם־חֲלָבִי אִכְלוּ רֵעִים שְׁתוּ
וְשִׁכְרוּ דּוֹדִים: אֲנִי יְשֵׁנָה וְלִבִּי עֵר קוֹל ׀ דּוֹדִי דוֹפֵק פִּתְחִי־לִי אֲחֹתִי
רַעְיָתִי יוֹנָתִי תַמָּתִי שֶׁרֹּאשִׁי נִמְלָא־טָל קְוֻצּוֹתַי רְסִיסֵי לָיְלָה: פָּשַׁטְתִּי אֶת־
כֻּתָּנְתִּי אֵיכָכָה אֶלְבָּשֶׁנָּה רָחַצְתִּי אֶת־רַגְלַי אֵיכָכָה אֲטַנְּפֵם: דּוֹדִי שָׁלַח יָדוֹ
מִן־הַחֹר וּמֵעַי הָמוּ עָלָיו: קַמְתִּי אֲנִי לִפְתֹּחַ לְדוֹדִי וְיָדַי נָטְפוּ־מוֹר וְאֶצְבְּעֹתַי
מוֹר עֹבֵר עַל כַּפּוֹת הַמַּנְעוּל: פָּתַחְתִּי אֲנִי לְדוֹדִי וְדוֹדִי חָמַק עָבָר נַפְשִׁי יָצְאָה
בְדַבְּרוֹ בִּקַּשְׁתִּיהוּ וְלֹא מְצָאתִיהוּ קְרָאתִיו וְלֹא עָנָנִי: מְצָאֻנִי הַשֹּׁמְרִים הַסֹּבְבִים
בָּעִיר הִכּוּנִי פְצָעוּנִי נָשְׂאוּ אֶת־רְדִידִי מֵעָלַי שֹׁמְרֵי הַחֹמוֹת: הִשְׁבַּעְתִּי אֶתְכֶם

בְּנוֹת יְרוּשָׁלָםִ אִם־תִּמְצְאוּ אֶת־דּוֹדִי מַה־תַּגִּידוּ לוֹ שֶׁחוֹלַת אַהֲבָה אָנִי: מַה־
דּוֹדֵךְ מִדּוֹד הַיָּפָה בַּנָּשִׁים מַה־דּוֹדֵךְ מִדּוֹד שֶׁכָּכָה הִשְׁבַּעְתָּנוּ: דּוֹדִי צַח וְאָדוֹם
דָּגוּל מֵרְבָבָה: רֹאשׁוֹ כֶּתֶם פָּז קְוֻצּוֹתָיו תַּלְתַּלִּים שְׁחֹרוֹת כָּעוֹרֵב: עֵינָיו כְּיוֹנִים
עַל־אֲפִיקֵי מָיִם רֹחֲצוֹת בֶּחָלָב יֹשְׁבוֹת עַל־מִלֵּאת: לְחָיָו כַּעֲרוּגַת הַבֹּשֶׂם
מִגְדְּלוֹת מֶרְקָחִים שִׂפְתוֹתָיו שׁוֹשַׁנִּים נֹטְפוֹת מוֹר עֹבֵר: יָדָיו גְּלִילֵי זָהָב
מְמֻלָּאִים בַּתַּרְשִׁישׁ מֵעָיו עֶשֶׁת שֵׁן מְעֻלֶּפֶת סַפִּירִים: שׁוֹקָיו עַמּוּדֵי שֵׁשׁ
מְיֻסָּדִים עַל־אַדְנֵי־פָז מַרְאֵהוּ כַּלְּבָנוֹן בָּחוּר כָּאֲרָזִים: חִכּוֹ מַמְתַקִּים וְכֻלּוֹ
ו מַחֲמַדִּים זֶה דוֹדִי וְזֶה רֵעִי בְּנוֹת יְרוּשָׁלָםִ: אָנָה הָלַךְ דּוֹדֵךְ הַיָּפָה בַּנָּשִׁים אָנָה
פָּנָה דוֹדֵךְ וּנְבַקְשֶׁנּוּ עִמָּךְ: דּוֹדִי יָרַד לְגַנּוֹ לַעֲרֻגוֹת הַבֹּשֶׂם לִרְעוֹת בַּגַּנִּים
וְלִלְקֹט שׁוֹשַׁנִּים: אֲנִי לְדוֹדִי וְדוֹדִי לִי הָרֹעֶה בַּשּׁוֹשַׁנִּים:
יָפָה אַתְּ רַעְיָתִי כְּתִרְצָה נָאוָה כִּירוּשָׁלָםִ אֲיֻמָּה כַּנִּדְגָּלוֹת: הָסֵבִּי עֵינַיִךְ מִנֶּגְדִּי
שֶׁהֵם הִרְהִיבֻנִי שַׂעְרֵךְ כְּעֵדֶר הָעִזִּים שֶׁגָּלְשׁוּ מִן־הַגִּלְעָד: שִׁנַּיִךְ כְּעֵדֶר הָרְחֵלִים
שֶׁעָלוּ מִן־הָרַחְצָה שֶׁכֻּלָּם מַתְאִימוֹת וְשַׁכֻּלָה אֵין בָּהֶם: כְּפֶלַח הָרִמּוֹן רַקָּתֵךְ
מִבַּעַד לְצַמָּתֵךְ: שִׁשִּׁים הֵמָּה מְלָכוֹת וּשְׁמֹנִים פִּילַגְשִׁים וַעֲלָמוֹת אֵין מִסְפָּר:
אַחַת הִיא יוֹנָתִי תַמָּתִי אַחַת הִיא לְאִמָּהּ בָּרָה הִיא לְיוֹלַדְתָּהּ רָאוּהָ בָנוֹת
וַיְאַשְּׁרוּהָ מְלָכוֹת וּפִילַגְשִׁים וַיְהַלְלוּהָ: מִי־זֹאת הַנִּשְׁקָפָה כְּמוֹ־שָׁחַר
יָפָה כַלְּבָנָה בָּרָה כַּחַמָּה אֲיֻמָּה כַּנִּדְגָּלוֹת: אֶל־גִּנַּת אֱגוֹז יָרַדְתִּי לִרְאוֹת בְּאִבֵּי
הַנָּחַל לִרְאוֹת הֲפָרְחָה הַגֶּפֶן הֵנֵצוּ הָרִמֹּנִים: לֹא יָדַעְתִּי נַפְשִׁי שָׂמַתְנִי מַרְכְּבוֹת
ז עַמִּי נָדִיב: שׁוּבִי שׁוּבִי הַשּׁוּלַמִּית שׁוּבִי שׁוּבִי וְנֶחֱזֶה־בָּךְ מַה־תֶּחֱזוּ בַּשּׁוּלַמִּית
כִּמְחֹלַת הַמַּחֲנָיִם: מַה־יָּפוּ פְעָמַיִךְ בַּנְּעָלִים בַּת־נָדִיב חַמּוּקֵי יְרֵכַיִךְ כְּמוֹ חֲלָאִים
מַעֲשֵׂה יְדֵי אָמָּן: שָׁרְרֵךְ אַגַּן הַסַּהַר אַל־יֶחְסַר הַמָּזֶג בִּטְנֵךְ עֲרֵמַת חִטִּים סוּגָה
בַּשּׁוֹשַׁנִּים: שְׁנֵי שָׁדַיִךְ כִּשְׁנֵי עֳפָרִים תָּאֳמֵי צְבִיָּה: צַוָּארֵךְ כְּמִגְדַּל הַשֵּׁן עֵינַיִךְ
בְּרֵכוֹת בְּחֶשְׁבּוֹן עַל־שַׁעַר בַּת־רַבִּים אַפֵּךְ כְּמִגְדַּל הַלְּבָנוֹן צוֹפֶה פְּנֵי דַמָּשֶׂק:
רֹאשֵׁךְ עָלַיִךְ כַּכַּרְמֶל וְדַלַּת רֹאשֵׁךְ כָּאַרְגָּמָן מֶלֶךְ אָסוּר בָּרְהָטִים: מַה־יָּפִית
וּמַה־נָּעַמְתְּ אַהֲבָה בַּתַּעֲנוּגִים: זֹאת קוֹמָתֵךְ דָּמְתָה לְתָמָר וְשָׁדַיִךְ לְאַשְׁכֹּלוֹת:

אָמַרְתִּי אֶעֱלֶה בְתָמָר אֹחֲזָה בְּסַנְסִנָּיו וְיִהְיוּ־נָא שָׁדַיִךְ כְּאֶשְׁכְּלוֹת הַגֶּפֶן
וְרֵיחַ אַפֵּךְ כַּתַּפּוּחִים: וְחִכֵּךְ כְּיֵין הַטּוֹב הוֹלֵךְ לְדוֹדִי לְמֵישָׁרִים דּוֹבֵב שִׂפְתֵי
יְשֵׁנִים: אֲנִי לְדוֹדִי וְעָלַי תְּשׁוּקָתוֹ: לְכָה דוֹדִי נֵצֵא הַשָּׂדֶה נָלִינָה בַּכְּפָרִים:
נַשְׁכִּימָה לַכְּרָמִים נִרְאֶה אִם־פָּרְחָה הַגֶּפֶן פִּתַּח הַסְּמָדַר הֵנֵצוּ הָרִמּוֹנִים שָׁם
אֶתֵּן אֶת־דֹּדַי לָךְ: הַדּוּדָאִים נָתְנוּ־רֵיחַ וְעַל־פְּתָחֵינוּ כָּל־מְגָדִים חֲדָשִׁים גַּם־
יְשָׁנִים דּוֹדִי צָפַנְתִּי לָךְ: מִי יִתֶּנְךָ כְּאָח לִי יוֹנֵק שְׁדֵי אִמִּי אֶמְצָאֲךָ בַחוּץ אֶשָּׁקְךָ ח
גַּם לֹא־יָבֻזוּ לִי: אֶנְהָגֲךָ אֲבִיאֲךָ אֶל־בֵּית אִמִּי תְּלַמְּדֵנִי אַשְׁקְךָ מִיַּיִן הָרֶקַח
מֵעֲסִיס רִמֹּנִי: שְׂמֹאלוֹ תַּחַת רֹאשִׁי וִימִינוֹ תְּחַבְּקֵנִי: הִשְׁבַּעְתִּי אֶתְכֶם בְּנוֹת
יְרוּשָׁלָםִ מַה־תָּעִירוּ ׀ וּמַה־תְּעֹרְרוּ אֶת־הָאַהֲבָה עַד שֶׁתֶּחְפָּץ: מִי
זֹאת עֹלָה מִן־הַמִּדְבָּר מִתְרַפֶּקֶת עַל־דּוֹדָהּ תַּחַת הַתַּפּוּחַ עוֹרַרְתִּיךָ שָׁמָּה
חִבְּלַתְךָ אִמֶּךָ שָׁמָּה חִבְּלָה יְלָדַתְךָ: שִׂימֵנִי כַחוֹתָם עַל־לִבֶּךָ כַּחוֹתָם עַל־זְרוֹעֶךָ
כִּי־עַזָּה כַמָּוֶת אַהֲבָה קָשָׁה כִשְׁאוֹל קִנְאָה רְשָׁפֶיהָ רִשְׁפֵּי אֵשׁ שַׁלְהֶבֶתְיָה:
מַיִם רַבִּים לֹא יוּכְלוּ לְכַבּוֹת אֶת־הָאַהֲבָה וּנְהָרוֹת לֹא יִשְׁטְפוּהָ אִם־יִתֵּן
אִישׁ אֶת־כָּל־הוֹן בֵּיתוֹ בָּאַהֲבָה בּוֹז יָבוּזוּ לוֹ: אָחוֹת לָנוּ קְטַנָּה
וְשָׁדַיִם אֵין לָהּ מַה־נַּעֲשֶׂה לַאֲחֹתֵנוּ בַּיּוֹם שֶׁיְּדֻבַּר־בָּהּ: אִם־חוֹמָה הִיא
נִבְנֶה עָלֶיהָ טִירַת כָּסֶף וְאִם־דֶּלֶת הִיא נָצוּר עָלֶיהָ לוּחַ אָרֶז: אֲנִי חוֹמָה
וְשָׁדַי כַּמִּגְדָּלוֹת אָז הָיִיתִי בְעֵינָיו כְּמוֹצְאֵת שָׁלוֹם: כֶּרֶם הָיָה לִשְׁלֹמֹה בְּבַעַל
הָמוֹן נָתַן אֶת־הַכֶּרֶם לַנֹּטְרִים אִישׁ יָבִא בְּפִרְיוֹ אֶלֶף כָּסֶף: כַּרְמִי שֶׁלִּי לְפָנָי הָאֶלֶף
לְךָ שְׁלֹמֹה וּמָאתַיִם לְנֹטְרִים אֶת־פִּרְיוֹ: הַיּוֹשֶׁבֶת בַּגַּנִּים חֲבֵרִים מַקְשִׁיבִים
לְקוֹלֵךְ הַשְׁמִיעִנִי: בְּרַח ׀ דּוֹדִי וּדְמֵה־לְךָ לִצְבִי אוֹ לְעֹפֶר הָאַיָּלִים עַל הָרֵי
בְשָׂמִים:

חצות הלילה

מפגש עם אלוקים

בחצות הלילה של ליל הסדר אתן עומדות בפתח הבית וכל אחד מעם ישראל מקבל דרגת נביא, יאמר הרב חרל"פ. ה' עובר בתוך ביתו של כל אחד – **כַּחֲצֹת הַלַּיְלָה אֲנִי יוֹצֵא בְּתוֹךְ מִצְרָיִם.**[227] פשוט לאחוז בשולי אדרתו של הקב"ה ולא לעזוב אותו. לבקש על הכול.

שבעה רקיעים פתוחים. את תשמעי את עצמך מבקשת דברים שכלל לא ידעת שאת רוצה, כלל לא ידעת שאת צריכה. **ויראה כל אחד איך אחרי אמירת ההגדה יצטלל דיבורו.**[228] הדיבור שלך בהיר, ברור, מסודר. כשתפילה יוצאת כך מהפה, זה סימן שהיא רצויה ומתקבלת.

ויוכל לבקש בתפילתו כל מה שירצה, מבטיח החת"ם סופר.[229] בחצות הלילה[230] תני תפילה ענקית על כל משאלות ליבך.

מיתרי הלב מכוונים כלפי מעלה. נצלי את הרגע הזה, הוא לא יחזור עד לשנה הבאה.

עכשיו את מקבלת את המתנה הגדולה ביותר.

אה, שלא יודעת לשאול וכבר שכחת לבקש

וגם כשאת מבקשת כבר לא מאמינה שלשאלה הזו יכולה להיות תשובה –

אֱ־לֹהֵי יִשְׂרָאֵל יִתֵּן אֶת שֵׁלָתֵךְ אֲשֶׁר שָׁאַלְתְּ מֵעִמּוֹ.[231]

נספח

איגרת רבי שמשון מאוסטרופולי

סוד גדול ונורא, וכתוב שם שכל מי שמעיין בסוד הנפלא והנורא הזה על מכונו, אפילו פעם אחת בשנה, ובפרט בערב פסח, מובטח לו שינצל באותה שנה מכל מכשול וממיתה משונה, ושום אדם לא ימשול בו, וכל אויביו יפלו תחתיו, והוא על במותימו ידרוך, ובכל אשר יפנה יצליח ובכל עסקיו ירויח, עד ביאת הגואל אמן סלה:

שלום לרבני ארץ, גודרי גדר ועומדים בפרץ, יצילם ה' מכליון וחרץ, כולם קדושים אשר בארץ, כל חד לפום חורפיה מקשה ומתרץ, אמן סלה, בתכלית הענין מה שכתב האר"י ז"ל בקונטרס שלו הנקרא פלאות רבות בשער הנקרא יציאת מצרים, פרק ג' דף מ"ב ע"א וזה לשונו:

"הִנֵּה כְּבָר הוֹדַעְתִּיךָ שֶׁפַּרְעֹה נִלְקָה בְּמִצְרַיִם בְּעֶשֶׂר מַכּוֹת אֵלּוּ עַל יְדֵי שְׁלֹשָׁה אֲלָפִים וּמָאתַיִם וּשְׁמוֹנִים מַלְאֲכֵי חַבָּלָה, הַמְמֻנִּים בִּשְׁלֹשָׁה רְקִיעִים שֶׁל טֻמְאָה, הָאֶחָד נִקְרָא שרע וְהַשֵּׁנִי נִקְרָא תמוך, וְהַשְּׁלִישִׁי נִקְרָא בישהא, וַעֲלֵיהֶם הַשַּׂר הַנִּקְרָא דלפקט, וַעֲלֵיהֶם וְעַל כֻּלָּם הַשַּׂר הַנִּקְרָא תקא, בְּרֵאשִׁית חָסֵר מִן הַשְּׁלִישִׁי עֲשָׂרָה, וְחָסֵר מִן הָרְבִיעִי שִׁשָּׁה, וְחָסֵר מִן הַתְּשִׁיעִי שִׁשָּׁה כַּכָּתוּב, וְהִנֵּה מַה שֶּׁלָּקוּ הַמִּצְרִיִּים בְּמִצְרַיִם עֶשֶׂר מַכּוֹת, וְעַל הַיָּם לָקוּ חֲמִשִּׁים מַכּוֹת, הַשֵּׁם שפ"ו שֶׁבּוֹ אָחַז דָּוִד בֶּן יִשַׁי, וְהַשֵּׁם אָמַר וְהִכָּה. וּמִצַּד הַשֵּׁם תק"ל לָקוּ הַמִּצְרִיִּים בְּמִצְרַיִם אַרְבָּעִים מַכּוֹת, וְעַל הַיָּם לָקוּ מָאתַיִם מַכּוֹת, וְהַשֵּׁם אָמַר וְהִכָּה. וּמִצַּד הַשֵּׁם אשצ"ה לָקוּ הַמִּצְרִיִּים בְּמִצְרַיִם חֲמִשִּׁים מַכּוֹת, וְעַל הַיָּם לָקוּ מָאתַיִם וַחֲמִשִּׁים מַכּוֹת, וּבְמָה שֶׁהַקָּדוֹשׁ בָּרוּךְ הוּא מַכֶּה, בּוֹ מְרַפֵּא הַגָּלוּת. מַה פָּשְׁעוּ וּמֶה חָטְאוּ, וּמָה הַמַּעַל אֲשֶׁר מָעֲלוּ אֲבוֹתֵינוּ, לִהְיוֹת בְּכוּר

הַבַּרְזֶל הַזֶּה, עַד שֶׁגְּאָלָם בְּשֵׁמוֹת אֵלּוּ **דע"ב צד"א כשח"ב**." עד כאן לשון האר"י ז"ל:

וְהִנֵּה מוֹרַי וְרַבּוֹתַי קְדוֹשֵׁי יִשְׂרָאֵל, הַדְּבָרִים הָאֵלֶּה פְּלָאִים הֵם, סְתוּמִים וַחֲתוּמִים סָגוּר וְאֵין פּוֹרֵשׁ אוֹתָם. וּכְבָר שְׁאָלוּנִי גְּדוֹלֵי יִשְׂרָאֵל לְבָאֵר לָהֶם דִּבְרֵי הָאֲרִ"י זַ"ל וְלֹא הִגַּדְתִּי. וּמִגֹּדֶל אַהֲבַת מוֹרַי וְרַבּוֹתַי אֲגַלֶּה רָז זֶה שֶׁנִּתְגַּלָּה לִי בַּחֲלוֹם חֶזְיוֹן לַיְלָה, וְעַכְשָׁו אֲגַלֶּה הַדָּבָר בְּרֶמֶז לִפְנֵי כְּבוֹד תּוֹרָתוֹ, וְהוּא רַחוּם יְכַפֵּר:

וְזֹאת הָעִנְיָן:

מַה שֶּׁכָּתַב הָאֲרִ"י זַ"ל שֶׁפַּרְעֹה נִלְקָה בְּמִצְרַיִם עֶשֶׂר מַכּוֹת וְכוּ', כַּוָּנָתוֹ כָּךְ: כִּי אָמְרוּ בַּעֲלֵי קַבָּלָה מַעֲשִׂית, שֶׁיֵּשׁ שְׁלֹשָׁה אֲלָפִים וּמָאתַיִם וּשְׁמוֹנִים מַלְאֲכֵי חַבָּלָה הַמְמֻנִּים לְהַכּוֹת אֶת הָרְשָׁעִים וּלְהַעֲנִישָׁם בְּגֵיהִנֹּם וּלְטַהֲרָם מֵעֲוֹנוֹתֵיהֶם. וְעַל זֶה נֶאֱמַר: "וּלְהַכּוֹת בְּאֶגְרֹף רֶשַׁע", כִּי אֶגְרֹף, רֶמֶז שְׁלֹשָׁה אֲלָפִים מָאתַיִם וּשְׁמוֹנִים, וְעַל יָדָם נִלְקָה גַּם פַּרְעֹה הָרָשָׁע. וְאוֹמֵר אֲנִי הַכּוֹתֵב שֶׁזֶּהוּ סוֹד נִפְלָא כַּאֲשֶׁר הוּא נִכְתָּב בְּמִנְיָן וּבְמִסְפָּר: דָּם. צְפַרְדֵּעַ. כִּנִּם. עָרוֹב. דֶּבֶר. שְׁחִין. בָּרָד. אַרְבֶּה. חֹשֶׁךְ. מַכַּת בְּכֹרוֹת: אֵלּוּ עֶשֶׂר מַכּוֹת כַּאֲשֶׁר כָּתַבְתִּי אוֹת בְּאוֹת, עוֹלִים שְׁלֹשָׁה אֲלָפִים וּמָאתַיִם וּשְׁמוֹנִים מַלְאֲכֵי חַבָּלָה, הַמְמֻנִּים לְטַהֵר אֶת הָרְשָׁעִים, וְהוּא פְּשַׁט נִפְלָא, עַיִן לֹא רָאֲתָה:

וְהִנֵּה הַחֶשְׁבּוֹן מְכֻוָּן כַּאֲשֶׁר נִכְתַּב כִּנִּם חָסֵר יו"ד, גַּם עָרֹב חָסֵר וא"ו. גַּם חֹשֶׁךְ חָסֵר וא"ו. וְאָז הַחֶשְׁבּוֹן מַמָּשׁ, לֹא פָּחוֹת וְלֹא יוֹתֵר מִשְּׁלֹשָׁה אֲלָפִים וּמָאתַיִם וּשְׁמוֹנִים מַלְאֲכֵי חַבָּלָה, שֶׁמַּעֲנִישִׁין אֶת הָרְשָׁעִים.

וְהַיְנוּ מַה שֶּׁכָּתַב הָאֲרִ"י זַ"ל: "כַּכָּתוּב", פֵּרוּשׁ כַּכָּתוּב בְּסֵפֶר תּוֹרָה, וְלֹא כַּאֲשֶׁר כָּתוּב בַּסִּדּוּרִים וּבַעַל הַהַגָּדָה, כִּי שָׁם נִכְתְּבוּ כֻּלָּם מְלֵאִים. אֶלָּא צָרִיךְ לִהְיוֹת חָסֵר כְּמוֹ שֶׁכָּתוּב בְּסֵפֶר תּוֹרָה. וְגַם רַבִּי יְהוּדָה לֹא כָּתַב סִימָנִים כֻּלָּם רַק רָאשֵׁי תֵּיבוֹת, דצ"ך עד"ש באח"ב, כְּמוֹ שֶׁכָּתַב הָרַב יִצְחָק אַבַּרְבָּנֵאל וּכְמוֹ שֶׁכָּתַבְתִּי לְעֵיל:

וְהַיְנוּ מַה שֶּׁכָּתַב הָאֲרִ"י זַ"ל: "בְּרֵאשִׁית חָסֵר מִן הַשְּׁלִישִׁי עֲשָׂרָה", פֵּרוּשׁ: מַכָּה שְׁלִישִׁית שֶׁהִיא כִּנִּם חָסֵר יו"ד. "מִן הָרְבִיעִי שִׁשָּׁה" שֶׁהִיא מַכַּת עָרוֹב גַּם חָסֵר וָא"ו. "וְחָסֵר מִן הַתְּשִׁיעִי שִׁשָּׁה", שֶׁהִיא מַכַּת חֹשֶׁךְ גַּם כֵּן חָסֵר וָא"ו. וּמַה שֶּׁאָמַר "כַּכָּתוּב", רוֹצֶה לוֹמַר שֶׁכֵּן כָּתוּב בְּסֵפֶר תּוֹרָה חָסֵר, כַּנִּזְכַּר לְעֵיל.

וְזֶהוּ סוֹד אֵלּוּ "עֶשֶׂר מַכּוֹת שֶׁהֵבִיא" הַקָּדוֹשׁ בָּרוּךְ הוּא בְּמִצְרַיִם, מְכֻוָּן מַמָּשׁ שְׁלֹשָׁה אֲלָפִים וּמָאתַיִם וּשְׁמוֹנִים מַלְאֲכֵי חַבָּלָה שֶׁהִכּוּ אֶת פַּרְעֹה וְאֶת הַמִּצְרִיִּים בְּמִצְרַיִם, הַמְמֻנִּים בְּאֵלּוּ שְׁלֹשָׁה רְקִיעִים: אֶחָד נִקְרָא **שרע**, וְאֶחָד נִקְרָא **תמוך**, וְאֶחָד נִקְרָא **בישהא**, גַּם בָּזֶה יֵשׁ סוֹד גָּדוֹל וְנִפְלָא, אֵלּוּ שְׁלֹשֶׁת אֲלָפִים וּמָאתַיִם וּשְׁמוֹנִים מַחֲנוֹת שֶׁהִכּוּ אֶת פַּרְעֹה

וְאֶת הַמִּצְרִיִּים בְּמִצְרַיִם כָּאָמוּר, שֶׁמְּמֻנִּים בְּאֵלּוּ שְׁלֹשָׁה רְקִיעִים שֶׁל טֻמְאָה, אָמַר לָנוּ הַכָּתוּב סוֹד נִפְלָא וְנוֹרָא, וְתִקֵּן הַמַּגִּיד כְּמוֹ שֶׁשָּׁנָה אֵלּוּ "עשר מכות שהביא" שֶׁבְּאֵלּוּ שָׁלֹשׁ תֵּיבוֹת נִרְמָזִים הַשְּׁלֹשָׁה רְקִיעִים שֶׁל טֻמְאָה, וּשְׁלֹשֶׁת אֲלָפִים וּמָאתַיִם וּשְׁמוֹנִים מַלְאֲכֵי חַבָּלָה שֶׁהִכּוּ אֶת פַּרְעֹה וְאֶת הַמִּצְרִים בְּמִצְרַיִם, כְּמִנְיַן עֶשֶׂר מַכּוֹת, דְּהַיְנוּ **עשר** אוֹתִיּוֹת **שרע, מכות** אוֹתִיּוֹת **תמוך, שהביא** אוֹתִיּוֹת **בישהא**, רֶמֶז לְאֵלּוּ שְׁלֹשָׁה רְקִיעִים שֶׁל טֻמְאָה שֶׁבָּהֶם יֵשׁ מְמֻנִּים כְּמִנְיַן שְׁלֹשָׁה אֲלָפִים וּמָאתַיִם וּשְׁמוֹנִים מַלְאֲכֵי חַבָּלָה מַמָּשׁ, כְּמִנְיַן עֶשֶׂר מַכּוֹת דָּם צְפַרְדֵּעַ וְכוּ', וְהֵם שֶׁהִכּוּ אֶת פַּרְעֹה וְאֶת הַמִּצְרִיִּים בְּמִצְרַיִם, כִּי מַלְאֲכֵי חַבָּלָה מְמֻנִּים לְהַכּוֹת אֶת הָרְשָׁעִים לְטַהֲרָם מֵעֲוֹנוֹתֵיהֶם כָּאָמוּר. וְעַל יָדָן הִכָּה אֶת פַּרְעֹה וְאֶת הַמִּצְרִיִּים בְּמִצְרַיִם מִנְיַן עֶשֶׂר מַכּוֹת אֵלּוּ, וְהוּא פֶּלֶא גָּדוֹל:

וּמַה שֶּׁכָּתַב הָאֲרִ"י ז"ל: "וַעֲלֵיהֶם הַשַּׂר הנקרא **דלפקט**", כַּוָּנָתוֹ הוּא שֶׁשֵּׁם זֶה שָׁרְשׁוֹ יוֹצֵא מִמִּלַּת הַמִּצְרִים, וְהַיְנוּ: שֶׁשְּׁלֹשָׁה רְקִיעִים הֵם: עש"ר מכו"ת שהבי"א וּכְפֵרוּשׁ הַגָּאוֹן, וְנִמְשָׁךְ עַל הַמִּצְרִים שֶׁהוּא שֵׁם דלפקט בְּאוֹתִיּוֹת הַקּוֹדְמוֹת לְאוֹתִיּוֹת הַמִּצְרִים, והמ"ם אַחֲרוֹנָה הִיא מ"ם הָרִבּוּי וְאֵינָהּ מִן הַשֹּׁרֶשׁ, וְרָמַז לָזֶה הַמַּגִּיד בְּמַאֲמָר: "אֵלּוּ עֶשֶׂר מַכּוֹת שֶׁהֵבִיא הַקָּדוֹשׁ בָּרוּךְ הוּא עַל הַמִּצְרִים בְּמִצְרַיִם", כְּלוֹמַר הָאוֹתִיּוֹת שֶׁהֵם קוֹדְמוֹת עַל אוֹתִיּוֹת הַמִּצְרִים:

וּמַה שֶּׁכָּתַב הָאֲרִ"י זַ"ל: "וַעֲלֵיהֶם וְעַל כֻּלָּם הַשַּׂר הַנִּקְרָא **תקא**, כַּוָּנָתוֹ, כִּי רָאשֵׁי תֵּיבוֹת שֶׁל אֵלּוּ עֶשֶׂר מַכּוֹת, דצ"ך עד"ש באח"ב, בְּגִימַטְרִיָּא תקא, כְּמִנְיַן הַשַּׂר מַמָּשׁ, וּכְמִנְיַן אשר, וְזֶהוּ סוֹד כַּוָּנַת הַכָּתוּב בְּסֵדֶר בֹּא: "וּלְמַעַן תְּסַפֵּר בְּאָזְנֵי בִנְךָ וּבֶן בִּנְךָ אֵת אשר הִתְעַלַּלְתִּי בְּמִצְרַיִם", אשר דַּיְקָא, שֶׁהוּא כְּמִסְפַּר **תקא**, וְכַיּוֹצֵא בּוֹ הַרְבֵּה פְּסוּקִים אֶלֶף, שֶׁמּוֹרִים עַל זֶה לְסוֹד אשר, כְּמִנְיַן רָאשֵׁי תֵּיבוֹת שֶׁל עֶשֶׂר מַכּוֹת כְּמוֹ שֶׁבֵּאַרְנוּ, וְיֵשׁ לָנוּ בָּזֶה סוֹדוֹת נִפְלָאִים. וּכְבוֹד אֱלֹהִים הַסְתֵּר דָּבָר:

וּמַה שֶּׁכָּתַב רַבֵּנוּ הָאֲרִ"י זַ"ל: "הַשֵּׁם **שפו** שֶׁבּוֹ אָחַז דָּוִד בֶּן יִשַׁי, וְהַשֵּׁם אָמַר וְהִכָּה אוֹתָם בְּמִצְרַיִם עֶשֶׂר מַכּוֹת, וְעַל הַיָּם לָקוּ חֲמִשִּׁים מַכּוֹת. וְהַשֵּׁם **תקל** אָמַר וְהִכָּה אוֹתָם בְּמִצְרַיִם אַרְבָּעִים מַכּוֹת, וְעַל הַיָּם לָקוּ מָאתַיִם מַכּוֹת. וְהַשֵּׁם **אשצה** אָמַר וְהִכָּה אוֹתָם בְּמִצְרַיִם חֲמִשִּׁים מַכּוֹת, וְעַל הַיָּם לָקוּ מָאתַיִם וַחֲמִשִּׁים מַכּוֹת". כַּוָּנָתוֹ לְסוֹד נִפְלָא וְנוֹרָא, פְּלֻגְתָּא דְּרַבִּי יוֹסֵי הַגְּלִילִי וְרַבִּי אֱלִיעֶזֶר וְרַבִּי עֲקִיבָא הַמֻּזְכָּר בַּהַגָּדָה. רַבִּי יוֹסֵי הַגְּלִילִי אוֹמֵר מִנַּיִן, וְרַבִּי אֱלִיעֶזֶר אוֹמֵר מִנַּיִן, וְרַבִּי עֲקִיבָא אוֹמֵר מִנַּיִן, וְזֶהוּ שֶׁכָּתַב הָאֲרִ"י זַ"ל: וְהַשֵּׁם **שפ"ו** אָמַר וְהִכָּה אוֹתָם בְּמִצְרַיִם עֶשֶׂר מַכּוֹת, וְעַל הַיָּם לָקוּ חֲמִשִּׁים מַכּוֹת, רֶמֶז לְרַבִּי יוֹסֵי הַגְּלִילִי. כִּי **רִבִּ"י יוֹסֵ"י הַגְּלִילִ"י** בְּגִימַטְרִיָּא **שפו**, וּמַה שֶּׁכָּתַב שֶׁבּוֹ אָחַז דָּוִד בֶּן יִשַׁי, רָמַז גַּם כֵּן, **דָּוִ"ד בֶּ"ן יִשַׁ"י** גִּימַטְרִיָּא שֵׁם **שפו**, שֶׁבְּאוֹתוֹ הַשֵּׁם דַּוְקָא בָּא דָּוִד בֶּן יִשַׁי. וְרָמַז גַּם כֵּן מַה שֶּׁכָּתַב בְּסֵפֶר סוֹדֵי רָזָא, שֶׁרַבִּי יוֹסֵי הַגְּלִילִי נִצּוֹץ דָּוִד בֶּן יִשַׁי. וְזֶה הַשֵּׁם הִכָּה אוֹתָם. וּמִצַּד הַשֵּׁם **תקל** לָקוּ הַמִּצְרִים בְּמִצְרַיִם אַרְבָּעִים מַכּוֹת, וְעַל הַיָּם לָקוּ מָאתַיִם מַכּוֹת, רָמַז לְסוֹד **רִבִּ"י אֱלִיעֶזֶ"ר** בְּגִימַטְרִיָּא **תקל**, וְהַיְנוּ רַבִּי אֱלִיעֶזֶר אוֹמֵר, דַּוְקָא, שֶׁהוּא שֵׁם **תקל**,

לָקוּ הַמִּצְרִיִּים בְּמִצְרַיִם אַרְבָּעִים מַכּוֹת, וְעַל הַיָּם לָקוּ מָאתַיִם מַכּוֹת. וּמַה שֶּׁכָּתַב הַשֵּׁם **אשצה** לָקוּ בְּמִצְרַיִם חֲמִשִּׁים מַכּוֹת, וְעַל הַיָּם לָקוּ מָאתַיִם וַחֲמִשִּׁים מַכּוֹת, רָמַז לְסוֹד **רַבִּ"י עֲקִיבָ"א**, שֶׁהוּא בְּגִימַטְרִיָּא **אשצ"ה** עִם הַכּוֹלֵל, שֶׁהַשֵּׁם הַזֶּה אָמַר שֶׁיֻּכּוּ הַמִּצְרִיִּים בְּמִצְרַיִם חֲמִשִּׁים מַכּוֹת, וְעַל הַיָּם לָקוּ מָאתַיִם וַחֲמִשִּׁים מַכּוֹת. הֲרֵי מְרֻמָּזִים אֵלּוּ שְׁלֹשָׁה שֵׁמוֹת **שפו תקל אשצה** בְּאֵלּוּ הַשְּׁלֹשָׁה תַּנָּאִים: רַבִּי יוֹסֵי הַגְּלִילִי בְּגִימַטְרִיָּא **שפו**, רַבִּי אֱלִיעֶזֶר בְּגִימַטְרִיָּא **תקל**, רַבִּ"י עֲקִיבָ"א בְּגִימַטְרִיָּא **אשצה**, וְהוּא סוֹד נִפְלָא וְנוֹרָא. רָזָא דְּרָזִין. סִתְרָא דְּסִתְרִין. הַיְנוּ כַּאֲשֶׁר כָּתַבְתִּי לְמַעֲלַת כְּבוֹד תּוֹרָתוֹ, וְהוּא רַחוּם יְכַפֵּר עָוֹן:

וּמַה שֶּׁכָּתַב רַבֵּנוּ הָאֲרִ"י זַ"ל: "בְּמַה שֶּׁהַקָּדוֹשׁ בָּרוּךְ הוּא מַכֶּה, בּוֹ מְרַפֵּא הַגָּלוּת, מַה פָּשְׁעוּ מֶה חָטְאוּ אֲבוֹתֵינוּ" וְכוּ', כַּוָּנָתוֹ: בְּאֵלּוּ עֶשֶׂר מַכּוֹת שֶׁהֵם דצך עדש באחב, נִרְמָזִים בְּאֵלּוּ אוֹתִיּוֹת סוֹד וְטַעַם יְרִידַת אֲבוֹתֵינוּ לְמִצְרַיִם, כְּמוֹ שֶׁכָּתַבְתִּי לְמַעֲלַת כְּבוֹד תּוֹרָתוֹ. וְהִנֵּה בְּאֵלּוּ הַמַּכּוֹת הִכָּה אוֹתָם, וַיְרַפֵּא אוֹתָנוּ הַקָּדוֹשׁ בָּרוּךְ הוּא וְהִכָּה בָּהֶם מַכָּה רַבָּה אֶצְבַּע אֱלֹהִים הִיא, וּמִן הַמַּכָּה עַצְמָהּ בָּאָה רְפוּאָה לְיִשְׂרָאֵל, שֶׁגְּאָלָם הַקָּדוֹשׁ בָּרוּךְ הוּא, וּכְמוֹ שֶׁכָּתַבְתִּי. וּמַה שֶּׁכָּתַב: "מַה פָּשְׁעוּ" וְכוּ', רוֹצֶה לוֹמַר: בְּאֵלּוּ הַמַּכּוֹת נִרְמַז הַחֵטְא שֶׁל אֲבוֹתֵינוּ שֶׁגָּרַם יְרִידַת מִצְרַיִם. וְיֵשׁ לָנוּ סוֹד נִפְלָא וְנוֹרָא לְתָרֵץ קֻשְׁיָא זוֹ מַה שֶּׁהִקְשׁוּ מַעֲלַת כְּבוֹד תּוֹרָתָם עָלַי, אֲבָל גַּם זֶה נִיחָא כַּאֲשֶׁר כָּתַבְתִּי לְמַעֲלָתָם, נִפְלָאוֹת מִתּוֹרָתוֹ הַקְּדוֹשָׁה וְהַטְּהוֹרָה.

וּמַה שֶּׁכָּתַב הָאֲרִ"י זַ"ל: "שֶׁהַקָּדוֹשׁ בָּרוּךְ הוּא גָּאַל אוֹתָנוּ בְּשֵׁמוֹת אֵלּוּ **דעב צדא כשחב**", כַּוָּנָתוֹ כִּי הָאוֹתִיּוֹת רִאשׁוֹנוֹת שֶׁל דצך עדש באחב הֵם **דע"ב**, וְהָאוֹתִיּוֹת שְׁנִיּוֹת הֵם **צד"א**, וְהָאוֹתִיּוֹת הָאַחֲרוֹנוֹת הֵם **כשח"ב**, וְנִרְמָזִים בְּאֵלּוּ הַשְּׁלֹשָׁה שֵׁמוֹת הָרְפוּאָה שֶׁרִפָּא הַקָּדוֹשׁ בָּרוּךְ הוּא לְיִשְׂרָאֵל, שֶׁגָּאַל אוֹתָנוּ בָּהֶם, הֲרֵי בְּאוֹתָן הַמַּכּוֹת שֶׁהֻכּוּ בָּהֶם הַמִּצְרִיִּים, נִרְמָזִים הַגְּאֻלָּה וְהָרְפוּאָה לְיִשְׂרָאֵל. וִיהֵא רַעֲוָא לִפְנֵי הַקָּדוֹשׁ בָּרוּךְ הוּא שֶׁיַּרְאֵנוּ בִּיאַת מְשִׁיחֵנוּ בִּמְהֵרָה בְיָמֵינוּ, עִם הַמַּלְאָכִים הַשַּׁיָּכִים לַגְּאֻלָּה, וִיקַיֵּם בָּנוּ מִקְרָא שֶׁכָּתוּב: כִּימֵי צֵאתְךָ מֵאֶרֶץ מִצְרָיִם אַרְאֶנּוּ נִפְלָאוֹת, אָמֵן נֶצַח סֶלָה:

מקורות והערות

1 דברים ו, כ.

2 משנה, פסחים י, ח.

3 הגדה של פסח, "נרצה".

4 הגדה של פסח, מענה לבן הרשע ולבן שאינו יודע לשאול.

5 שמות ב, כד.

6 דרך המלך תולדות, מתוך הגדת פיאסצנה – הגדה של פסח מתורתו של האדמו"ר מפיאסצנה, בעריכת אמוץ שפירא, הוצאת דני ספרים 2022.

7 אלחנן ניר, היום אתם יוצאים – עיוני דעת ולב לחג החירות ולכל השנה, הוצאת ידיעות אחרונות תשפ"ב.

8 הרב שג"ר, להאיר את הפתחים – דרשות ומאמרים לימי חנוכה, הוצאת מכון כתבי הרב שג"ר, 2014.

9 הגדה של פסח, מגיד.

10 שיינא זלדה שניאורסון-מישקובסקי, "כאשר בירכתי על הנרות", 'שירי זלדה', הוצאת הקיבוץ המאוחד, 1985, עמוד 100.

11 הרב אלחנן ניר, שם.

12 לאה גולדברג, "משירי ארץ אהבתי", שיר א ("מכורה שלי"), בתוך: 'שירים', ספרית פועלים, 1973, כרך ב, עמ' 199-200. © כל הזכויות שמורות להוצאת הקיבוץ המאוחד בע"מ - ספרית פועלים. השיר פורסם במקור בתוך: 'ברק בבוקר', ספרית פועלים, 1955.

13 פרפרזה, שיר השירים, ג, א-ב: "עַל מִשְׁכָּבִי בַּלֵּילוֹת בִּקַּשְׁתִּי אֵת שֶׁאָהֲבָה נַפְשִׁי בִּקַּשְׁתִּיו וְלֹא מְצָאתִיו. אָקוּמָה נָּא וַאֲסוֹבְבָה בָעִיר בַּשְּׁוָקִים וּבָרְחֹבוֹת אֲבַקְשָׁה אֵת שֶׁאָהֲבָה נַפְשִׁי בִּקַּשְׁתִּיו וְלֹא מְצָאתִיו".

14 שיר השירים ה, ג.

15 שמואל א' כ, כט.

16 חיים נחמן ביאליק, קומי צאי.

17 משלי כד, כ.

18 שיר השירים ז, ו.

19 שיר השירים א, ד.

20 הרב שג"ר (שמעון גרשון רוזנברג), זמן של חירות, דרשות לחג הפסח, הוצאת דברי שיר.

21 אלחנן ניר, שם.

22 הגדה של פסח, הבן שאינו יודע לשאול.

23 פרפרזה, "בא לשכונה בחור חדש", מילים ולחן: אלון אולארצ'יק.

24 יהודה גזבר, סיפור; הגדה, הוצאת ידיעות ספרים תשפ"ב.

25 זוה"ק לפרשת אמור.

26 שמות ג, ט.

27 יחזקאל טז, ח.

28 שמות יג, ז.

29 שמות ב, כד-כה.

30 שיר השירים ה, ב: "אֲנִי יְשֵׁנָה וְלִבִּי עֵר קוֹל דּוֹדִי דוֹפֵק פִּתְחִי לִי אֲחֹתִי רַעְיָתִי יוֹנָתִי תַמָּתִי שֶׁרֹּאשִׁי נִמְלָא טָל קְוֻצּוֹתַי רְסִיסֵי לָיְלָה". ואבן עזרא שם: "שראשי נמלא טל קווצותי רסיסי לילה. מדמעות כנסת ישראל".

31 רבי ישראל מסלנט.

32 משלי כ, כז.

33 הרב שמשון דוד פינקוס, מובא בהקדמה
להגדה של פסח תפארת שמשון.

34 תהילים קלו, ד.

35 שיר השירים ג, א.

36 תלמוד בבלי, מסכת ברכות יז ע"א.

37 רבי חיים דוד אזולאי (החיד"א), עבודת הקודש.

38 פיוט לשבת הגדול.

39 תהילים כג, ה.

40 רבי שלום רוקח, ה"שר שלום" מבעלז,
בפירושו להגדה של פסח.

41 תלמוד בבלי, מסכת ברכות ג ע"א.

42 מלאכי ג, כג-כד.

43 תלמוד בבלי, מסכת בבא מציעא פד ע"א.

44 שיר השירים ד, ג ומסכת ברכות נז ע"א.

45 פיוט "וַיְהִי בַּחֲצִי הַלַּיְלָה", בהגדה של פסח.

46 "בוא", ריטה. מילים: מירי פייגנבוים.
לחן: רמי קלינשטיין.

47 הרב אלחנן ניר, היום אתם יוצאים,
הוצאת ידיעות ספרים 2022.

48 פרפרזה, נוסח התפילה: "וּמְסַדֵּר אֶת הַכּוֹכָבִים
בְּמִשְׁמְרוֹתֵיהֶם בָּרָקִיעַ כִּרְצוֹנוֹ".

49 שמות ג, כב.

50 בראשית כז, כז.

51 הרב מוצפי, שם, עמ' קפב סעיף יא.
והמקור לדברים: בן איש חי בדרשותיו לפרשת וירא.

52 השל"ה הקדוש לפסח.

53 הרב אלימלך בידרמן, באר החיים, הגדה של פסח.

54 תפילת "וזכני לגדל", הדלקת נרות שבת.

55 תהילים קלט, יב ואור החיים, שמות יב, ל.

56 תהילים מא, ה: "אֲנִי אָמַרְתִּי ה' חָנֵּנִי רְפָאָה נַפְשִׁי
כִּי חָטָאתִי לָךְ".

57 הרב יוסף דוב הלוי סולוביצ'יק, הגדה של פסח –
מסורת הרב, עורך: הרב מנחם דוב גנק.

58 שיר השירים א, ז.

59 שיר השירים ה, ה.

60 משנה, פסחים י, ד.

61 הרב אלכסנדר זיסקינד, יסוד ושורש העבודה,
שער ט פרק ו.

62 תהילים קי, ה.

63 הרב אברהם אלימלך בידרמן, הגדה של פסח באר החיים,
מכון באר האמונה, ניסן תשע"ד, עמ' קסג.

64 פרפרזה, רש"י לויקרא ט, ז:
"'קרב אל המזבח' - (ת"כ) שהיה אהרן בוש וירא לגשת
אמר לו משה למה אתה בוש לכך נבחרת".

65 תלמוד בבלי, מסכת יומא לח ע"ב:
"אֵין מַלְכוּת נוֹגַעַת בַּחֲבֶרְתָּהּ אֲפִלּוּ כִּמְלוֹא נִימָה".

66 הרב שלמה וולבה, דעת שלמה -
מאמרי גאולה פורים - פסח.

67 הגדת אישי ישראל, עמ' רעח. גימטרייה עם הכולל.

68 רש"י, שמות יב, יג.

69 תלמוד בבלי, מסכת ברכות ז ע"א.

70 פיוט "ארשת שפתנו", תפילת ראש השנה:
"וְתְקַבֵּל בְּרַחֲמִים וּבְרָצוֹן סֵדֶר מַלְכֻיּוֹתֵינוּ /
זִכְרוֹנוֹתֵינוּ / שׁוֹפְרוֹתֵינוּ".

71 נוסח הקידוש לשלושת הרגלים.

72 הרב יוסף דוב הלוי סולוביצ'יק, הגדה של פסח –
מסורת הרב, עורך: הרב מנחם גנק.

73 פרקי דרבי אליעזר, לב, יד: "הגיע ליל יום הפסח, וקרא
יצחק לעשו בנו הגדול ואמר לו, 'בני זה הלילה, כל

העולם כלו אומרים בו הלל, ואוצרות טללים נפתחים בזו הלילה, עשה לי מטעמים, עד שאני בעודי אברכך', ורוח הקדש משיבה ואומרת: 'אל תלחם את לחם רע עין', הלך להביא ונתעכב שם, אמרה רבקה ליעקב: 'בני, הלילה הזה אוצרות טללים נפתחים בו, העליונים אומרין שירה, הלילה הזה עתידין בניך להגאל מיד שעבוד, הלילה הזה עתידין לומר שירה, עשה מטעמים לאביך עד שהוא בעודו יברכך'".
וגם: חזקוני, בראשית כז, ד: ב. ועוד.

74 הסיבה: "תנוחת הישענות בישיבה או חצי שכיבה שהייתה נהוגה בארמונות וסימלה סטטוס של נוחות וכבוד. יש להסב בזמן שתיית ארבע הכוסות,
אכילת המצה וה'כורך'".

75 שמות יג, יח.

76 שמות יג, יז.

77 רבי נחמן מברסלב, ליקוטי מוהר"ן תנינא מ"ח.

78 שמות יב, מב.

79 הרב חיים נבון, "חינוך ביתי" - הטור במגזין מוצ"ש – מקור ראשון, י"ד בניסן תשפ"ב.

80 הרמ"א, אורח חיים, סימן תע"ב, סעיף ד': "דראבי"ה סבירא ליה בזמן הזה אין צריך להסב, כיון דאין רגילות בארצנו בשאר השנה להסב אלא יושב כדרכו,
על זה סומכות הנשים שלא להסב".

81 תלמוד בבלי, מסכת פסחים קח ע"א.

82 הרב משה פיינשטיין, אגרות משה,
אורח חיים חלק ה סימן כ.

83 שיחות רבי שמשון דוד פינקוס על המועדים,
"פסח ספירת העומר-שבועות".

84 בראשית מ, יא-יג.

85 בראשית מ, כג.

86 בראשית מא, יד.

87 הרב משה שפירא, לילה כיום יאיר:

שערים אל הסדר של פסח, נלקט ונערך ע"י הרב אברהם באום, תלמידו של הרב משה שפירא.

88 נוסח התפילה, מתוך מוסף ליום טוב.

89 תלמוד בבלי, סוטה ב ע"א.

90 תלמוד בבלי, פסחים קיח ע"א.

91 שמות יט, ג ושמות רבה פרשה כח.

92 שמות רבה, שם.

93 שיר השירים א, ז.

94 בראשית ג, טז.

95 תלמוד בבלי, קידושין מט ע"ב.

96 הרב יצחק הוטנר, פחד יצחק לפסח.

97 הרב חיים נבון, "חינוך ביתי". הטור במגזין מוצ"ש – מקור ראשון, י"ד בניסן תשפ"ב.

98 דברים יב, ה: "כִּי אִם אֶל הַמָּקוֹם אֲשֶׁר יִבְחַר ה' אֱלֹקֵיכֶם מִכָּל שִׁבְטֵיכֶם לָשׂוּם אֶת שְׁמוֹ שָׁם לְשִׁכְנוֹ תִדְרְשׁוּ וּבָאתָ שָׁמָּה".

99 רמב"ן, שם: "וטעם 'לשכנו תדרשו' שתלכו לו מארץ מרחקים ותשאלו 'אנה דרך בית השם?'
ותאמרו איש אל רעהו: 'לכו ונעלה אל הר ה'
אל בית א־להי יעקב' (ישעיהו ב, ג)
כלשון 'ציון ישאלו דרך הנה פניהם' (ירמיהו נ, ה)".

100 רבי נחמן מברסלב, סיפורי מעשיות,
"מעשה מאבדת בת מלך".

101 הגדת מסורת הרב, הגדה של פסח בביאור מרן הרב יוסף דוב הלוי סולוביצ'יק, בהוצאת קורן, עמ' 25.

102 מתוך ההגדה: "כָּל שֶׁלֹּא אָמַר שְׁלֹשָׁה דְּבָרִים אֵלּוּ בַּפֶּסַח, לֹא יָצָא יְדֵי חוֹבָתוֹ, וְאֵלּוּ הֵן: פֶּסַח, מַצָּה, וּמָרוֹר".

103 שמות ב, כג: "וַיֵּאָנְחוּ בְנֵי יִשְׂרָאֵל מִן הָעֲבֹדָה וַיִּזְעָקוּ וַתַּעַל שַׁוְעָתָם אֶל הָאֱ־לֹהִים מִן הָעֲבֹדָה".

104 שמות רבה פרשה ה ד"ה ה, יח.

105 שמות יב, לא.

106 עירית לינור, פייסבוק, 15.4.2022.

107 שמות יב, ד: "וְאִם יִמְעַט הַבַּיִת מִהְיֹת מִשֶּׂה וְלָקַח הוּא וּשְׁכֵנוֹ הַקָּרֹב אֶל בֵּיתוֹ בְּמִכְסַת נְפָשֹׁת אִישׁ לְפִי אָכְלוֹ תָּכֹסּוּ עַל הַשֶּׂה".

108 הרב שמעון גרשון רוזנברג (שג"ר), זמן של חירות – דרשות לחג הפסח, מאמר "לב אבות על בנים", עמ' 122. עריכה: איתן אברמוביץ. בהוצאת מכון כתבי הרב שג"ר.

109 תלמוד בבלי, מסכת סוכה נג ע"א.

110 מהר"ל, גבורות ה'.

111 על פי שמואל א' א, יז.

112 רבי נחמן מברסלב, ליקוטי מוהר"ן תורה ה'.

113 תוספתא, פסחים י, יב.

114 בראשית מב, יא.

115 הגדה של פסח: "כְּנֶגֶד אַרְבָּעָה בָנִים דִּבְּרָה תוֹרָה: אֶחָד חָכָם, וְאֶחָד רָשָׁע, וְאֶחָד תָּם, וְאֶחָד שֶׁאֵינוֹ יוֹדֵעַ לִשְׁאוֹל".

116 הרב יונתן זקס, פסח: על שום מה? הגדה של פסח, בהוצאת מגיד.

117 על פי מדרש רבא לפרשת שמות.

118 הרב חיים אפרים זייצ'ק, פירוש להגדה של פסח.

119 תלמוד בבלי, מכות כד ע"א וגם סנהדרין קא ע"א.

120 תלמוד ירושלמי, פאה פ"א ה"א.

121 תלמוד בבלי, מסכת תענית ז ע"א.

122 שמות יב, יא: "וְכָכָה תֹּאכְלוּ אֹתוֹ מָתְנֵיכֶם חֲגֻרִים נַעֲלֵיכֶם בְּרַגְלֵיכֶם וּמַקֶּלְכֶם בְּיֶדְכֶם וַאֲכַלְתֶּם אֹתוֹ בְּחִפָּזוֹן פֶּסַח הוּא לַה'".

123 הרב אברהם סתיו, "הפוטנציאל של הזיוף". הטור במגזין מוצ"ש – מקור ראשון, י"ד בניסן תשפ"ב.

124 פרפרזה, "נוסעת בעקבות האהבה", מילים ולחן: דני רובס.

125 על פי קונטרס ליל הסדר – שיחות מרן ראש הישיבה, רבנו הגאון רבי שמואל מרקוביץ', הוצאה שישית, ניסן תשע"ו, נערך מכתבי תלמידים.

126 מתוך סידור התפילה, תפילת עמידה, ברכת "גבורות".

127 הרב בן ציון מוצפי, פסח בציון.

128 מתוך הפטרת שבת הגדול, מובא במלאכי ג, כד.

129 רבי נחמן מברסלב, ליקוטי מוהר"ן תנינא מח.

130 רבי נחמן מברסלב, ליקוטי מוהר"ן תנינא עח.

131 הרב שלמה וולבה, דעת שלמה, שם.

132 רבי נחמן מברסלב, סיפורי מעשיות – "מעשה מרב ובן יחיד".

133 דברים כא, כ.

134 ביטוי. פרפרזה, רות ג, יב: "וְעַתָּה, כִּי אָמְנָם, כִּי אִם גֹאֵל אָנֹכִי, וְגַם יֵשׁ גֹּאֵל קָרוֹב מִמֶּנִּי".

135 תהילים סט, יט וגם פיוט "לכה דודי", מחבר: הרב שלמה הלוי אלקבץ.

136 תלמוד בבלי, ברכות ז ע"ב.

137 רבי נחמן מברסלב, סיפורי מעשיות – "מעשה מבן המלך ובן השפחה שנתחלפו".

138 "ניגונים", מילים: פניה ברגשטיין. לחן: דוד זהבי.

139 פרפרזה, "כמו בלדה", מילים: נתן יונתן. לחן: גידי קורן.

140 תהילים יב, יח.

141 דברים ו, כ. וגם: הגדה של פסח, "מגיד".

142 משנה, פסחים י, ד.

143 תהילים קלט, יב.

144 במדבר כג, יט.

145 תלמוד בבלי, מסכת ברכות כו ע"ב.

146 בראשית כז, כב.

147 רבי נחמן מברסלב, סיפורי מעשיות – "מעשה מביטחון".

148 רבי שלמה אבן גבירול, "כתר מלכות": וְאִם תְּבַקֵּשׁ לַעֲוֹנִי אֶבְרַח מִמְּךָ אֵלֶיךָ. וְאֶתְכַּסֶּה מֵחֲמָתְךָ בְּצִלֶּךָ."

149 יחזקאל טז, ו-ז.

150 יחזקאל טז, ד-יד.

151 שמות יב, יא: "וְכָכָה תֹּאכְלוּ אֹתוֹ מָתְנֵיכֶם חֲגֻרִים נַעֲלֵיכֶם בְּרַגְלֵיכֶם וּמַקֶּלְכֶם בְּיֶדְכֶם וַאֲכַלְתֶּם אֹתוֹ בְּחִפָּזוֹן פֶּסַח הוּא לַה'".

152 שמות ג, ז: "וַיֹּאמֶר ה' רָאֹה רָאִיתִי אֶת עֳנִי עַמִּי אֲשֶׁר בְּמִצְרָיִם וְאֶת צַעֲקָתָם שָׁמַעְתִּי מִפְּנֵי נֹגְשָׂיו כִּי יָדַעְתִּי אֶת מַכְאֹבָיו".

153 הרב יוסף דוב הלוי סולובייצ'יק, הגדה של פסח – מסורת הרב, עורך: הרב מנחם דוב גנק.

154 יחזקאל טז, ז ורש"י שם. ישעיהו כו, ד: "בִּטְחוּ בַה' עֲדֵי עַד כִּי בְּיָ־הּ ה' צוּר עוֹלָמִים".

155 שמות ב, כג.

156 מדרש בראשית רבה ח, ה: "א"ר סימון בשעה שבא הקב"ה לבראת את אדם הראשון, נעשו מלאכי השרת כיתים כיתים, וחבורות חבורות, מהם אומרים אל יברא, ומהם אומרים יברא...".

157 שמות טו, כו ומובא בתפילת רבי שמשון מאוסטרופולי, בהגדה של פסח.

158 יהודה גזבר, סיפור, הגדה, הוצאת ידיעות ספרים 2022.

159 רבי נחמן מברסלב, סיפורי מעשיות – מעשה מאוצר.

160 זוהר חדש, מדרש רות, ריג.

161 פרפרזה, בראשית רבה סג, ה.

162 בראשית לה, ח: "וַתָּמָת דְּבֹרָה מֵינֶקֶת רִבְקָה", במדרש בראשית רבה פ"א, ה אומרים שזו רבקה שנפטרה.

163 פרפרזה, "אמא", מילים ולחן: מארינה מקסימיליאן בלומין וגיא מנטש.

164 זוה"ק, ח"ב קפג, ב: "מיכלא דמהימנותא". מובא גם בהגדה של פסח לעדות המזרח "שולחן עורך": "בָּךְ אָכְלִין מַצָּה דְּאִיהִי אַסְוָתָא לְמֵיעַל וּלְמִנְדַּע בְּרָזָא דִמְהֵימְנוּתָא דָא אִיהוּ נַהֲמָא דְאַחְכִּימוּ בֵּיהּ יִשְׂרָאֵל חָכְמְתָא עִלָּאָה דְאוֹרַיְיתָא וְעָאלוּ בְּאָרְחָהָא".

165 תהילים לז, ג: "בְּטַח בַּה' וַעֲשֵׂה טוֹב שְׁכָן אֶרֶץ וּרְעֵה אֱמוּנָה".

166 מדרש בראשית רבה פרק ה, ד: "אָמַר רַבִּי בֶּרֶכְיָה: לֹא פֵּרְשׁוּ הַמַּיִם הַתַּחְתּוֹנִים מִן הָעֶלְיוֹנִים אֶלָּא בִּבְכִיָּה, הֲדָא הוּא דִכְתִיב (איוב כח, יא): 'מִבְּכִי נְהָרוֹת חִבֵּשׁ'".

167 תהילים קלז, א.

168 איכה ב, יט.

169 שמות יב, יח.

170 דברים טז, ג.

171 זוה"ק, פרשת בוא, דף קסז.

172 תלמוד בבלי, פסחים קטו ע"ב. וגם: תלמוד בבלי, פסחים לו ע"א.

173 פרפרזה על "מכתב קטן", מילים ולחן: דני רובס.

174 הרב יצחק הוטנר, פחד יצחק, פסח.

175 ירמיהו ב, ב.

176 ברכות מ ע"א.

177 ר' שניאור זלמן מליאדי (אדמו"ר הזקן), תניא רפ"ד ע"ג.

178 הרב בן ציון מוצפי, שם.

179 הרב שלמה וולבה, דעת שלמה, מאמרי גאולה: פורים-פסח.

180 שמות יב, מב.

181 הרב שלמה וולבה, שם, שם.

182 בראשית ל, א.

183 בראשית ל, טו.

184 תלמוד בבלי, יומא לח ע"ב.

185 האר"י הקדוש, שער הכוונות, מרור כורך דף פג, ע"ג. מובא ב"פסח בציון". וכן מבואר בפרי עץ חיים שער חג המצות פ"ז.

186 הרב בן ציון מוצפי, פסח בציון, פרק יז עמ' שעד.

187 תלמוד בבלי, ברכות ס ע"א: "תָּנוּ רַבָּנַן: מַעֲשֶׂה בְּהִלֵּל הַזָּקֵן שֶׁהָיָה בָּא בַּדֶּרֶךְ וְשָׁמַע קוֹל צְוָחָה בָּעִיר, אָמַר: מוּבְטָח אֲנִי שֶׁאֵין זֶה בְּתוֹךְ בֵּיתִי. וְעָלָיו הַכָּתוּב אוֹמֵר: 'מִשְּׁמוּעָה רָעָה לֹא יִירָא נָכוֹן לִבּוֹ בָּטֻחַ בַּה'".

188 תלמוד בבלי, מסכת סנהדרין קג ע"ב : "א"ר יוחנן משום רבי יוסי בן קסמא גדולה לגימה שהרחיקה שתי משפחות מישראל שנאמר (דברים כג, ה) "על דבר אשר לא קדמו אתכם בלחם ובמים" ורבי יוחנן דידיה אמר מרחקת את הקרובים ומקרבת את הרחוקים".

189 חיי מוהר"ן, רס.

190 בראשית כז, ד.

191 בראשית כז, כח-לו.

192 בראשית כז, לה-לז.

193 תלמוד בבלי, מסכת ברכות כו ע"ב.

194 מתוך ההגדה.

195 מובא במקור בירמיהו י, כה.
פרקי דרבי אליעזר, פרק לא ומתוך הגדה של פסח.

196 האר"י הקדוש, שער הכוונות.

197 משלי כז, כא.

198 מדרש "פנים אחרים" פרשה ו' בספרי דאגדתא, אסתר.

199 מלכים ב' יט, לה.

200 תלמוד בבלי, מסכת פסחים קיט.

201 מדרש תהלים א, כ; טו, ה. ילקוט ראובני בשלח סי' פב, פט. זוה"ק חלק ב, קע, ב.

202 בראשית רבה, ח, ה.

203 פרפרזה, "דמעות של מלאכים",
מילים: דן מינסטר. לחן: יוני רכטר.

204 שמות ח, יח: "וְהִפְלֵיתִי בַיּוֹם הַהוּא אֶת אֶרֶץ גֹּשֶׁן אֲשֶׁר עַמִּי עֹמֵד עָלֶיהָ לְבִלְתִּי הֱיוֹת שָׁם עָרֹב לְמַעַן תֵּדַע כִּי אֲנִי ה' בְּקֶרֶב הָאָרֶץ".

205 שמות ד, כב.

206 פרפרזה, "שמש", מילים ולחן: חנן בן ארי.

207 רוברטו בניני, שחקן ובימאי יהודי איטלקי. סרטו זוכה האוסקר "החיים יפים" (1997), עסק באב שמסוכך על בנו בשואה ושומר עליו מפני האימה והמראות הרעים.

208 יחזקאל טז, ו.

209 פרפרזה, מלאכי ג, כד: "וְהֵשִׁיב לֵב אָבוֹת עַל בָּנִים וְלֵב בָּנִים עַל אֲבוֹתָם", הפטרת שבת הגדול.

210 תהילים ב, ד.

211 תהילים כב, ד.

212 הרב יצחק הוטנר, פחד יצחק לפסח.

213 הרב בן ציון מוצפי, פסח בציון.

214 תלמוד בבלי, מסכת פסחים פה ע"ב.

215 איכה ג, כב. הרב בן ציון מוצפי, פסח בציון.

216 שיר השירים ה, ד.

217 שיר השירים ה, ה.

218 שיר השירים ב, ט.

219 שיר השירים ה, ב.

220 הרב יצחק הוטנר, פחד יצחק לפסח.

221 שיר השירים ח, ד.

222 תענית ה ע"א.

223 שיר השירים ז, ו.

224 קהלת י, יז.

225 שמות ו, ז: "וְלָקַחְתִּי אֶתְכֶם לִי לְעָם וְהָיִיתִי לָכֶם לֵא-לֹהִים וִידַעְתֶּם כִּי אֲנִי ה' אֱ-לֹהֵיכֶם הַמּוֹצִיא אֶתְכֶם מִתַּחַת סִבְלוֹת מִצְרָיִם".

226 זכריה ט, ט: "גִּילִי מְאֹד בַּת צִיּוֹן הָרִיעִי בַּת יְרוּשָׁלַםִ הִנֵּה מַלְכֵּךְ יָבוֹא לָךְ צַדִּיק וְנוֹשָׁע הוּא עָנִי וְרֹכֵב עַל חֲמוֹר וְעַל עַיִר בֶּן אֲתֹנוֹת".

227 שמות יא, ד.

228 הרב יעקב משה חרל"פ, הגדה של פסח עם מי מרום, הוצאת ישיבת בית זבול.

229 הגדה של פסח, חת"ם סופר.

230 בדרך כלל שעת חצות הלילה בישראל נעה בין 00:38 - 00:48 (שעון קיץ).

231 שמואל א' א, יז.